LE RÊVE DE MA VIE

Jim Leonard

Le Souffle d'Or
BP 3
05300 BARRET-LE-BAS

Titre original : *Your fondest dream*
Published by Vivation Publishing Co.
PO Box 8269
Cincinnati, OH 45208 USA

Traduction : Le Souffle d'Or
Couverture (illustration, maquette) : Logomotive / Grenoble
Photocomposition et mise en page : Aline Pontailler
Impression et brochage : I.B.A. / Lodève

Dépôt légal : 4ème trimestre 1992
ISBN : 2 904670 66 1

Le Souffle d'Or
BP 3 - 05300 Barret-le-Bas

A mes chers amis et collègues,
Phil et Jeanne, Julie, Anne,
qui comptent parmi les personnes les plus créatives
que je connaisse.

TABLE DES MATIERES

PREMIERE PARTIE

LE GENIE CREATEUR EN VOUS

CHAPITRE PREMIER

LE POUVOIR CREATEUR VOUS APPARTIENT DES MAINTENANT

Pourquoi vous soucieriez-vous de devenir plus créatif ? Parce qu'en développant votre créativité, vous serez plus heureux, plus efficace et plus satisfait. Parce que vous avez envie de faire encore mieux ce que vous faites. Parce que vous désirez vivre la meilleure existence possible.

La solution de tous les problèmes réside dans la créativité. En outre, la créativité est, avec l'effort, le meilleur ingrédient du succès. Elle est même plus déterminante pour le succès que la persévérance car, sans elle, une personne peut persévérer longtemps dans une voie d'échec. Quels que soient votre métier et vos activités annexes, le développement de votre créativité constitue la clé de performances améliorées et d'une plus grande satisfaction.

Nous, les êtres humains, nous ne pouvons connaître la plénitude sans exprimer nos valeurs les plus hautes dans le monde. Vivre en donnant un sens à sa vie est ce qui compte le plus pour nous tous. Et cela nous demande, avant tout, d'être créatifs.

Peu importe que vous vous soyez cru très, peu ou pas créatif, vous pouvez le devenir beaucoup plus en suivant le programme présenté dans ce livre. Vous en retirerez plus de bonheur, une meilleure santé, une prospérité accrue et davantage d'enthousiasme par rapport à la vie.

La plupart des gens supposent que leur niveau de créativité est fixé une fois pour toutes. Ils ont dans l'idée que la vraie créativité est la rare propriété de quelques élus. Bien que ce mythe soit très répandu, il ne correspond absolument à rien.

Tout le monde rêve plusieurs fois par nuit avec une créativité infinie, pensez-y. Personne ne rêve sans créativité. Il n'y a pas de degrés de créativité dans les rêves. De Vinci, Beethoven et Einstein rêvaient avec la même créativité que vous — ni plus, ni moins. Il est par conséquent évident que chacun dispose des moyens de base de la créativité de manière égale et illimitée.

Rêver créativement ne constitue cependant pas la clé d'une vie plus productive et satisfaisante. Cet ouvrage vise à vous faire entrer en contact avec ce que vous désirez le plus dans la vie — le rêve de votre vie — et à vous amener à développer la créativité nécessaire pour le réaliser. C'est un livre pratique.

Au fil des pages, je propose des « processus » (activités créatrices) que vous utiliserez pour développer votre créativité de diverses manières. Je n'ai pas rédigé ce texte pour vous distraire un moment, puis vous laisser reprendre votre vie comme avant. Je l'ai écrit pour vous permettre de trouver le pouvoir de transformer votre vie en faisant l'expérience de la maîtrise créatrice. Je l'ai écrit pour vous permettre de croire en votre capacité de réaliser vos rêves les plus chers.

Voici ma philosophie : la créativité est l'état naturel de tous les êtres humains. Le subconscient crée sans arrêt de nouvelles associations de pensées, d'idées, d'images, etc. Une utilisation consciente de ce processus dépend essentiellement d'un abaissement des barrières que vous avez élevées dans votre enfance entre votre subconscient et votre conscient pour vous efforcer de devenir un adulte. Dans ce livre, je vous explique point par point comment désinhiber votre créativité et en faire une réelle source de pouvoir au bénéfice de vous-même, de votre famille et du monde.

La créativité véritable dépasse la pensée créatrice, elle est action créatrice : ce sont les résultats qui comptent. Les bonnes idées ne suffisent pas en elles-mêmes. L'action créatrice exige toujours de vous deux qualités en plus de la pensée créatrice : 1. une bonne connaissance de vos propres valeurs, afin que vous sachiez si ce que vous créez correspond à ce que vous voulez vraiment; et 2. de l'initiative pour conduire un projet de la conception jusqu'à la réalisation complète. Les méthodes présentées dans ce livre vont vous permettre de développer votre pensée créatrice, de découvrir ce qui vous tient vraiment le plus à cœur et de libérer la voie pour une action efficace.

Chaque chapitre vous présente un ensemble d'aptitudes différentes à développer.

— Les chapitres 2 et 3 vous montrent comment accroître votre créativité en cultivant les divers traits de caractère et de mode de vie qui favorisent la créativité.

— Les chapitres 4 et 5 vous présentent « L'Ecriture de Découverte », qui est la manière la plus simple et la plus efficace de désinhiber votre flux créateur et de l'appliquer à toute entreprise.

— En lisant le chapitre 6 et en suivant ses instructions, vous aurez une connaissance approfondie de vos valeurs personnelles.

— Avec le chapitre 7, vous découvrirez votre but dans la vie, c'est-à-dire cette combinaison unique de talents et de préférences qui vous permettent le mieux d'apporter votre contribution au monde d'une manière satisfaisante.

— Le chapitre 8 vous montre comment vous fixer des objectifs qui comptent vraiment pour vous.

— Le chapitre 9, Gestion créative du temps, explique point par point la mise en place d'un système de gestion du temps efficace vous permettant de concrétiser vos meilleures idées.

— Le chapitre 10, Gestion créative de l'argent, vous montre comment combiner certaines autométhodes avec la gestion financière afin que vous réalisiez de vrais progrès concernant la prospérité. Dans mon approche de la gestion financière, la priorité numéro un consiste à ce que vous passiez tout votre temps à faire ce que vous aimez et à vous servir de votre créativité pour que ces activités subviennent à vos besoins et vous soient profitables.

— Les chapitres 11 à 14 présentent des techniques avancées pour désinhiber votre créativité en apprenant à utiliser avec profit vos émotions et à choisir consciemment la meilleure manière d'entrer en relation avec tout ce qui serait susceptible de maximiser votre aptitude à utiliser les ressources dont vous disposez.

— Le dernier chapitre de ce livre vous indique comment mettre au point votre programme idéal pour accroître votre créativité et l'exprimer positivement dans le monde.

LA CREATIVITE CONCERNE VOTRE VIE TOUT ENTIERE

La plupart des gens lient la créativité à des choses comme la musique, la peinture, l'écriture, etc. — « les arts ». Certes, ce livre est très utile aux gens qui souhaitent s'exprimer à travers les arts, mais au-delà de cela, il l'est aussi à tous ceux qui aimeraient progresser, de toutes les manières et dans tous les domaines de leur existence. La créativité peut être appliquée de façon féconde à absolument tous les aspects de l'activité humaine, depuis la physique théorique la plus élevée jusqu'aux démarches les plus banales de la vie quotidienne. L'argent, le travail, la communication, la santé, les émotions, les résultats scolaires et même la sexualité bénéficient tous de la créativité. Ce livre peut vous servir pour appliquer de manière efficace la créativité à tous les domaines de votre vie.

La vie pose une multitude de problèmes de toutes sortes. Il existe encore plus de diversité parmi les solutions que parmi les problèmes. Toutefois, la première étape dans la résolution de n'importe quel problème consiste à pouvoir voir au-delà de lui, d'une manière créative, pour obtenir un aperçu sur la façon de procéder.

Par exemple, on pense en général que l'argent est en lui-même la solution aux problèmes financiers. C'est faux. En effet, une fois que vous avez réglé tel problème particulier avec de l'argent, vous ne disposez plus de cet argent pour le problème suivant, alors que votre créativité est une source inépuisable. Savoir être créatif pour augmenter vos revenus et gérer votre argent vous rendra toujours de plus grands services que n'importe quelle somme d'argent.

A première vue, vous ne voyez pas comment la créativité peut résoudre tous vos problèmes. Mais lorsque vous aurez fait l'expérience de la créativité pour mettre fin à certains problèmes qui vous paraissaient insolubles, vous changerez d'avis. Peu à peu, vous vous persuaderez que vous n'êtes pas obligé de supporter ce qui vous déplaît. Avec ce livre, votre horizon s'élargira jusqu'à ce que vous mesuriez toute l'étendue de ce que votre créativité peut faire pour vous.

Ceux d'entre vous qui vivent déjà de leur créativité y trouveront comment faciliter et améliorer encore davantage leur travail.

Ce livre traitant de l'utilisation de vos pouvoir infinis de créativité pour devenir plus heureux et comblé, il est nécessaire que les méthodes elles-mêmes soient agréables. Tous les exercices présentés dans ce livre sont plus amusants que n'importe quel jeu. Que vous vous amusiez déjà beaucoup ou non dans votre vie, ce livre vous apprendra à en jouir encore beaucoup plus.

POURQUOI LES ADULTES NE SONT-ILS PAS AUSSI CREATIFS QUE LES ENFANTS ?

Les enfants sont naturellement créatifs. Regardez-les jouer ensemble à six-sept ans. Ils n'éprouvent aucune difficulté à créer des histoires, des jeux, etc. Hélas, des adultes bien intentionnés mais peu créatifs s'arrangent pour réduire leur créativité. Cela se produit de diverses façons.

Apprendre aux enfants à ne pas parler de certaines choses limite considérablement leur esprit. Ils reçoivent le message qu'il n'est même pas bien de penser certaines choses. Ce processus de suppression de ce qu'ils ont à exprimer se poursuivant, l'auto-inhibition occupe de plus en plus de « place » dans leur esprit. J'utilise au cours de mes séminaires des méthodes simples portant directement sur ce problème et qui apportent une amélioration immédiate de l'auto-expression créatrice. Bien que ces méthodes passent mieux dans les séminaires que dans un livre, le chapitre 4 vous permettra de dépasser totalement ce problème et de puiser dans votre propre flux créateur plus facilement que vous ne l'avez jamais fait depuis votre enfance.

Un autre inhibiteur majeur de la créativité est l'idée que l'on ressasse à l'école de chercher la seule réponse juste. Dans la vie, il n'existe aucune situation à laquelle corresponde une seule bonne réponse — il y a toujours un nombre infini de moyens de faire une chose. A l'école, on doit acquérir l'aptitude à donner la réponse attendue par le professeur, sinon on est mal noté. La méthode proposée dans le chapitre 4 règle également ce problème.

Apprendre machinalement par cœur est à l'évidence la chose la moins créative du monde. La plupart des autres méthodes d'enseignement en vigueur dans les écoles sont meilleures, quoiqu'elles impliquent de ressortir les pensées d'autres personnes. Même dans les rares cas où l'on apprend aux enfants à penser par eux-mêmes, il ne s'agit en général uniquement que de pensée analytique, qui a son intérêt, mais n'est pas une pensée créatrice. Savoir déterminer comment est une chose et pourquoi elle est ainsi est une aptitude utile, mais différente de celle de créer quelque chose de nouveau. La pensée créatrice implique de débrancher la partie de l'esprit qui analyse et juge afin de donner à l'esprit subconscient une chance d'expérimenter de nouvelles choses. Il est important de se donner à soi-même la liberté de penser aux choses d'une façon profondément non conventionnelle.

Les adultes apprennent également aux enfants à refouler leurs sentiments et leurs émotions. Ce refoulement inhibe la créativité pour deux raisons : il élève une barrière plus haute entre le conscient et le subconscient et maintient la personne dans des structures négatives. Dans le chapitre 12, vous verrez comment éliminer la négativité refoulée.

Je veux croire qu'il existe en enfer un endroit spécial pour les gens qui ont interdit à un enfant de rêver pendant la journée ! Tout le monde a des rêveries diurnes et tout le monde aurait intérêt à en avoir davantage. Une personne qui n'aurait pas de rêverie diurne serait incapable de tout autre travail que le plus bas que l'on puisse imaginer — ce genre de travail devant revenir à des robots plutôt qu'à des êtres humains. Culpabiliser un enfant par rapport à la rêverie diurne est à peu près aussi bien fondé que de le culpabiliser d'être intelligent ou en bonne santé.

Apprendre aux enfants à attendre peu d'eux-mêmes crée un problème proche du précédent. Les visualisations guidées dans lesquelles les enfants se voient accomplir de grandes choses constitueraient un excellent complément au programme hebdomadaire dans chaque école.

Tous ces problèmes peuvent être réglés en utilisant les méthodes présentées dans ce livre.

Ce sont des méthodes éprouvées. Je les ai toutes enseignées au moins à des centaines (voire pour certaines plusieurs milliers) de personnes à travers les Etats-Unis, le Canada et l'Europe.

Ces méthodes sont simples et réussissent avec tout le monde. Elles réussiront avec vous si vous suivez les instructions et si vous vous montrez ouvert. Mais il vous paraîtra parfois évident, avant même de les essayer, que ces exercices donneront de bons résultats. Tant mieux, car cela vous permettra de pratiquer avec confiance en vous et enthousiasme. Toutefois, je vous prie de laisser aussi une chance aux exercices dont vous ne percevrez pas, à première vue, les promesses de réussite.

LES APTITUDES AU BONHEUR

Le bonheur demande deux aptitudes : 1. être capable de savourer, pleinement, ce que vous vivez maintenant et 2. être capable d'obtenir davantage ce que vous voulez dans le futur. Ce livre traite longuement de ces deux aptitudes qui sont liées.

Les premiers stades de la créativité impliquent toujours d'associer des pensées selon des modes nouveaux, ce qui est facile, à moins que vous ne vous entêtiez exagérément à penser aux choses selon vos vieilles habitudes.

La négativité ferme toujours l'esprit et entrave la créativité. Vous est-il jamais arrivé par exemple, d'observer votre comportement un jour où vous étiez pressé de sortir, mais ne trouviez pas vos clés de voiture ? Si vous n'êtes pas une exception, durant la phase aiguë de la « recherche frustrée », vous avez suivi un schéma répétitif, vous obstinant à regarder à des endroits déjà contrôlés et où elles ne se trouvaient pas. La frustration est une forme de négativité provenant du fait de s'obstiner à penser qu'une chose « doit » être différente de ce qu'elle est. C'est une tentative pour éviter les sentiments désagréables associés au fait que vous ignorez où sont les clés, l'esprit s'en tenant de manière répétitive à l'endroit où elles « devraient » être. Et vous, vous tournez en rond.

Première étape pour résoudre un problème : admettre que le problème est là pour être résolu. Cela implique ce que j'appelle un changement de contexte, plus précisément le changement de contexte que je nomme « intégration » car il intègre la situation à votre sentiment de bien-être. Je doute que l'on vous ait enseigné ce savoir-faire à l'école et par conséquent, cette idée de changer intentionnellement de contexte afin qu'une situation cesse de sembler mauvaise pour devenir acceptable doit vous paraître nouvelle. En outre : cette idée impliquant les émotions et la plupart des gens trouvant les leurs très mystérieuses, tout ce processus d'intégration peut même sembler a priori un peu bizarre. Ce n'est pas grave. J'ai appris à des milliers de personnes à intégrer leurs émotions, je vous l'apprendrai à vous aussi. La troisième partie est largement consacrée à la manière d'intégrer les sentiments pour favoriser une pensée claire, la créativité et une motivation enthousiaste. En fait, le chapitre 13 vous enseigne plus de 90 manières différentes de faire passer n'importe quoi dans un contexte positif. Savoir intégrer se révèle d'une immense valeur pratique. Non seulement cela vous aide à vous sentir mieux sur le plan émotionnel, mais encore cela vous permet d'être créatif dans les moments où la vie vous demande un maximum de créativité. L'autre aptitude concernant le bonheur, être capable d'améliorer la situation afin d'obtenir encore plus de ce que vous voulez dans le futur, est l'objet de la créativité.

Afin d'améliorer les choses, il est nécessaire de savoir ce que « mieux » signifie pour vous, c'est-à-dire que vous devez connaître vos propres valeurs. Dans ce livre, j'emploie le terme « richesse » dans le sens d'avoir ce que l'on veut selon ses propres valeurs. Dans la mesure où tout le monde ne veut pas les mêmes choses (grâce à Dieu !), la « richesse » diffère d'une personne à l'autre. Pour être déterminé à améliorer votre vie, vous devez savoir ce qu'est pour vous personnellement la « richesse ».

QU'EST-CE QUE LA RICHESSE ?

Ma définition large de « richesse » est : matière, énergie, pensée ou relations, organisées d'une façon qui satisfait une personne.

Comme exemple de matière organisée sous forme de richesse, considérez une maison. Lorsqu'une entreprise de construction bâtit une maison, elle crée une richesse, car des matériaux de construction organisés de façon à donner une maison plairont davantage à quelqu'un que s'ils sont laissés à l'état brut.

Comme exemple d'énergie organisée sous forme de richesse, considérez l'électricité. Quand les services d'électricité mettent en place un barrage hydro-électrique, ils convertissent l'énergie de chutes d'eau en énergie électrique disponible pour l'utilisation, créant ainsi une richesse pour de nombreuses personnes à la fois.

Pour les êtres humains, les pensées organisées de manière à satisfaire quelqu'un constituent en vérité la forme de richesse la plus importante. Les bonnes idées créent plus de richesse que n'importe quelle réorganisation de matière ou d'énergie, car les bonnes idées sont d'une valeur infinie. Toute maison retournera un jour ou l'autre à une forme moins organisée et toute l'électricité produite par les chutes d'eau finira dissipée en chaleur. Mais une bonne idée (le pardon, par exemple) continue sans cesse à produire de la richesse. Chaque fois que vous vous surprenez à penser d'une manière qui ne vous est pas bénéfique, vous pouvez vous créer instantanément de la richesse en améliorant la qualité de vos pensées. Les livres, les séminaires et les cassettes sont tous des exemples de richesse sous la forme de pensée organisée.

Lorsque je dis que des relations organisées d'une manière qui satisfait quelqu'un constituent une richesse, je ne fais pas seulement allusion à des mariages heureux, des amitiés solides, etc. Je vous parle aussi de mener une carrière qui vous plaise, de jouer le rôle que vous désirez dans votre communauté, d'avoir avec Dieu une relation qui vous convienne et, le plus important, une relation avec vous-même qui vous convienne.

QU'EST-CE QUE LE SERVICE ?

Service veut dire création de richesse. On peut l'exprimer autrement : le service réduit l'inorganisation; il est à l'opposé de l'entropie. En l'absence de la conscience, les choses ont une tendance naturelle à être davantage livrées au hasard. Mais là où vous appliquez votre conscience, les choses tendent à s'organiser mieux et d'une façon qui vous convient. Par exemple, si vous ne mettez pas de conscience dans l'entretien de votre cuisine, la pagaille s'y installera (vous en avez peut-être fait l'expérience). Si ce processus continue assez longtemps (la durée dépend de vous), quelque chose dans le désordre de la cuisine finira probablement par remobiliser votre conscience. Et plus vous appliquerez votre conscience à votre cuisine, plus elle s'organisera de la manière qui vous convient, les ordures dans la poubelle, la vaisselle rangée, la saleté dans l'évier, etc. De toute évidence, ce sont seulement vos opinions sur les choses, c'est-à-dire votre système de valeurs, qui décide que la saleté a sa place dans l'évier plutôt que dans les assiettes.

Par conséquent, vous servez quelqu'un chaque fois que vous organisez quelque chose selon une forme plus en accord avec ses valeurs. Lorsque je vous frotte le dos et que vous me rendez la pareille, l'énergie et la matière de nos deux dos s'en trouvent mieux qu'avant en fonction de nos valeurs personnelles. Une richesse qui n'existait pas auparavant a été créée pour nous deux. Certains considéreraient probablement la transaction ainsi : « J'en ai donné pour 30 F et j'en ai reçu pour 30 F, donc je ne fais aucun bénéfice », mais j'estime pour ma part que cette manière de raisonner est insensée.

Vous vous servez vous-même et vous vous enrichissez chaque fois que vous réussissez à améliorer quelque chose dans votre vie en fonction de vos propres valeurs. Lorsque vous nettoyez votre maison, écoutez de la musique, lisez un livre ou réglez un problème avec votre conjoint, vous vous enrichissez. En servant les autres sans avoir à vous sacrifier, vous vous servez également vous-même.

En général, les individus s'enrichissent en gérant leurs atouts (tant matériels que spirituels) d'une façon qui leur permette de créer toujours plus de richesse. D'autres s'appauvrissent avec le temps parce qu'ils gèrent leurs atouts d'une façon qui les leur fait perdre. Cela est vrai aussi dans la gestion du temps. Nous disposons tous du même temps chaque semaine. On peut gérer son temps de manière à créer beaucoup de richesse pour beaucoup de gens ou, au contraire, pour gaspiller de la richesse et ne rien créer. Mieux l'on gère ce que l'on possède pour créer de la richesse pour tous, plus on reçoit à gérer.

QU'EST-CE QUE LA CREATIVITE ?

Bien que le terme « créativité » ait différentes significations pour différentes personnes, j'en propose une définition tout à fait spécifique. Malgré la très grande valeur que j'accorde à la pensée créatrice, elle n'est pour moi qu'un ingrédient de la véritable créativité.

A mon sens, la créativité doit comprendre l'obtention d'un résultat désirable. Voici ma définition : de sa propre initiative, on organise la matière, l'énergie, la pensée ou les relations d'une manière nouvelle qui s'accorde mieux avec ses valeurs que l'ancienne manière.

Ma définition de la créativité impliquant la création de quelque chose que vous désirez, il vous faut avoir une idée très claire de vos propres valeurs. Vous devez connaître vos propres valeurs ne serait-ce que pour être sûr de ce qui constituerait une amélioration ! Le Processus des Valeurs, dans le chapitre 6, vous donnera, vite et facilement, une connaissance de vos valeurs d'une précision que vous n'aviez probablement jamais approchée auparavant. Il s'agit d'un processus de découverte de soi. Vos valeurs sont dans une certaine mesure uniques. Je n'essaierai pas de vous faire adopter les miennes (si ce n'est ma valeur suprême de créativité) parce que je sais qu'il vaut mieux, pour vous comme pour moi, que nous vivions chacun notre vie selon nos propres valeurs. Les applications pratiques d'une connaissance aussi détaillée de vos valeurs sont à la fois larges et profondes. Pour n'en citer que deux, cela favorisera votre indépendance et votre aptitude à conclure des alliances réussies.

Un exemple illustrera ce point. Bien que je souhaite dissuader les gens de concevoir certaines activités comme intrinsèquement créatives et d'autres pas, je prendrai un exemple sur lequel tout le monde s'accorde : supposons que vous soyez un artiste en train de peindre un tableau.

Le processus commence par une organisation particulière du matériel : la toile tendue est posée sur un chevalet et différentes couleurs sont enfermées dans des tubes. Vous, l'artiste, vous devez déjà connaître votre valeur, ne serait-ce que pour savoir que vous valorisez plus un tableau réalisé qu'une toile laissée blanche et des couleurs si bien rangées dans leurs tubes ! De plus, vous devez savoir ce que le « bon art » signifie pour vous, ainsi que ce que vous essayez d'exprimer par ce travail particulier.

Ma définition de la créativité exige aussi que vous preniez l'initiative. En d'autres termes, vous devez avoir l'intention d'améliorer les choses par vos actions.

Supposons que vous ayez des tableaux dans votre cave. Un jour, en y descendant, vous remarquez une odeur caractéristique et, gagnant l'endroit où vous rangez les œuvres d'art, vous découvrez qu'une immense sculpture en terre glaise faite à l'université est tombée de son étagère sur vos tubes de peinture. Une toile est tout éclaboussée de terre et de peinture. Même si vous la trouvez superbe avec ces taches de terre et de peinture disposées au hasard, vous n'avez rien fait de créatif selon ma définition parce que vous n'avez pas eu d'intention. Peut-être êtes-vous un connaisseur en matière d'art, capable de reconnaître la valeur de cette œuvre due au hasard mais, selon moi, vous n'avez pas été créateur, parce que vous n'avez pas obtenu ce résultat de par votre propre initiative.

De même, si vous faites quelque chose sur l'initiative d'une autre personne et pour son plaisir, mais pas pour le vôtre, il ne s'agit pas de créativité mais d'esclavage.

Par exemple, imaginons que vous soyez cuisinier dans un restaurant, confectionnant omelette sur omelette à longueur de journée d'une manière qui convient au restaurant, mais qui vous déplaît profondément. Certes, vous en vivez et vous fournissez un service, mais vous n'êtes pas très créatif. Ce qui serait vraiment créateur serait d'ouvrir votre propre restaurant et de confectionner à longueur de journée les omelettes comme vous les concevez.

Aimer sa vie et exprimer le pourquoi de son existence donne la vraie plénitude. Et même si vous aimez beaucoup votre vie aujourd'hui, vous pouvez l'aimer encore beaucoup plus. Et même si vous réussissez déjà très bien à exprimer le sens de votre vie, vous pouvez toujours trouver des moyens de renforcer encore davantage ce sens.

En résumé, ce livre peut vous prendre là où vous êtes maintenant, vous montrer comment devenir plus créatif que vous ne l'avez jamais cru possible et vous mettre, bien préparé, sur la voie qui vous permettra de vous donner l'existence la plus satisfaisante que vous puissiez imaginer.

Voyez les fiches 1 à 4 pour préciser vos idées à propos de la créativité.

CHAPITRE 2

COMMENT TOUT LE MONDE PEUT DEVENIR PLUS CREATIF

Quel que soit votre degré de créativité ou de non-créativité jusqu'à ce jour, vous pouvez devenir beaucoup plus créatif si vous le désirez. Vous avez sans doute connu des moments où vous étiez plus créatif qu'à d'autres. Mais savez-vous qu'il vous est possible de créer ces moments plus créatifs à volonté ? Savez-vous que, grâce à des exercices simples, vous pouvez accroître la créativité dans vos moments les plus créatifs comme dans ceux qui le sont le moins ? Savez-vous que la créativité se prête mieux au renforcement par l'exercice que vos muscles ?

Vous vous faites peut-être des idées à propos des créateurs. Peut-être avez-vous dans la tête une image du « créateur » portant un béret et écoutant du jazz ? A moins que vous n'imaginiez l'inventeur fou travaillant dans un laboratoire en sous sol. Si vous faites partie de la majorité des gens, vous pensez certainement que les créateurs sont des personnes différentes de vous et peut-être même un peu excentriques.

En vérité, il existe des créateurs de tous les genres. Vous pouvez l'être vous-même plus que jamais en développant votre créativité. Vous ne deviendrez pas plus créateur en imitant les stéréotypes d'autres créateurs.

Selon l'un des grands mythes entourant la créativité, tout doit se présenter exactement comme il faut pour que l'on puisse être créatif. Certaines personnes s'accrochent à l'idée qu'avant tout, leur environnement doit être parfait. Beaucoup de gens pensent devoir être dans « un état d'esprit créateur ». Certains sont bloqués parce qu'ils ont le sentiment de ne pas être soutenus par leur entourage. Si vous voulez prendre en main votre créativité, il est très important de dissiper ces mythes.

Que votre environnement doive vous convenir pour vous permettre d'être créatif, cela n'est vrai que dans une certaine mesure. Il est évident qu'être interrompu toutes les trente secondes ne favorise pas la créativité. Il n'est pas pour autant très bon pour votre créativité de remettre à plus tard le moment de la manifester jusqu'à ce que l'environnement soit parfait. Certes, vous avez raison de vous donner tout ce que vous souhaitez dans la vie, y compris l'environnement le plus favorable à votre créativité. Toutefois, vous avez intérêt à ne pas penser que votre créativité dépend de votre environnement. Je vous suggère d'apprendre à penser d'une manière créatrice au milieu de la circulation, chez le dentiste, en attendant l'autobus ou en tout autre endroit ou situation.

La créativité n'est pas une humeur et ne requiert pas non plus que l'on soit dans une disposition particulière. Aucune émotion ne peut vous empêcher d'être créatif. C'est l'idée que l'émotion doit changer avant que vous ne puissiez devenir créatif qui est susceptible de vous bloquer. Si le bien-être émotionnel était une condition première de la créativité, la plupart des grands artistes, écrivains et compositeurs n'auraient jamais rien créé. Par ailleurs, vous pouvez utiliser votre créativité pour améliorer votre bien-être émotionnel. La troisième partie de ce livre traite longuement de la manière de gérer votre esprit et vos émotions dans le but de favoriser votre créativité.

Concernant le soutien de votre entourage, je doute qu'aucun être créatif ait jamais reçu exactement en quantité et en qualité le soutien qu'il désirait. Je suis sûr que, comme tout le monde, vous aimeriez que les gens de votre entourage vous disent juste ce que vous attendez et vous laissent vous livrer à votre créativité juste quand vous le souhaitez, etc. Je vous suggère de vous montrer reconnaissant du soutien, quel qu'il soit, que les gens vous apportent et de vous en accommoder. Honorer les gens de votre entourage qui vous soutiennent tels qu'ils sont les rendra probablement beaucoup plus attentifs à vous que de les rendre responsables de votre manque de créativité. Votre créativité ne dépend de personne d'autre que vous.

Certaines personnes prétendent ne pouvoir être créatives si elles sont sous pression, d'autres qu'elles ne peuvent l'être que dans ce cas. Ni les unes ni les autres ne se simplifient la vie. D'un côté, c'est lorsque vous êtes sous pression que vous bénéficieriez le plus de la créativité. Par conséquent, dire que vous ne pouvez pas être créatif sous pression équivaut à dire que vous ne pouvez pas marcher quand vous devez vous rendre quelque part. D'un autre côté, si vous pensez avoir besoin d'être sous pression pour être créatif, vous allez vivre en permanence dans une ambiance de catastrophe afin de stimuler votre créativité.

En vérité, vous pouvez apprendre à être créatif où et quand vous le voulez. Se pénétrer de cette vérité est capital pour que votre créativité fonctionne en permanence.

LES QUALITES A DEVELOPPER POUR DEVENIR PLUS CREATIF

Certaines qualités vous aident à être plus créatif. Ce sont des traits de la personnalité et des éléments du mode de vie. Il ne s'agit pas de qualités que vous possédez soit à 100 %, soit à 0 %. Elles se trouvent chez tout le monde à un certain degré et tout le monde peut les cultiver.

Mes recherches et mon travail avec des centaines de personnes m'ont montré que ces qualités essentielles de la créativité sont au nombre de vingt.

A la fin de ce chapitre, vous trouverez un test d'auto-évaluation pour vous situer par rapport à ces diverses qualités.

Le chapitre 3 les décrit en détail et indique comment les développer.

Le test d'auto-évaluation n'a pas pour objectif de déterminer qui peut être créatif et qui ne le peut pas. Vous pouvez être (et vous êtes) créatif même avec plusieurs lacunes. Ce test vise à montrer ce qui est utile et à vous donner la possibilité de commencer à renforcer en vous ces qualités déficientes. Vous constaterez peut-être que certains créateurs célèbres sont faibles, c'est de notoriété publique, par rapport à tel ou tel point. Il n'est pas nécessaire de posséder toutes ces qualités pour être créateur. Toutefois, même les créateurs de renom pourraient être encore plus créatifs dans la mesure où ils manqueraient moins de telle ou telle qualité. Votre créativité souffre d'une déficience marquée dans l'une de ces qualités.

Si vous repérez une ou deux déficiences majeures qui limitent votre créativité, suivez les instructions pour améliorer ces domaines et vous constaterez un progrès spectaculaire dans la qualité de votre créativité et de votre vie.

Dans certains cas, peut-être ne voulez-vous pas voir l'un de ces problèmes qui vous limitent. Peut-être avez-vous été créatif en dépit d'une déficience grave dans l'un de ces domaines. Quoi qu'il en soit, développer ces qualités en vous et dans votre vie constitue une méthode sûre pour devenir plus créatif.

Commencez par le test d'auto-évaluation. Puis lisez ce qui concerne toutes les qualités dans le chapitre suivant, celles qui sont vos points forts comme celles qui sont vos points faibles. Puis vous pourrez décider si et comment vous procéderez pour renforcer ces qualités en vous.

A mes yeux, les qualités les plus importantes par rapport à la créativité sont la curiosité, l'initiative, la souplesse d'esprit, une haute estime de soi, le fait de prendre les choses du bon côté, une connaissance précise de votre but dans la vie, un sens aigu de vos propres valeurs, la logique, l'enthousiasme, la persévérance, le courage, le ressort moral, une mentalité de service, une bonne santé, des loisirs, une organisation efficace, une gestion du temps efficace, une gestion financière efficace, un réseau d'amis fiables et un programme de développement personnel efficace.

AUTO-EXAMEN DE LA CREATIVITE

Pour faire ce test d'auto-évaluation, pesez chaque affirmation et donnez-vous une note entre 0 (correspondant à jamais ou pas du tout) et 10, exceptionnellement, pour les situations les plus extrêmes. Soyez le plus honnête possible dans vos évaluations — ne cherchez pas à être positif. Rien ne vous oblige à montrer les résultats à quiconque. Le mieux est de prendre une feuille de papier et de noter vos évaluations au fur et à mesure. Mais si vous êtes en train de rouler sur l'autoroute ou si, pour n'importe quelle autre raison, vous n'avez pas de papier à votre disposition, rien ne vous empêche de faire malgré tout le test.

Je ne vous donnerai à la fin aucun élément pour juger ce test (rien du genre : si vous avez 25 ou plus en initiative, vous avez beaucoup d'initiative). Ce test n'est pas conçu pour vous comparer aux autres ou à une norme. C'est une auto-évaluation. Vos résultats par rapport aux divers points vous montreront où vous êtes fort et où vous êtes faible. Ce test a pour but de vous donner matière à réfléchir.

Test d'auto-évaluation : fiches 5 à 8

CHAPITRE 3

CULTIVER LES QUALITES DE LA CREATIVITE

Maintenant que vous avez fait le test d'auto-évaluation et déterminé vos qualités de créativité les plus fortes et les plus faibles, je vais vous montrer comment cultiver ces qualités. Par ce terme j'entends que l'on prend délibérément la décision de s'améliorer soi-même selon des méthodes spécifiques et que l'on passe réellement à l'action dans ce but. Je commencerai par quelques remarques générales sur le fait de cultiver ces qualités, puis, pour chacune, j'expliquerai en détail pourquoi et comment elle est importante pour la créativité et je vous suggérerai des moyens spécifiques de la cultiver.

Cultiver les qualités est l'essence du développement personnel et notre société accorde beaucoup trop peu d'attention à ce sujet. Chacun voudrait être meilleur que ce qu'il est, mais les gens n'ont souvent aucune idée sur la manière de s'y prendre. Je suis stupéfait que le développement des qualités ne soit pas enseigné à l'école. On n'en parle même pas à l'église ! Voici quelques suggestions très concrètes pour vous permettre de cultiver efficacement les qualités en vous :

1. Il est très important que vous reconnaissiez que vous possédez la qualité et à quel degré. C'est une façon essentielle d'apprendre à vous voir comme le type de personne qui possède cette qualité. Par ailleurs, tout ce sur quoi vous focalisez votre esprit a tendance à s'accroître dans votre réalité (voir le chapitre 11). Par conséquent, plus vous vous focaliserez sur le degré auquel vous possédez la qualité, plus elle grandira. Vous ne manquez pas totalement de toutes les qualités. Honorez-vous vous-même beaucoup et chaque fois que vous faites ou pensez quelque chose qui est une manifestation des qualités sur lesquelles vous travaillez. Par exemple, si vous travaillez sur votre santé, honorez-vous vivement chaque fois que vous pratiquez un sport ou refusez un verre.

2. Passez le plus de temps possible avec des gens qui sont très forts dans les qualités où vous êtes le plus faible. Du fait du Pouvoir attractif de l'Esprit (chapitre 11), vous avez probablement eu tendance à rechercher la compagnie de gens possédant plus ou moins les mêmes points forts et points faibles que vous. Très peu de choses influencent une personne autant que l'entourage qu'elle se choisit. Cultiver consciemment des amitiés constitue l'une des plus puissantes techniques de développement personnel.

3. Utilisez les outils que je présente dans la suite de cet ouvrage. Par exemple, écrivez une Liste de Découverte de ce que vous pourriez faire pour développer la qualité sur laquelle vous travaillez. Utilisez l'Affirmation de Découverte (ou tout autre méthode d'utilisation des affirmations) pour programmer les nouvelles manières de penser dans votre esprit. Appliquez les Méthodes d'Intégration du chapitre 13 pour supprimer la charge émotionnelle de choses qui vous ont amené à des attitudes improductives et contraignantes, etc.

4. Une ou deux fois par an, recommencez le test d'auto-évaluation pour voir vos progrès et les changements. Voici à présent comment cultiver chacune des qualités de la créativité.

A. CURIOSITE

La curiosité est probablement la qualité la mieux partagée chez les gens créatifs. Plus vous avez envie de connaître les forces sous-jacentes à l'œuvre chez les gens et dans les choses de votre vie quotidienne, plus vous êtes créatif. Certains êtres semblent être nés naturellement très curieux et veulent tout savoir à propos de tout. Ils sont en général des lecteurs avides — sauf de fiction. Ils aiment en principe l'école, à condition (et cela est très important) qu'on leur laisse la liberté d'étudier ce qui les intéresse. Ces personnes aiment à considérer leurs efforts comme des expériences ou des leçons. Ils réussissent évidemment très bien dans tous les domaines qu'ils abordent car il y deviennent des experts.

Les écrivains sont naturellement curieux du résultat de différents arrangements de mots. Les artistes sont curieux des différents effets créés par différentes formes et couleurs. Les musiciens sont fascinés par la manière dont des accords changent profondément l'état d'esprit des auditeurs. Les chimistes veulent savoir ce qui se passe lorsqu'on altère les molécules de telle ou telle façon, etc.

On peut aussi décrire la curiosité comme un désir d'apprendre et la possession d'un esprit ouvert et questionneur.

Vous pouvez cultiver votre curiosité en déterminant ce qui vous passionne le plus et en cherchant à tout apprendre sur ce sujet. Que le seul critère soit ce qui vous intéresse le plus. Autorisez-vous à étudier des choses pour lesquelles vos amis ne soupçonnaient pas votre intérêt. Même des choses que vos amis désapprouveraient. Enfant, vous étiez peut-être intéressé par les dinosaures. N'auriez-vous pas envie de lire la somme d'informations que les scientifiques ont rassemblée depuis cette époque sur les dinosaures ?

Tout le monde a un centre d'intérêt. Si vous passez des mois à n'étudier que la sexualité ou la manière de devenir riche sans travailler, pourquoi pas. Choisissez un thème, puis cultivez réellement l'intérêt qu'il vous inspire. Si votre intérêt s'estompe, passez à l'étude d'une autre chose qui suscite désormais votre enthousiasme.

Un esprit curieux a beaucoup plus de valeur qu'une éducation universitaire. Un esprit ouvert, curieux, questionneur est comparable à une tasse vide qui doit être remplie. En cultivant votre curiosité, vous pouvez être sûr d'apprendre ce qui est le plus important pour vous. Votre aptitude à vous éduquer vous-même a bien plus de valeur que n'importe quelle connaissance reçue d'autrui, de même qu'il vaut mieux savoir comment pêcher que de posséder une certaine quantité de poissons. Les personnes chez qui la curiosité est un don naturel réussiront en principe mieux leurs études et les apprécieront en tout cas davantage.

Prenez l'habitude de poser des questions. Chaque fois que vous désirez savoir quelque chose, n'ayez pas peur d'interroger une personne susceptible de pouvoir vous répondre. Même en ce qui concerne les affaires personnelles, apprenez à obtenir des informations de votre entourage, Si vous croyez savoir où quelqu'un veut en venir dans une conversation, mais que vous n'êtes pas sûr à 100 %, demandez. Si vous prenez cette habitude, vous serez étonné de constater combien de fois vos suppositions étaient fausses, la personne voulant en fait dire autre chose.

Apprenez à tout remettre en question — ne prenez rien pour allant de soi. Mettez en question les autorités qui vous informent. Ne vous contentez pas de recevoir ce qu'elles vous disent, surtout si cela ne vous paraît pas cohérent. Demandez-leur comment elles savent que ce qu'elles disent est vrai. Cherchez des raisons de douter de tout ce que vous entendez ou lisez. Voyez en quoi cela ne correspond pas à ce que vous savez déjà (ou pensez savoir). Prenez conscience de vos propres pensées et croyances, et de celles que vous prêchez aux autres, et prenez l'habitude de les remettre elles aussi en question.

Une personne à l'esprit curieux accorde une très grande valeur à la vérité et à la précision. Elle amène sans cesse de nouvelles connaissances dans le déjà connu afin de voir si tout s'accorde d'une manière cohérente. Si un petit décalage apparaît, il est hautement valorisé comme un tremplin vers une nouvelle connaissance.

Etre disposé à découvrir que l'on s'est trompé est très important pour un esprit curieux. Une personne vraiment curieuse sera toujours heureuse de s'apercevoir qu'elle s'est trompée car cela représente une occasion d'apprendre quelque chose de plus juste et d'être dès cet instant plus dans le vrai par rapport au sujet en question. Pour avoir un esprit curieux, accordez plus de valeur à la vérité qu'au fait d'avoir raison.

Plus vous êtes disposé à tirer des leçons de vos erreurs, plus vous apprendrez et plus vous serez disposé, en premier lieu, à faire des efforts. Il n'y a rien de mal à commettre une erreur si elle vous sert de leçon. Si vous réagissez trop négativement à vos erreurs, vous ne serez pas ouvert à en bénéficier et vous aurez tendance à les répéter toujours et encore. Les Anglais appellent cette approche de la vie « bêtise ». La sagesse vient, avec les années, en faisant beaucoup d'essais et en commettant beaucoup d'erreurs dont on tire des leçons.

Lorsque quelque chose ne se passe pas très bien, ne cherchez pas seulement une cause du problème. Considérez toutes les autres causes possibles. Par exemple, si les résultats d'un vendeur sont mauvais, cherchez les causes à la fois chez lui et chez ses clients. Prenez en considération le marché. Pensez à la publicité et l'image de marque du produit. Un facteur démographique ou même historique est peut-être en cause. Parfois vous trouverez un seul fil qui court parmi toutes ces approches apparemment différentes et vous pourrez alors vraiment avancer vers une solution.

Je me suis aperçu depuis quelques années que la meilleure attitude à adopter quand on monte une affaire est celle d'une expérience d'apprentissage. L'essentiel n'est pas au fond de gagner de l'argent ou d'atteindre tel ou tel but apparent, mais d'apprendre le plus possible. Cette attitude transforme tous les échecs en succès. Cela signifie, dans le pire des cas, que vous payez pour recevoir une formation. Je tiens à souligner qu'il est courant pour les gens de payer lorsqu'ils veulent se former dans un domaine.

A la suite de tout projet, dressez la liste, la plus longue possible, de tout ce que vous avez appris. Le fait d'écrire contribuera grandement à fixer ces nouvelles connaissances.

Une des facettes d'un esprit curieux est l'ouverture à trouver de nouvelles sources de solutions et d'informations. Abstenez-vous de décider trop vite d'où peuvent vous venir vos connaissances. Si vous avez des opinions politiques très marquées, lisez des livres écrits par des gens aux positions opposées. Soyez même ouvert à la possibilité d'apprendre des choses importantes de gens que vous n'aimez pas. Si vous devez de toute façon supporter leur présence, autant trouver un moyen d'en bénéficier.

Une autre facette de l'esprit curieux est de bien vouloir prendre note des nouvelles idées et choses qui se présentent. Les gens les plus créatifs se promènent en général partout où ils vont avec des carnets ou autres supports et retrouvent ainsi plus tard leurs meilleures idées. De toute évidence, cette qualité exige que vous ayez une assez haute estime de vous-même pour juger vos idées dignes d'êtres notées.

B. INITIATIVE

La créativité impliquant une nouvelle manière d'agir, la façon dont vous vous positionnez par rapport à cette nouvelle manière d'agir influence profondément votre créativité. Prendre la responsabilité de commencer quelque chose, c'est cela l'initiative.

La créativité s'accompagne toujours d'une prise d'initiative. Si vous attendez tout d'une autre personne, votre créativité s'étiolera. Diriger joue un rôle important dans la créativité et réciproquement. Cultivez en vous la disposition à prendre des risques et essayer des idées nouvelles.

Etre prisonnier de la routine représente le contraire d'être créatif. L'avantage offert par la routine est la sécurité, un sentiment de familiarité, personne ne peut vraiment vous atteindre.

Vous avez pied partout. Le désavantage, c'est la vue qui, de là, n'est pas très belle.

La créativité implique de vouloir sortir de la routine pour essayer quelque chose de différent. Si vous êtes confronté à un problème ou un objectif, c'est que vous n'avez évidemment pas fait jusque-là ce qu'il fallait pour atteindre le résultat recherché. Pour obtenir ce résultat, vous devez vouloir essayer quelque chose de nouveau.

Les gens frustrés et qui ne veulent pas entendre cette frustration, répètent et répètent, c'est typique, les même actions, se disant qu'elles devraient produire le résultat qu'ils attendent. Mais à l'évidence, les choses sont comme elles sont et non comme elles devraient être. Si vous passez beaucoup de temps à vous dire comment les choses devraient être ou combien tout irait mieux si seulement elles étaient différentes, il y a fort à parier que vous ne voulez pas recevoir non plus le feedback que le monde vous envoie. La créativité implique d'être en harmonie avec la réalité. Il est bon d'être idéaliste à un certain degré, mais si vous désirez obtenir des résultats concrets, vous devez vous montrer suffisamment pragmatique pour penser aux choses telles qu'elles sont réellement.

Par exemple, vous avez peut-être été éduqué dans l'idée que pour être heureux, il faut grimper des échelons professionnels, dépenser beaucoup d'argent, être marié et avoir des enfants. Dans la réalité, ce type d'existence rend certaines personnes heureuses et d'autres pas. Si ce mode de vie vous rend malheureux depuis dix ans, affrontez la vérité et essayez autre chose ! Si vous continuez à faire ce qui, selon les autres, devrait vous rendre heureux, vous passerez à côté de votre vie.

Avoir de l'initiative signifie être disposé à agir sans l'accord des autres. Si vous poussez un groupe à essayer quelque chose de nouveau, au départ du moins, vous n'aurez pas son accord pour lancer l'idée. Si vous ressentez le besoin émotionnel d'avoir l'accord de tout le monde avant de prendre une initiative, il ne sortira jamais de vous rien de très nouveau. Une chose ne peut donner en principe la preuve de sa validité qu'après avoir été essayée. Lorsque vous innovez vraiment, il vous faut peut-être même aller de l'avant dans un climat de mépris et de sarcasmes jusqu'à ce que vous arriviez vraiment aux résultats.

Bien vouloir recommencer est un autre aspect de l'initiative. Pour la plupart des gens, il n'y a rien de pire que d'avoir à recommencer. Ne soyez pas du lot. Si vous pouvez envisager d'une manière saine d'avoir à recommencer, vous réussirez toujours car, lorsque vous rencontrerez des problèmes, vous apprendrez vite et vous pourrez continuer. Si vous n'avez rien contre le fait de recommencer, rien ne pourra jamais vous arrêter.

C. SOUPLESSE D'ESPRIT

La souplesse d'esprit est essentielle à la créativité. Elle englobe beaucoup de choses. A la base, cela signifie que votre esprit est à l'aise avec un vaste éventail de choses. Lorsque vous débutez en yoga, vous étirez votre corps d'une façon qui vous est inhabituelle. Progressivement, les mouvements qui étaient d'abord pénibles deviennent aisés et vous passez à des postures plus difficiles, des étirements plus poussés, etc. De la sorte, votre corps devient de plus en plus souple. Le même principe s'applique à votre esprit. Etirer votre manière de penser peut vous paraître pénible au début, mais cela a pour objectif de vous mettre de plus en plus à l'aise avec de nouvelles manières de penser.

Hélas, on ne nous enseigne pratiquement rien sur la souplesse d'esprit en classe. Il existe toujours plusieurs manières d'arriver à quelque chose, mais on nous apprend à chercher l'unique réponse juste. Dans la vie, il n'existe rien de tel qu'une réponse juste unique. Compter sur ce genre de réponse inhibe fortement la créativité. Apprenez à ne jamais vous arrêter à une seule solution, continuez à en chercher d'autres même lorsque vous en avez déjà trouvé une. Cela vous conduira plus d'une fois à une solution meilleure. Dans tous les cas, vous y gagnerez en souplesse d'esprit.

Le concept de contexte mental est important pour comprendre de quoi il s'agit lorsqu'on parle de souplesse d'esprit. Le « contenu » se rapporte à tout objet que vous prenez en considération et le « contexte » correspond au point de vue à partir duquel vous le considérez. La vérité est fonction du contexte. La vérité à propos de n'importe quelle chose doit être formulée de manière extrêmement différente si le contexte adopté par rapport à cette chose est modifié. Par exemple, une goutte d'eau représente-t-elle beaucoup ou peu d'eau ? Les deux, c'est évident. Du point de vue du nombre de molécules d'eau contenues dans une goutte, c'est énorme (ou du point de vue d'un micro-organisme); du point de vue d'une goutte restée sur votre voiture après que vous l'ayez lavée et séchée, c'est une toute petite quantité d'eau. Ce principe s'applique absolument à tout. Votre mère faisait-elle bien ou mal la cuisine lorsque vous étiez enfant ? C'est indiscutablement une question de contexte qui n'a rien à voir avec la nourriture elle-même. Est-il facile ou difficile de gagner 100.000 F par an ? Là encore, ce n'est qu'une affaire de contexte.

99 % d'une bonne gestion de votre esprit consiste à penser selon des contextes adaptés à votre efficacité et à votre bonheur. L'esprit ayant naturellement tendance à conserver le contexte, quel qu'il soit, qu'il a toujours utilisé, changer les contextes constitue véritablement un art. Vous pouvez apprendre à changer de contextes. La troisième partie de ce livre et mon premier ouvrage presque dans son entier traitent de la manière de changer les contextes pour maximiser votre efficacité et votre bonheur. Si vous voulez vraiment parvenir à maîtriser votre esprit, il n'y a pas d'autre voie que d'apprendre ces méthodes.

Essayez toujours de voir chaque chose selon autant de perspectives différentes que possible. Ainsi, non seulement vous améliorerez vos relations avec votre entourage, mais encore vous augmenterez de beaucoup votre souplesse d'esprit.

Il est capital que vous sachiez suspendre votre jugement afin de pouvoir vous rendre compte que des idées qui, au premier abord, vous paraissent mauvaises, sont en réalité bonnes. L'un des plus grands inhibiteurs de la créativité est le fait de porter trop vite des jugements sur des idées. La partie créatrice de votre esprit et la partie qui juge sont très différentes l'une de l'autre.

En revanche, la créativité a beaucoup en commun avec la spontanéité. Les deux autorisent des impulsions à monter du subconscient dans le conscient. Les deux reposent sur la croyance qu'un bien peut sortir d'une chose différente de ce qui a été fait jusque-là. L'ennemi commun de la créativité et de la spontanéité est le jugement prématuré. Un jugement sûr est absolument essentiel à la bonne marche de la vie. Mais si vous êtes trop prompt à juger de nouvelles idées, votre créativité sera étouffée. Pour être créateur, vous devez vous donner l'espace d'explorer des idées avant qu'elles n'aient pris complètement forme.

Certes, lors de la phase concrète d'un projet créateur, la phase au cours de laquelle vous manifestez réellement votre idée dans le Monde, vous avez besoin de logique, d'un jugement sûr, de discipline et de persévérance. Mais il est très important de se rendre compte que la phase de recherche d'idées et la phase pratique sont très différentes l'une de l'autre. Dans la première, vous recherchez une percée créatrice et, si vous n'êtes pas capable de suspendre votre jugement, vous n'irez nulle part.

Dans le prochain chapitre, je vous enseignerai une méthode simple pour mettre hors circuit la partie de votre esprit qui porte des jugements prématurés afin que vous puissiez recevoir des idées nouvelles en abondance.

La souplesse relève en partie de l'aptitude à penser logiquement et illogiquement. La plupart des gens ne sont à l'aise qu'avec l'une ou l'autre de ces manières de penser. Mais les deux sont d'importance égale pour la créativité, pour la réalisation de quelque chose qui en vaut la peine.

La logique tend à la rigidité, rigidité qui peut entraver la pensée créatrice, surtout aux premiers stades. Les idées nouvelles sont susceptibles de relever d'une autre logique que celles d'avant et elles ne pourront donc jamais émaner de l'ancienne logique. Il est nécessaire de pouvoir mettre entre parenthèses la vieille logique pour permettre l'émergence des idées nouvelles et de leur nouvelle logique.

Voici un exemple : les gens ont du renoncer à penser que le vol impliquait d'être plus léger que l'air pour découvrir les vérités du vol plus lourd que l'air. Autre exemple : ils durent abandonner ce que la physique newtonienne leur avait appris de la nature de la matière et de l'énergie pour s'ouvrir à la compréhension d'Einstein et de l'énergie atomique.

Parmi les modes de pensées illogiques utiles figurent la métaphore, l'ambiguité et l'émotion.

La métaphore revient à substituer une chose à une autre dans votre pensée. Ce faisant, vous pouvez découvrir que certaines propriétés de cette chose se retrouvent aussi chez l'autre. Voyez combien des choses différentes en apparence sont en réalité semblables. Par exemple, notez les similitudes entre les avions et les bateaux à voiles, les cristaux et les boulets de canon, les poissons et les oiseaux, etc.

On nous apprend à éviter l'ambiguïté, mais dans les phases d'approche d'une idée nouvelle, l'ambiguïté peut être une grande bénédiction. Elle possède une souplesse susceptible d'aider grandement à trouver une solution souple à un problème.

De même, le désordre n'est pas non plus mauvais parce qu'il apporte de nouvelles possibilités pour de nouveaux types d'ordre. On en a un exemple avec les animaux ou autres formes que l'on voit en observant des nuages cotonneux, ou dans la signification symbolique que l'on peut trouver en regardant des taches d'encre.

Apprenez à voir les possibilités dans les vérités partielles.

Une petite somme de connaissances peut être très utile. Assurez-vous de pouvoir différencier clairement ce que vous savez de ce que vous croyez savoir et de ce que vous ne savez pas. En gardant à l'esprit l'information que vous connaissez, puis en faisant varier les éléments que vous ne connaissez pas, vous pouvez réussir une percée créatrice.

Apprenez à avoir plus d'une idée à la fois. Ce n'est pas difficile. Prenez conscience que vous pouvez considérer simultanément un verre comme moitié vide et moitié plein.

Posez des questions commençant par « et si ». Et si les ventes doublaient brusquement ? Et si le matériau à partir duquel cet objet est réalisé pouvait être mou et flexible ? Et si les pôles fondaient et les mers montaient ? Et si tout le monde apprenait à gérer efficacement ses émotions ?

Les émotions régissent dans une très large mesure la pensée et le comportement des gens et diffèrent considérablement de la logique. Si les gens étaient aussi logiques qu'ils aiment à le croire, ils se conduiraient tout à fait autrement. La course aux armements nucléaires en constitue un exemple qui crève les yeux. Cette course repose totalement sur des émotions de haine et de méfiance; il ne se trouve rien de plus illogique dans toute l'histoire de l'humanité. Si vous tenez trop à être logique, vous ne comprendrez jamais rien aux gens quand ils sont trop dans leurs émotions. Si votre travail a une composante d'interaction avec le comportement humain, vous devez prendre en compte les émotions sous peine de ne pas réussir. Si l'humanité trouve un jour une solution à la course aux armements nucléaires, celle-ci sera beaucoup plus en rapport avec les émotions que la logique.

La plupart des gens font leur possible pour éviter les sentiments de confusion et d'indécision. Ce n'est toutefois pas nécessaire. A partir du moment où vous acceptez votre sentiment de confusion, toutes sortes de formes de pouvoir créateur vous deviennent accessibles. La confusion signifie que vous voyez simultanément une chose selon différentes perspectives. Cela signifie donc aussi que vous êtes en position de choisir. Voici un exercice qui vous donnera beaucoup de pouvoir : chaque fois que vous vous sentez perplexe, concentrez-vous sur le sentiment que vous donne cette confusion et retenez-le le plus longtemps possible. Bénéfice supplémentaire : le jour où la confusion ne vous gêne plus, il deviendra très difficile aux gens de vous pousser à faire quelque chose en mettant de la confusion dans votre esprit.

La propension à douter de toutes les règles constitue une autre qualité de la créativité. Accepter aveuglément les règles ne mène à rien de neuf. Demandez toujours pourquoi. Pourquoi dois-je résoudre le problème de cette façon ? Pourquoi dois-je avoir un métier si je veux gagner de l'argent ? Pourquoi la mort est-elle inévitable ?

Etre prêt à transgresser les tabous peut être un atout essentiel dans le développement de la souplesse d'esprit. Si vous prenez les tabous au sérieux, ils érigeront autour de votre esprit un mur qui vous empêchera de penser clairement. Prendre un tabou au sérieux crée l'illusion que l'on doit surveiller soigneusement ce que l'on pense. Vous vous retrouvez en conflit avec vous-même dès que vous approchez du sujet tabou. Ce processus étouffera la créativité dans de nombreux secteurs de votre esprit. Si vous désirez être créatif, vous voulez aussi que votre esprit puisse avoir des pensées de toutes sortes. Commencez à observer les gens autour de vous. De quoi s'abstiennent-ils instinctivement de parler ? Les tabous varient considérablement d'une subculture à l'autre. Pour certains, il est tabou de parler de sexualité. Pour certains jeunes hommes, il est presque tabou de ne pas parler de sexualité, mais il est encore tabou de discuter d'homosexualité. Dans certaines subcultures, il est tabou de parler des avantages du communisme, alors que dans d'autres, il est tabou de parler de ceux du système républicain. Dans les débuts du rebirthing, il était tabou de parler de la mort. Recherchez vos tabous personnels et ceux qui ont fait partie de votre éducation. Plaisanter sur les sujets tabous peut être une bonne manière de sortir du cloisonnement des tabous.

Une qualité proche est de bien vouloir se détacher de ses propres vieilles idées. Peut-être avez-vous été élevé dans l'idée que tous les gens d'une certaine nationalité ou d'un certain parti politique sont comme ceci ou comme cela. Dès que vous acceptez de mettre cette croyance en question, vous découvrez qu'il n'en est rien. Si vous avez toujours cru que le verre est transparent, vous ne remarquerez jamais des exceptions pourtant importantes. Les gens ont longtemps cru qu'ils ne pouvaient pas voler. Peut-être pensez-vous devoir être macho parce que votre père l'était. Peut-être vous croyez-vous sans talent créateur, sans talent musical ou mauvais lecteur. Il existe sans aucun doute beaucoup de vieilles croyances que vous auriez intérêt à changer.

Désapprendre est d'une grande valeur sur le chemin de la créativité. Il est nécessaire de désapprendre tout ce que vous avez cru vrai, mais qui ne sert pas votre objectif. Tout au long de la vie, mais spécialement dans l'enfance, chacun apprend beaucoup de choses qui ne sont tout simplement pas vraies. Si vous vous accrochez à vos croyances, votre pensée restera longtemps bloquée. De plus, si vous être vraiment créatif, il va vous falloir désapprendre toutes vos idées sur la manière dont les choses devraient être. Ce n'est qu'en désapprenant les « devraient » que vous pourrez voir les choses telles qu'elles sont.

Cultivez une disposition à méditer sur l'inhabituel. Cela vous aidera à repousser les limites dans lesquelles vous pensez. Lisez des documents anthropologiques sur les manières très différentes que d'autres cultures ont eues de résoudre les mêmes problèmes que nous. Lisez des histoires de science-fiction. Passez du temps en compagnie de gens excentriques.

Cultivez la capacité de penser d'une façon imaginative. Ecrivez vous-même des histoires de science-fiction. Considérez des objets de la vie courante et imaginez que vous en modifiez une caractéristique. Passez plus de temps à écouter de la musique évocatrice et laissez votre esprit voyager dans d'autres mondes. Apprenez à imaginer des choses qui semblent en contradiction totale avec la réalité.

Tout en lâchant la bride à votre imagination, apprenez à la contrôler. Apprenez à lui faire faire votre promotion. Il est très bon d'imaginer pour vous des réussites spectaculaires. Apportez à ces rêveries tous les détails possibles. Engagez-y tous vos sens internes, y compris le toucher, l'odorat et le goût. Vous pouvez rêver de ce que vous feriez pour gagner le Prix Nobel. Vous pouvez imaginer les problèmes qui surviendraient, puis imaginer que vous les résolvez.

Pratiquez tout particulièrement la visualisation. Tout le monde peut visualiser, simplement certaines personnes sont mieux entraînées que d'autres. Essayez des exercices comme ceux-ci : visualisez un objet simple, puis voyez-le changer de couleur. Imaginez la moitié inférieure qui s'élargit, monte et vient encercler la moitié supérieure. Imaginez qu'il se divise en deux. Puis visualisez chacune de ces moitiés se divisant en deux, etc. Voyez jusqu'à combien de divisions vous pouvez aller sans perdre la visualisation globale.

Une personne dénuée d'imagination vous a peut-être appris à un jeune âge qu'il n'était pas bien de rêvasser. Désapprenez cela ! Presque tout ce qui existe de bien dans le monde moderne a commencé avec la rêverie de quelqu'un.

Un esprit souple est également ouvert. Il est bon d'être sceptique, de ne pas croire quelque chose sans en avoir l'expérience directe. Mais il y a tout un monde entre le scepticisme et un esprit fermé. Les sceptiques font plus d'expériences directes que ceux qui croient ce qu'on leur raconte sans sourciller. Mais un esprit fermé fait moins d'expériences directes que n'importe quel autre.

D. HAUTE ESTIME DE SOI

J'entends par estime de soi vos opinions sur vous-même : si vous vous trouvez bien, capable d'idées intéressantes, méritant de vivre de bonnes choses, ou dégénéré, méritant de souffrir, puis de mourir et de souffrir encore après. Pour être créateur, il faut une haute estime de soi.

Vous devez vous estimer suffisamment pour penser qu'une nouvelle idée qui vous vient a de la valeur. Il vous faut aussi une haute estime de vous-même pour penser mériter de retirer les bénéfices de votre créativité. Si vous estimez mériter d'être puni, il y a toutes les chances pour que vous vous enfermiez dans des situations que vous n'aimez pas.

Le contraire de l'estime de soi est la haine de soi. Parfois, les gens se détestent toute leur vie à cause d'événements de leur enfance. Si vous voulez développer votre estime de vous-même, vous pardonner est très important. L'estime de soi équivaut à avoir de la compassion pour le fait que l'on est humain.

Une haute estime de soi signifie que l'on s'aime inconditionnellement. Elle signifie que vous vous aimez même lorsque vous venez de gaffer en public, de perdre de l'argent dans une tentative commerciale ou de prendre conscience que vous avez gâché la plus grande partie de votre vie d'adulte. Cela correspond à une vision saine des choses.

Une haute estime de soi signifie que l'on est un bon ami pour soi-même. Vous attendez probablement de vos amis qu'ils se mettent de votre côté lors d'une dispute avec un tiers, qu'ils soient délicats quand ils vous critiquent, qu'ils vous félicitent de vos succès, qu'ils vous donnent le sentiment d'être aimé, qu'ils restent en accord avec vous, qu'ils vous pardonnent vos erreurs, qu'ils soient de compagnie agréable et qu'ils répondent présents quand vous avez besoin d'eux. Si vous faites tout cela pour vous, vous avez une haute estime de vous-même.

Avoir plus d'amour et de compassion pour vos parents constitue un moyen très efficace de développer votre estime de vous-même. Si vous vous dites que vous n'avez pas été très bien élevé, vous serez amené à penser aussi que cette éducation vous a laissé des points négatifs. Si vous trouvez vos parents mauvais, vous êtes conduit à penser que le fruit de leurs entrailles (vous) est mauvais aussi. De plus, vous critiquerez chez vous tout ce que vous critiquez chez les autres, vos parents en particulier. Vos parents ne sont pas uniquement des gens à qui vous vous efforcez de rendre visite le plus souvent possible pendant vos vacances. Vous les portez également en vous en permanence. Si vous n'êtes pas en paix avec ces « parents » intérieurs, comment pourriez-vous l'être avec vous-même ? La meilleure façon de faire la paix avec ces « parents »-là est de faire aussi la paix avec vos parents extérieurs. Les gens pensent souvent que leurs relations avec leurs parents seraient bonnes si ces derniers avaient simplement meilleure opinion d'eux, mais en vérité vos relations avec eux s'arrangeront complètement quand vous arrêterez de les juger autant.

E. PRENDRE LES CHOSES DU BON COTE

Prendre les choses avec légèreté est une autre qualité importante à cultiver pour devenir plus créatif. Plus vous êtes lourd par rapport à vous-même, vos problèmes et votre entourage, moins vous êtes créatif.

Cultivez l'habitude de voir le bien en tout. Notez les avantages que vous retirez de choses paraissant au départ mauvaises. Quand vous pensez à quelqu'un que vous n'aimez pas, réfléchissez à ce qu'apprécierait en elle une personne qui l'aimerait. Lorsqu'une affaire semble mal se passer, commencez à élaborer des moyens qui vous permettraient de faire tourner en fin de compte à votre avantage les changements inattendus / indésirés.

Cultivez le sens de l'humour. Ne manquez pas une occasion de raconter des plaisanteries. Allez voir des comédies. Les comiques comptent parmi les gens les plus créatifs du monde et, en les observant, vous pouvez apprendre comment créer de nouvelles associations d'idées.

Le sens de l'humour est aussi d'une grande valeur pour la créativité dans la mesure où les nouvelles idées naissent très souvent de paradoxes — d'un changement de contexte mental qui fait d'une affirmation apparemment fausse une vérité qui saute aux yeux. Sans doute s'agit-il d'une explication très abrupte de l'humour, mais l'humour est en réalité la résolution d'un paradoxe. Lorsque vous racontez une plaisanterie, vous lancez une certaine ligne de raisonnement pour construire la plaisanterie puis, au moment de la chute, vous donnez un petit tour qui fait paraître tout ce qui précédait comme un paradoxe. Plus votre sens de l'humour est développé, plus vous êtes familier du paradoxe et, c'en est une conséquence naturelle, vous êtes aussi plus créatif.

Cultivez une disposition à réfléchir sur ce qui est stupide. La stupidité possède sa propre logique et parfois, cette logique peut mener à une percée créatrice. Si vous avez l'habitude d'éliminer tout ce qui est stupide de votre pensée, vous accéderez très peu aux parties enfantines de vous-même qui comptent parmi vos composantes les plus créatrices.

Apprenez à jouer avec les problèmes graves. Tout processus orienté vers un objectif peut être considéré comme un jeu. Si vous y voyez juste un jeu, votre esprit sera considérablement plus libre que si vous exagérez l'importance de ce dont vous vous occupez.

Apprenez à ne pas de garder de rancœurs. Si vous en avez, chaque fois que quelque chose vous rappelle la personne blâmée, vous devenez lourd et négatif et vous ne voulez plus penser à cette chose. De toute évidence, cela élève un mur autour de votre esprit qui, du moins à certains moments, freine votre créativité.

Plus vous vous aimez, plus vous aimez les autres et la vie, plus vous vous sentez poussé à créer de bonnes choses. Si vous désirez vraiment être créatif, il est important de cultiver l'amour inconditionnel envers tous et tout.

Les gens négatifs ne sont presque jamais créatifs. La personne la plus négative du 20e siècle est sans doute Hitler. Le fait qu'il soit arrivé à un certain sommet de puissance ne signifie pas qu'il était créatif. Rappelez-vous la définition de la créativité : amener quelque chose de bien par rapport à vos propres valeurs. Je ne peux pas croire que l'effondrement total de l'Allemagne était le résultat recherché par Hitler. Les gens les plus créatifs sont connus pour avoir une vision globale positive de l'humanité — Einstein, Disney, Beethoven, etc. Peut-être vous vient-il à l'esprit le nom de quelques créateurs ayant des attitudes négatives connues à l'égard de l'humanité, éventuellement certaines vedettes du rock, mais il vous suffit de voir le déroulement de leurs vies.

F. UNE CONNAISSANCE PRECISE DE VOTRE BUT DANS LA VIE

Le but que vous avez dans la vie constitue votre contribution unique au monde. Vous pouvez concevoir ce but comme « votre mission ». Vous êtes unique à la fois quant à vos aptitudes et vos valeurs. C'est ce caractère unique qui crée votre but.

Beaucoup de gens traversent l'existence sans jamais avoir une idée de leur but. C'est terriblement dommage et si peu nécessaire. Ne reculez devant rien pour découvrir votre but. Heureusement, connaître son but est très facile. Le chapitre 7 vous propose un processus très simple pour découvrir le vôtre.

Une fois que vous connaissez votre but, il devient beaucoup, beaucoup plus facile d'être créatif, parce que vous savez vers quoi orienter votre créativité. Essayer d'être créatif sans connaître le but de sa vie est aussi difficile que de préparer un repas dont vous ignorez le menu.

Le fait de connaître votre but fortifie votre estime de vous-même car vous en retirez le sentiment d'apporter une contribution unique et nécessaire au Monde.

Connaître son but, comment est-ce ? C'est comme savoir que l'on est motivé par ce qu'il y a de mieux et que si l'on était milliardaire, on continuerait sur le fond à faire ce que l'on fait.

Connaître votre but signifie que vous savez exactement ce que vous voulez réaliser dans votre vie.

Connaître votre but rend la prise de décisions facile parce que vous choisissez tout simplement la possibilité qui sert le mieux votre objectif. Lorsque vous n'êtes pas en train de vous débattre à longueur de temps pour prendre de grandes décisions, il vous est beaucoup plus facile d'être créatif.

Connaître votre but facilite toute votre vie parce que cela vous permet de mettre consciemment tout ce qui la compose en accord avec ce but.

G. UN SENS AIGU DE VOS PROPRES VALEURS

Vos valeurs représentent ce que vous estimez valable, désirable et bon dans la vie. Une valeur est une chose que vous jugez valable en tant que ce qu'elle est.

Il vous est impossible d'agir efficacement et créativement sans connaître vos propres valeurs. La créativité revient à instaurer entre des choses un ordre nouveau qui vous convient mieux que l'ancien. Vous devez donc savoir ce que « mieux » signifie pour vous — et cela revient à connaître vos propres valeurs. Si, par exemple, vous écrivez un roman policier, vous devez savoir ce que vous, personnellement, aimez dans les romans policiers afin d'écrire dans cette ligne. J'anime essentiellement des séminaires pour gagner ma vie. Avant de le faire, j'en ai suivi un maximum, ce qui m'a permis de développer une connaissance précise de ce que j'aime dans les séminaires. Maintenant j'anime des séminaires qui, par rapport à ce que j'aime dans un séminaire, sont les meilleurs du monde.

Vos valeurs constituent ce qui vous motive. Toute motivation provient de valeurs et chaque fois que vous valorisez quelque chose, vous êtes motivé à faire que cette chose prenne plus de place dans votre expérience.

Il est impossible d'insister suffisamment sur l'importance pour vous d'avoir une connaissance détaillée de vos propres valeurs. Sans elle, vous êtes toujours gouverné par les valeurs d'autres personnes. De plus, vous souffrez de conflits internes.

Par « un sens aigu de vos propres valeurs », je ne veux pas seulement dire que vous connaissez vos valeurs, mais aussi que vous savez les classer par ordre de priorité. Par exemple, vous ne vous contentez pas de savoir que vous valorisez la liberté et la sécurité, vous savez laquelle passe en premier. Le fait de le savoir peut vous aider considérablement à choisir entre être indépendant ou prendre un emploi, vous marier ou rester célibataire. (Je tiens à souligner que la plupart des gens qui ont un emploi ou viennent de s'installer à leur compte estiment qu'avoir un emploi est plus sûr. Mais la plupart de ceux qui ont travaillé à leur compte avec succès pendant quelques années s'aperçoivent qu'à partir du moment où l'on sait comment gagner de l'argent soi-même, on est plus en sécurité qu'avec n'importe quel emploi.

Connaître vos propres valeurs est très important à plusieurs titres pour votre créativité. C'est ce qui vous permet de savoir de quels types d'efforts se nourrit votre créativité. Cela vous permet de savoir ce que vous considérerez comme un progrès. Sans cela, vous risqueriez de faire porter vos efforts sur quelque chose qui vous rendrait moins heureux — ce que font en général les gens. Connaître vos propres valeurs vous permet de comprendre ce qui vous motive. Cela vous permettra même de mieux comprendre en quoi cela consiste d'être un être humain — et cela vous aidera assurément dans tout effort créateur destiné à communiquer quelque chose à quelqu'un.

Le chapitre 6 traite du développement d'un sens aigu de vos propres valeurs.

En outre, ce chapitre vous indique comment modifier votre comportement en changeant l'ordre de priorité de vos valeurs.

Lorsque vous connaissez en détail vos valeurs, vous pouvez créer des objectifs sensés dans votre vie. Si vous ignorez vos valeurs, inutile de concevoir des objectifs car tous ceux que vous vous proposerez ne seront de toute façon pas vraiment les vôtres.

Lorsque vous connaissez vos valeurs en détail, vous savez toujours quelle est la raison de ce que vous faites, ce qui est évidemment favorable à votre estime de vous-même. Même si vous n'aimez pas particulièrement ce que vous faites (ce qui indique une tendance à la cœrcition), le fait de savoir pourquoi vous le faites vous aidera à avoir de la compassion pour vous-même.

Lorsque vous connaissez vos propres valeurs et vos priorités, vous verrez tout les aspects de votre vie s'améliorer naturellement de manière régulière. Cela s'explique ainsi : le fait de connaître et de comprendre vos valeurs réduit vos conflits internes et permet la coopération de toutes les parties de vous-même.

Connaître vos propres valeurs vous permet de faire plus facilement des choix au quotidien car vous savez qu'en orientant en général vos choix en fonction des valeurs prioritaires, vous serez aussi satisfait que possible.

Vos valeurs changent avec le temps. Le développement personnel est en partie une affaire de changement de valeurs. Si vous savez suivre ces changements, vous restez en contact avec vous-même d'une manière très utile. Vous aurez tendance à ne pas prendre de décision en fonction de ce que vous auriez choisi dans le passé, mais plutôt en fonction de vos valeurs actuelles. La méthode de découverte de vos propres valeurs que je présente dans le chapitre 6 est tellement simple, efficace et amusante que vous pouvez la reprendre aussi souvent que vous le désirez et suivre ainsi vos changements de valeurs dans le temps.

H. LOGIQUE

J'estime la logique essentielle à la créativité pour plusieurs raisons. La créativité impliquant un processus linéaire de réorganisation de matériaux, idées, etc., la logique se révèle indispensable pour concevoir le moyen le plus efficace d'arriver au résultat désiré. La logique est nécessaire pour résoudre les problèmes qui surviennent en chemin. De plus, d'autres personnes étant plus moins ou moins logiques, il est nécessaire dans nombre de démarches créatrices de leur présenter les choses d'une manière logique qui leur convienne.

Il existe beaucoup de types de logique différents, chacun fonctionnant selon des principes différents et chacun ayant son utilité. On réduit trop souvent la logique à un seul type : la logique rigide, formalisée et déductive. La logique de la peinture abstraite n'est pas la même que celle de la discussion, mais la peinture abstraite a sa propre logique. On peut dire que les émotions ne sont pas logiques, mais il serait plus juste (et beaucoup plus utile) de dire qu'elles obéissent à leur propre logique. Essayer de faire coller un certain type de logique sur une situation qui en exige un très différent amène, ce qui est logique, des résultats indésirables. Essayer de persuader quelqu'un qu'il devrait ressentir autre chose que ce qu'il ressent est vain, stupide et cruel.

La logique dualiste et la logique paradoxale sont très différentes et se révèlent utiles dans des domaines différents. La logique dualiste repose sur l'idée qu'une chose est comme ceci ou comme cela en fonction de sa nature propre. La logique paradoxale repose sur l'idée qu'une chose est comme ceci ou comme cela en fonction de votre point de vue.

Par exemple, selon la logique dualiste, une personne est soit riche, soit pauvre, ou se situe du moins quelque part sur l'échelle richesse-pauvreté. Selon la logique paradoxale, même un milliardaire peut toucher aux limites de sa richesse et même un sans-logis peut connaître la richesse d'être en vie, la richesse des couchers de soleil, des plaisirs simples, etc. Le contexte qui montre un sans-logis heureux plus riche qu'un milliardaire malheureux est particulièrement utile et adapté dans certains types de réflexion.

La logique paradoxale est très sous-employée dans notre société. Mal utilisé, le dualisme est une grande source de souffrance. Mal utilisé, il peut nous amener à comparer notre expérience présente à une norme imaginaire, nous privant du plaisir et des apports que nous pourrions retirer de la situation en cours.

La logique paradoxale accroît considérablement notre liberté de pensée. Elle facilite le choix d'une nouvelle manière de considérer une chose afin de l'utiliser plus efficacement. Elle est d'une très grande valeur dans toute démarche créatrice.

Dans la troisième partie de ce livre, il est longuement question de la manière de se délivrer des fausses applications du dualisme.

Mais si la logique dualiste est trop et en général mal employée, cela ne veut pas dire qu'elle n'a pas sa place. Tout processus linéaire est intrinsèquement dualiste.

Par processus linéaire, j'entends un processus impliquant de faire une chose pour amener un changement dans le temps. Un projet commercial en est un exemple. Dans un tel projet, vous commencez par un concept, de l'expérience, des gens, des ressources, etc., et vous déployez un plan dans le temps afin d'atteindre un but précis.

Un projet commercial (ou tout autre processus linéaire) est intrinsèquement dualiste car vous avez en tête un résultat précis que vous vous efforcez de créer. Certaines activités vous rapprocheront de ce but tandis que d'autres vous en éloigneraient. Il est essentiel de bien user de la logique dualiste pour faire la différence entre des plans susceptibles de faire rentrer de l'argent et d'autres qui risquent d'en faire perdre.

Toutefois, pour bien appliquer la créativité à un projet commercial, vous devez aussi être capable de vous servir de la logique paradoxale. Lorsque vous faites les comptes de toutes les ressources disponibles au départ, ou pour résoudre n'importe quel problème, il est important de ne pas avoir une idée trop rigide de ce qu'ils sont ou de ce qu'ils font. Soyez ouvert à trouver de nouvelles manières d'employer des ressources connues. Tout devient plus facile à partir du moment où vous franchissez le pas du paradoxe pour voir combien vous êtes proche du but plutôt que combien vous en êtes loin.

Les auto-méthodes présentées sous le nom de « Preuves Affirmatives » impliquent une forme extrême de logique paradoxale permettant de changer en positif notre façon de voir une chose. Dans les Preuves Affirmatives, on identifie une pensée qu'il est utile d'avoir, puis l'on recherche les contextes dans lesquels cette affirmation est vraie. Par exemple, il peut vous être utile de penser : « Je suis sans aucun doute l'un des meilleurs vendeurs qui ait jamais vécu sur cette terre. » Vous contenter de répéter sans relâche cette pensée ne peut pas vous être aussi profitable que de vous apporter la preuve qu'elle est vraie. Il ne s'agit pas d'en apporter la preuve en augmentant vos ventes, ce qui est précisément le but de l'affirmation. Il s'agit de prendre votre situation telle qu'elle est et de trouver des manières de l'envisager qui vous montrent indubitablement que vous êtes vraiment, maintenant même, l'un des plus grands vendeurs de tous les temps.

Un autre exemple de changement de logique nous vient de la médecine : la différence entre la médecine spécialisée et la médecine holistique. Les praticiens de la médecine spécialisée sont les plus nombreux aux Etats-Unis, ce qui veut dire que lorsque quelqu'un présente un symptôme dans une partie de son corps, le traitement vise avant tout cette partie. Cela est logique et souvent approprié. A l'opposé, la médecine holistique prend en compte le corps tout entier, et même le mental et parfois l'esprit, pour établir un traitement. Cette approche est souvent meilleure. Une telle différence d'approche peut être appliquée dans beaucoup d'autres situations. En économie, par exemple, c'est en général une bonne idée, lorsqu'on s'occupe d'aider un secteur, de penser au résultat que cette action aura sur l'économie générale.

Vous pouvez développer vos capacités en logique grâce à des jeux à base de logique. Le backgammon est excellent pour cela car il vous apprend les probabilités et à penser vite. Chaque partie étant relativement courte, on n'a pas tendance, comme aux échecs par exemple, à trop investir dans la victoire. Cependant, les échecs constituent certainement le meilleur jeu pour développer la logique. A mon avis, beaucoup de gens trouvent dans les jeux les méthodes les meilleures, les plus directes et les plus agréables de développer leur logique. Même si vous avez toujours évité les jeux jusque-là, je vous conseille d'essayer cette approche si vous désirez développer vos capacités en logique afin de devenir plus créatif.

Lire des livres de rhétorique peut être extrêmement utile pour développer son aptitude à la logique formelle. Beaucoup d'ouvrages excellents consacrent un chapitre aux casse-tête logiques.

La lecture des chapitres 11 à 14 de ce livre vous aidera beaucoup à vous familiariser avec la logique paradoxale et la manière de l'employer directement pour résoudre n'importe quel problème, même émotionnel.

Il est aussi favorable de porter tout simplement plus d'attention aux manières de voir différentes de personnes différentes. Essayez de ne pas persister à juger que les gens se trompent quand ils expriment un point de vue différent. Cherchez à savoir comment ils sont arrivés à leurs conclusions et vous apprendrez peut-être ainsi un système logique tout autre qui pourra vous être utile dans certaines situations.

I. ENTHOUSIASME

L'enthousiasme est à l'évidence l'une des premières caractéristiques des gens créatifs. Il apporte la motivation et l'énergie nécessaires aux projets créateurs. Une personne qui est enthousiaste à la base a plus de chances de manifester les autres qualités qui sont aussi le support de la créativité.

Bien que la plupart des gens pensent que l'enthousiasme est produit par la créativité, ce qui est vrai dans une certaine mesure, l'inverse est encore plus vrai. L'enthousiasme, comme le bonheur, est un talent. Des gens qui travaillent sur des projets similaires et ont donc les mêmes occasions de s'enthousiasmer, ne sont pas tous aussi enthousiastes les uns que les autres. Si beaucoup de choses s'opposent à votre enthousiasme, aucun projet ne vous rendra enthousiaste.

Tout le monde a éprouvé au moins une fois de l'enthousiasme, mais de quoi s'agit-il ?

Enthousiasme signifie être en harmonie avec TOUT ce qui suit : votre but dans la vie, votre objectif, votre plan, votre situation actuelle, votre discipline, ce que vous avez à faire et vous-même.

Pour exprimer le contraire de l'enthousiame, j'utilise le terme « ennui ». L'ennui est ce sentiment de lassitude apathique que nous inspire l'idée que ce que nous faisons n'a aucune importance. C'est un parent proche de la dépression. L'ennui ou la dépression peut provenir de l'une des choses suivantes : ignorer le but de votre vie, être sans objectif ou avoir des objectifs qui ne sont pas en rapport avec le but de votre vie, ne pas avoir le plan d'action approprié pour atteindre un objectif (c'est-à-dire l'impuissance) ou la haine de soi. Nul n'est à l'abri de la dépression tant qu'il ne travaille pas avec enthousiasme sur un projet qui va dans le sens du but de sa vie. Tout le reste n'est que de la cœrcition rajoutée par-dessus la dépression.

L'enthousiasme implique toujours que l'on fasse quelque chose : il implique le futur. Pour être enthousiaste, on doit « attendre » quelque chose avec le sentiment de participer à la réalisation du résultat désiré.

Cultivez sans relâche l'enthousiasme et vous atteindrez vos buts beaucoup plus vite.

L'enthousiasme est de loin la meilleure motivation. Sans lui, l'élan pour sortir du lit le matin et aller travailler ne peut venir que d'un élément négatif — la peur d'être renvoyé, la peur d'être désapprouvé par ses parents, etc.

On ne peut être enthousiaste que lorsqu'on est motivé par ses propres valeurs et son propre but dans la vie. Jamais vous ne serez enthousiaste si vous êtes motivé à vous conformer aux valeurs des autres : vous serez tout au plus un conformiste qui réussit.

L'enthousiasme comporte en réalité deux facettes : faire ce qui vous enthousiasme et être enthousiaste à propos de ce que vous faites.

Faire ce qui vous enthousiasme signifie que vous vous dites la vérité et que vous vous donnez toute liberté. Demandez-vous maintenant même : « Qu'est-ce qui m'enthousiasme le plus ? » Si plus rien ne vous enthousiasme vraiment, posez-vous alors cette question : « Qu'est-ce qui m'enthousiasmait le plus dans mon enfance et mon adolescence ? » Ces questions vous mettront sur la piste de votre enthousiasme naturel.

L'enthousiasme ne consiste absolument pas à suivre la voie de la facilité. Si vous ne vous affirmez pas, les gens et les circonstances risquent de vous pousser loin de votre enthousiasme naturel. Vous devez prendre toute la responsabilité de votre enthousiasme, tenir votre vie à deux mains et façonner les circonstances selon votre volonté, si vous voulez apporter au monde votre contribution la plus satisfaisante.

Une fois que vous savez ce qui vous enthousiasme, faites tout ce qu'il faut pour que votre vie s'y rapporte !

Certaines croyances courantes nuisent plus à l'enthousiasme que celle selon laquelle on doit passer la plus grande partie de son existence à exercer des emplois que l'on n'aime pas juste pour survivre. Il y a de toute évidence beaucoup de gens qui aiment leur travail. Toutefois, j'ai l'impression qu'il y en a encore plus qui ne l'aiment pas. Posez-vous la question : « Si j'avais cinq millions de francs, est-ce que je continuerais mon travail actuel ? » Si la réponse est non, je vous prie de songer à vous mettre à votre compte et à faire ce qui vous plaît tellement que vous continueriez même sans motivation financière. La motivation financière est merveilleuse à condition que ce ne soit pas votre motivation première. Il est beaucoup plus facile de gagner beaucoup d'argent en faisant ce qui vous satisfait qu'en travaillant seulement pour de l'argent.

La plupart des gens surestiment beaucoup les difficultés d'un travail indépendant et sous-estiment tout autant les bénéfices et les plaisirs de ce statut. Le talent qui compte le plus pour vous mettre à votre compte est de savoir vendre. Si vous en êtes capable, vous réussirez en tant qu'indépendant; si ce n'est pas le cas, vous ne réussirez probablement pas. Mais tout le monde peut apprendre à vendre. Il faut simplement s'entraîner. Si vous voulez vraiment apprendre, choisissez un petit article qui vous plaît réellement, coûtant entre 20 et 40 F, cherchez où vous le procurer au prix de gros et revendez-le aux gens que vous rencontrez. Ayez-en toujours au moins un sur vous et donnez à chaque personne avec laquelle vous parlez une occasion de l'acheter. Ce processus simple vous apprendra à être très efficace à la vente.

Le second point que j'ai mentionné est « d'être enthousiaste à propos de ce que vous faites ». Je veux dire être capable d'intégrer les obstacles et les émotions négatives à votre enthousiasme de telle sorte qu'il se maintienne tout au long du projet. Intégrer les émotions à l'enthousiasme nous entraîne directement vers des concepts de développement personnel avancés car les réactions émotionnelles des gens sont terriblement complexes et l'éducation émotionnelle que nous avons presque tous reçue a été extrêmement piètre. Hélas, les capacités avancées nécessaires pour maintenir l'enthousiasme ne sont pas enseignés dans les classes primaires. Heureusement, elles le sont dans la deuxième partie de ce livre.

Le mot « enthousiasme » a des racines grecques signifiant « Dieu à l'intérieur ». Grâce à l'enthousiasme, ce qu'il y a de mieux chez une personne s'exprime dans le Monde, le « Dieu intérieur » est manifesté pour le bien de tous.

J. PERSEVERANCE

Persévérance signifie attention aux détails, discipline et endurance. Vous vous donnez tout entier à votre projet. Même avec l'enthousiasme, vous ne réaliserez pas grand-chose si vous n'avez pas aussi la persévérance.

La persévérance et l'enthousiasme vont la main dans la main. Vous êtes naturellement attentif aux détails si vous êtes enthousiaste.

Sans l'enthousiasme, la persévérance est plutôt sordide, comme si vous vous obligiez à concentrer votre attention sur quelque chose de répugnant.

Pour vous aider à maintenir votre persévérance, tenez à jour une liste (ou plusieurs) des détails à régler. Vous pouvez faire une belle liste et la photocopier de telle sorte que vous puissiez littéralement contrôler tous les détails chaque fois que vous avez de nouveau affaire au même aspect de votre projet. Les travaux non répétitifs peuvent être suivis très efficacement grâce au système de gestion du temps décrit dans la troisième partie de ce livre.

Discipline signifie que vous savez à quelle tâche passer pour faire avancer efficacement votre projet, puis être sûr d'exécuter cette tâche et non autre chose. A certains moments, cela se traduira sans doute par faire ce qui sert votre projet plutôt que ce dont vous avez envie. Nombre des impulsions qui émanent de l'inconscient concernent des choses qui ne maximisent pas vraiment votre bien-être. Maintenir la discipline équivaut à admettre ce fait.

La discipline a pour but de créer la certitude. A plusieurs reprises, vous aurez probablement besoin de discipline pour la bonne suite de vos projets créateurs. Engagez-vous à faire chaque jour quelque chose d'efficace en rapport avec la réalisation de votre objectif. Il est probable que mieux vous cultiverez votre enthousiasme, moins vous aurez besoin de discipline. Dans tous les cas, il n'y a rien de meilleur que de cultiver votre enthousiasme par rapport à votre discipline et d'être discipliné pour cultiver votre enthousiasme.

Le contraire de la discipline est la compulsion — ce sont les pulsions émanant de votre inconscient qui gouvernent votre vie. Pour certains, la liberté signifie être libre de se laisser aller à ses pulsions. Ces personnes n'ont aucune expérience de la vraie liberté car elles sont esclaves de leur compulsion.

Vous tenez certainement à être suffisamment discipliné pour ne pas avoir de vices. Si vous vous laissez aller à des vices, ils draineront inévitablement l'énergie qui vous auriez pu mettre dans la créativité.

Pour obtenir ce que vous voulez dans la vie, vous devez être souple quant à vos méthodes et inflexible par rapport à vos buts. La persévérance est cette inflexibilité par rapport à vos buts. Elle signifie que l'on tient bon quand la situation est difficile et même parfois que l'on mange du pain noir au petit déjeuner.

La persévérance est, par ordre d'importance, la deuxième composante de tout succès (la première étant la créativité elle-même). Il est évident que pour obtenir un résultat à partir de quelque chose, vous devez suivre ce projet le temps qu'il faut. Si vous persistez assez longtemps dans les essais et les échecs, la réussite surviendra nécessairement, à condition bien sûr que vous tiriez au moins une leçon de chaque échec.

Tous ceux qui ont réussi quelque chose ont d'abord échoué plusieurs fois dans ce même domaine. Qu'est-ce qui fait de quelqu'un un gagnant ? Un gagnant est un perdant qui ne se décourage pas. Un perdant est un perdant qui renonce et choisit d'être à jamais un perdant.

K. COURAGE

Le courage signifie que vous maintenez votre objectif quelles que soient vos émotions. Tout événement nouveau est susceptible de susciter des émotions et en particulier la peur. Si vous manquez de courage, vous n'irez jamais très loin avec rien; vous resterez dans votre routine — et votre peur — à jamais. Pour être créatif, il faut être courageux. Sinon, même vos meilleures idées ne verront jamais le jour car vous abdiquerez avant même d'avoir commencé.

Renoncer avant de commencer est le plus grand inhibiteur de la créativité et cela provient d'une relation malsaine à la peur. Courage n'est pas synonyme d'absence de peur. Le courage signifie que l'on fait ce qui doit être fait même en présence de la peur. La peur ne peut en aucun cas vous arrêter. C'est de penser que la peur doit disparaître avant que vous ne puissiez continuer votre action qui vous arrête.

Vous avez tout intérêt à penser que vous rencontrerez des obstacles sur le chemin de vos projets créateurs. Le courage est la qualité qui vous rend capable d'aller jusqu'au succès malgré les obstacles.

En utilisant la méthode décrite dans la deuxième partie, vous apprendrez à transformer votre peur en vigilance et exaltation. Même alors, il vous faudra encore du courage. Rien que pour affronter la peur au lieu de fuir devant elle, vous avez besoin de courage.

Savoir que ce qui doit être fait est plus important que de se sentir en sécurité donne du courage. En vérité, vous avez déjà beaucoup de courage. Vous savez déjà que vous pouvez aller de l'avant même quand vous avez peur. Utilisez simplement ce courage qui est là pour faire ce qui doit être fait. Si vous ne vous sentez pas courageux, mettez alors l'accent sur l'importance qu'il y a à poursuivre votre projet. Pensez combien vous vous sentirez mieux par rapport à vous-même si vous passez l'étape suivante. Prenez conscience du fait que de toute façon, les cinq prochaines années passeront très vite et que soit vous aurez réalisé une contribution créatrice, soit vous ne l'aurez pas fait. Prenez conscience du fait que vous ne serez jamais heureux d'être un lâche parce que vous n'êtes pas né lâche.

Comme toutes les autres qualités, le courage devient une habitude. Cela ne veut pas dire qu'à partir de là, vous n'avez plus besoin de courage. Mais vous auréz l'estime de vous-même qui vous permettra de savoir tout de suite que votre destin consiste à faire le pas suivant, puis le suivant, jusqu'au succès.

L. RESSORT MORAL

Le ressort moral signifie que vous pouvez « rebondir » facilement lorsque vous rencontrez des obstacles. Cela signifie que si vous recevez de mauvaises nouvelles, votre réaction ne reste pas longtemps négative. Vous vous détendez vite, vous voyez que tout n'est pas perdu et vous allez de l'avant. Cela signifie que si vous traversez une phase difficile dans une relation, vous dépassez le problème pour regagner très vite un espace de pardon et d'amour.

Sans ressort moral, il est pratiquement impossible de mener à bien un projet créateur substantiel. Il y aura toujours des difficultés inattendues, des distractions, des émotions qui seront activées, etc. Votre capacité à gérer vite et bien vos émotions influence considérablement le résultat.

Un composant du ressort moral est l'optimisme. Il est important d'espérer que les choses s'améliorent. Sans cela, vous traversez la vie en croyant que chaque obstacle sera le grand mur insurmontable qui mettra un point final à votre expression créatrice. Il est évident qu'un optimisme qui fait perdre le contact avec la réalité ne favorise pas non plus la créativité. Mais les pessimistes se bloquent en général trop facilement pour être très productifs ou créatifs.

J'ai consacré l'essentiel de ma carrière à aider les gens à développer leur ressort moral. La méthode que j'ai développée, appelée « Vivation », est la capacité pour chacun d'obtenir la résolution émotionnelle. Mon travail s'est étendu à l'enseignement de la créativité parce que j'ai remarqué que l'un des résultats les plus fréquents que l'on obtient par la méthode Vivation est un accroissement substantiel de la créativité. Les chapitres 11 à 13 de ce livre traitent du développement de la capacité à focaliser son esprit sur ce qui est bien et utile dans la situation que l'on vit, arrivant ainsi à une résolution émotionnelle et à plus de créativité. La lecture de ces chapitres vous aidera à developper votre ressort moral même si vous n'apprenez jamais la méthode Vivation.

M. MENTALITE DE SERVICE

Pour être créatif, vous devez valoriser le fait d'apporter quelque chose de bon au monde. Si votre hostilité à l'égard du monde dépasse un certain degré, des désirs qu'il arrive du mal aux gens interféreront avec votre créativité.

Une mentalité de service signifie que vous vous souciez plus de la qualité du service que vous apportez que de la qualité du service apporté par les autres. En d'autres termes, cela veut dire qu'il est très important pour vous de servir les autres, qu'il soit ou non très important pour eux d'en faire de même.

La vérité sur nous autres, êtres humains, c'est que nous sommes tous semblables à 99 % et différents à 1 %. Nous avons tous affaire aux mêmes choses dans la vie et nous disposons pour cela des mêmes ressources, avec seulement des variations relativement subtiles sur les thèmes de base. Désirer du bien pour vous-même et du mal pour les autres crée une incohérence interne qui inhibera votre créativité et votre efficacité dans tous les domaines. C'est pourquoi il est extrêmement important de purifier ses pensées afin de vouloir du bien à tous les gens indépendamment de ce que l'on pense d'eux.

Sans une mentalité de service, le travail ne peut pas être agréable. Toute satisfaction dans le travail vient d'un sentiment de faire quelque chose pour améliorer le monde.

La motivation d'améliorer le monde est une source très puissante d'inspiration et de créativité. Quoi que vous fassiez pour vivre, je vous suggère de voir toutes les façons dont le monde en bénéficie et de beaucoup y réfléchir pendant que vous travaillez.

L'un des aspects d'une mentalité de service est de vous amener sûrement vers des situations de gagnant-gagnant : cela signifie que, si vous négociez avec une autre personne, vous pensez autant à ce qu'elle désire qu'à ce que vous-même désirez. Traiter des affaires de cette façon présente des avantages énormes. Les gens voudront traiter avec vous, c'en est un. Les négociations seront en général faciles et rapides, en voilà un autre. Et en voici encore un autre : lorsque l'une des parties se sent mise en valeur, il en va de même pour l'autre. Ainsi vous bénéficiez de la bonne affaire que votre « adversaire » dans la négociation a faite grâce à vous.

L'éthique est la partie la plus pratique de la philosophie. L'éthique correspond à l'étude des effets de nos actions sur les autres. Je vous conseille de beaucoup penser à l'éthique, de jouer mentalement (« Si j'étais dans cette situation, ferais-je ceci ou cela ? ») et de discuter éthique avec d'autres personnes. Plus vous êtes sûr de vous au point de vue éthique, plus il vous sera facile d'avancer dans un projet créateur.

Selon qui vous fréquentez, certains de vos amis risquent de se moquer de votre volonté de développer une mentalité de service. N'écoutez pas ces amis-là. Si vos arguments en faveur du développement d'une mentalité de service ne les font pas changer d'avis, changez d'amis. D'ailleurs, seuls les amis qui vous font exprimer ce qu'il y a de meilleur en vous sont de vrais amis.

Cultiver une mentalité de service est ce que vous pouvez faire de mieux pour vous-même. Peut-être est-ce précisément la clé qui ouvre la porte de la manifestation de tous vos rêves les plus chers.

N. BONNE SANTE

Si vous n'êtes pas en forme, votre état de santé est sans doute alors le facteur limitant de votre créativité. Cela ne se discute même pas si vous êtes malade et alité. Cela est vrai également dans d'autres cas, de manière plus subtile. Pour produire avec créativité sur de longues périodes, il vous faut à la fois de l'endurance physique et un calme à toute épreuve. La clarté de vos pensées dépend de la santé de votre cerveau, de tout votre système nerveux, de vos systèmes endocrinien, circulatoire, de votre digestion, etc. Presque tout ce qui se passe dans votre corps affecte dans une certaine mesure votre pensée. De plus, vous inquiéter pour votre santé peut occuper votre esprit au point de diminuer aussi votre créativité.

Faites ce qu'il faut pour vous maintenir en excellente santé. Mangez sainement, ayez une activité physique régulière, dormez suffisamment, n'attendez pas pour faire contrôler vos symptômes par des professionnels de la santé et arrêtez de fumer et de prendre des médicaments.

Renseignez-vous sur les méthodes holistiques et engagez-vous avec enthousiasme dans celles qui vous attirent le plus.

La santé n'est pas le thème central de ce livre, je ne vais donc pas vous donner mes petits conseils. Il existe beaucoup d'ouvrages excellents sur la santé et c'est à vous de décider si vous voulez les étudier. Mais vous avez probablement déjà de toute façon une notion bien précise de ce que pourriez faire pour améliorer votre santé.

La créativité a de toute évidence de la valeur pour vous sinon vous ne seriez pas en train de lire ce livre. Ce que je voudrais vous faire comprendre ici, c'est que votre santé et votre créativité sont étroitement liées. Je veux vous encourager à valoriser davantage la santé afin qu'augmente votre motivation à faire des choses qui vous sont bénéfiques.

O. TEMPS LIBRE

Les gens créatifs disent très, très souvent que leurs meilleures idées leur viennent dans les moments de loisir, au cours d'une promenade, en écoutant de la musique et même pendant leur sommeil. Un esprit détendu pense mieux qu'un esprit stressé. Les drogués du travail ne comptent en général pas parmi les gens les plus créatifs, du moins pas pendant qu'ils sont drogués du travail. Temps libre signifie que vous disposez de temps pour faire ce que vous aimez. Si votre mode de vie ne vous laisse pas assez de temps pour faire ce que vous aimez, changez-en. Si votre stress s'accumule de semaine en semaine, changez de mode de vie pour avoir plus de loisirs et moins de stress. Cherchez les techniques de réduction du stress qui vous conviennent. Ayez une activité physique, allez dans la nature, essayez la Vivation, les caissons d'isolation sensorielle, allez au cinéma, faites l'amour, faites tout ce qui vous réussit. Evitez toutefois le piège de l'alcool ou des médicaments pour réduire le stress, car ces substances ne créent que l'illusion d'une réduction de stress tout en stressant en fait encore davantage votre corps.

Chacun a besoin de deux sortes de temps libre : celui que l'on passe seul et celui que l'on passe avec des amis et des gens que l'on aime. Veillez à avoir des deux en suffisance. Si vous ne pouvez pas rester suffisamment seul, vous perdrez votre identité et vous vous définirez en fonction des rôles que vous jouez — ce qui est à l'évidence nuisible à la créativité. Entre autres bénéfices, le temps libre passé avec des amis et des gens que vous aimez vous apporte le sentiment de partager des valeurs avec les autres — ce qui est essentiel si les autres sont à un degré ou un autre les destinataires de votre créativité.

Vous avez peut-être toujours pensé qu'en travaillant plus, vous seriez plus créatif. A moins que vous ne travailliez de manière générale vraiment très peu, travailler plus n'augmentera sans doute pas votre créativité. Essayez de travailler moins. On obtient les meilleurs résultats en travaillant mieux et non plus.

Prendre des vacances et d'autres périodes de temps libre est un art qui se cultive. Programmez-vous du temps libre et ne changez plus vos plans. A la fin de chaque période de vacances, essayez de voir ce que vous pourriez faire la prochaine fois pour passer des vacances encore meilleures. Veillez à avoir du temps libre chaque jour et du temps libre supplémentaire chaque semaine.

Veillez à ce que votre stress ne s'accumule pas de semaine en semaine, sinon vous allez vous heurter à des problèmes de santé physique et mentale. Les gens tombent très souvent malades parce qu'ils ne peuvent pas s'accorder de temps libre autrement. C'est pourtant une manière très désagréable d'obtenir du temps libre. Si vous vous accordez du temps libre en suffisance, votre santé physique et mentale, ainsi que votre créativité en bénéficieront considérablement.

P. EFFICACITE DANS L'ORGANISATION

L'efficacité dans l'organisation tient essentiellement à une chose : ne vous mettez pas en travers de votre propre chemin pendant que vous travaillez sur un projet. Si vous êtes désordonné et inorganisé, vous perdrez beaucoup de temps et d'énergie à chercher des objets égarés, à ne pas pouvoir répondre à la demande des clients, etc. L'enthousiasme s'évanouit très vite quand on court dans tous les sens et que l'on panique dans des recherches frustrantes.

L'efficacité dans l'organisation est essentiellement une affaire d'utilisation de l'espace, de « gestion détaillée » et de développement et de maintien de systèmes. Par « utilisation de l'espace », j'entends avoir des étagères, des bureaux, des tableaux d'affichage, etc. Par « gestion détaillée », j'entends tenir les dossier en ordre, avoir un bloc pour les messages à côté du téléphone, avoir à portée de la main et bien entretenus les instruments nécessaires à votre métier, etc. Il vous faut tout simplement des systèmes pour suivre les allées et venues de papiers, la correspondance, etc., si vous voulez que les choses se passent bien. Tout le mal que l'on peut se donner pour mettre cette organisation sur pied en vaut la peine. Même si vous déléguez une grande partie de ce travail à une secrétaire (excellente idée), vous devez cependant vous montrer assez coopératif sinon vous entraverez constamment votre propre progrès.

L'une des causes les plus courantes de l'inefficacité chronique dans l'organisation est la rébellion provenant d'expériences enfantines désagréables. Le chapitre 12 donne des indications sur la manière de surmonter ce type de négativité.

Il est courant (mais de loin pas universel) pour les hommes d'avoir plus de problèmes d'organisation que les femmes. Les hommes ont retiré de multiples désavantages du système patriarcal, sexiste et social qui est actuellement en train de prendre fin. Penser que certains types de travaux sont pour les femmes est l'un des pires de ces désavantages. Messieurs ! Dépendre des femmes pour tenir votre maison et organiser votre vie mine votre pouvoir intérieur et votre créativité ! Ce type de dépendance n'est pas nécessaire. Si vous cessez de penser que certains types de travaux sont « indignes » de vous, vous deviendrez beaucoup plus efficaces et vos relations avec les femmes deviendront par la même occasion plus satisfaisantes.

La première étape pour améliorer l'efficacité dans l'organisation, une fois la décision prise d'agir dans ce sens, consiste à réserver beaucoup de temps au seul but de s'organiser. Même si consacrer plusieurs journées à ce projet vous semble beaucoup, cela vous évitera d'en passer beaucoup, beaucoup d'autres à long terme à chercher des objets égarés.

Mettez d'abord vos systèmes au point.. Qu'est-ce que vous avez besoin de faire régulièrement ? Où allez-vous faire ces choses ? Quelles sont les meilleures conditions pour vous-même (ou votre secrétaire) pour faire ces choses dans l'espace disponible ? Notez chaque étape de chaque projet — décrivez le travail courant. Si vous travaillez avec d'autres gens, il est important de les consulter à tous les stades de cette étude.

Puis mettez en place l'espace physique correspondant à ces systèmes nouvellement élaborés. Les classeurs à tiroirs, les étagères, etc., constituent d'excellents investissements (mais comparez les prix pour acheter ce qui est le plus avantageux !).

Il vaut presque toujours mieux commencer par mettre en place les nouveaux systèmes, afin d'organiser les affaires, puis de s'occuper des problèmes d'organisation du passé une fois que la situation est déjà meilleure dans le présent. Par exemple, supposons que vous ayez des cartons remplis de papiers non classés. N'attendez pas de les avoir tous mis dans l'ordre avant de commencer à classer le courrier qui arrive ! Etablissez en premier lieu votre système de classement et utilisez-le régulièrement, puis classez dans la mesure de votre disponibilité les documents du passé.

Ne vous arrêtez pas avant d'avoir vraiment « une place pour chaque chose et chaque chose à sa place ». Si vous n'avez jamais connu cette situation auparavant, vous serez stupéfait de constater combien cela est agréable et avec quelle efficacité vous pouvez travailler. La frustration est l'ennemie de l'enthousiasme et l'efficacité dans l'organisation est l'ennemie de la frustration !

Q. GESTION EFFICACE DU TEMPS

L'efficacité dans n'importe quel domaine requiert une méthode efficace de gestion du temps. Vous avez besoin d'un système vous permettant de suivre vos activités quotidiennes et de modifier vos routines. Vous avez besoin d'un système vous permettant de ne pas oublier vos rendez-vous. Vous avez besoin d'un système vous permettant de planifier tout un projet et d'avoir une notion du moment où vous en réaliserez chaque étape.

L'un des avantages importants de la gestion du temps est qu'elle constitue un remède au débordement. On est débordé quand on pense avoir plus à faire qu'on ne le peut. Le remède est la planification. Si vous savez quand vous ferez chaque chose et que vous voyez qu'il vous reste encore assez de temps libre, vous ne vous sentez plus débordé. La plupart des gens croient pouvoir faire plus de choses en moins de temps qu'ils n'en sont vraiment capables. Ils vivent constamment avec « les yeux plus grands que le ventre ». Une planification correcte permet facilement de refuser de nouveaux projets pour lesquels vous n'avez vraiment pas de temps.

Le chapitre 9 de ce livre traite d'un système de gestion du temps très simple, très efficace et très peu coûteux que j'ai élaboré au fil des dix dernières années. Vous pourrez l'utiliser immédiatement. Même si vous disposez déjà d'un système de gestion du temps que vous appréciez beaucoup, vous trouverez beaucoup d'idées utiles dans cette partie du livre.

R. GESTION FINANCIERE EFFICACE

« L'argent dont on ne sait pas quoi faire est vite dépensé » (Phil Laut).

Si vos économies n'augmentent pas régulièrement, vous ne gérez pas correctement vos finances. Si vous devez vous débattre tous les mois pour joindre les deux bouts, cela entrave très probablement votre créativité. Si vous vivez de quelque chose que vous n'aimez pas ou qui ne correspond pas au but de votre vie, c'est également le signe d'un problème de gestion financière.

Vous ne pouvez pas avoir de meilleur objectif que de gagner de l'argent en faisant quelque chose qui vous enthousiasme, qui correspond à votre but et vous rapporte suffisamment pour vous permettre de faire face à toutes vos dépenses et d'augmenter le montant de vos économies chaque mois. Si ce n'est pas le cas, je vous conseille d'étudier votre situation financière avec toute la créativité et en y consacrant tout le temps nécessaires. La prospérité est un droit de naissance pour tous.

Je ne plaide pas en faveur du matérialisme. Par ce mot, j'entends faire de l'argent et des objets matériels ce qui compte le plus dans la vie. Toutefois, j'ai remarqué que le degré de matérialisme des gens est proportionnel à la force de leur ressenti par rapport à la survie. Je n'ai jamais rencontré plus matérialistes que les pauvres dans les rues de New Delhi. Certaines personnes ont encore des problèmes de survie alors qu'elles sont millionnaires. Si vous n'êtes pas content du service que vous fournissez et de la vie que vous menez, vous risquez de tomber dans le piège consistant à penser que tout irait bien si vous aviez un peu plus d'argent. Si vos arrangements financiers vous permettent de faire ce qui vous satisfait vraiment, il y a toutes les chances pour que vous ne soyez pas matérialiste.

Dans la deuxième partie de ce livre, vous trouverez des indications pour une gestion financière associée à la gestion du temps.

Lorsque vous connaissez bien votre objectif et vos valeurs et que la question de l'argent est réglée pour vous, vous pouvez utiliser cet argent de manière créative pour améliorer le monde. Cela ne signifie pas nécessairement faire des donations à de bonnes œuvres, bien que ce soit certainement l'une des manières efficaces. Vous pouvez aussi le faire en investissant de l'argent dans vos propres projets, y compris des projets comportant une notion de profit. Si vous ne connaissez personne qui aide le monde mieux que vous-même par ce que vous faites, il n'y a aucune raison valable pour que vous donniez de l'argent à quelqu'un d'autre (sauf si vous le souhaitez, ce qui est certes une excellente raison).

Je vous conseille de réfléchir consciemment à la manière dont votre argent peut être le plus bénéfique pour le Monde. Je vous conseille aussi de réglementer vos dépenses de sorte à ne pas soutenir financièrement des causes opposées à vos valeurs. C'est un argument puissant pour ne pas acheter de drogue, à moins que vous n'ayez le sentiment d'avoir pour but dans la vie de soutenir le crime organisé. Même si vous achetez la drogue à un ami, on peut supposer que quelque part plus haut dans la chaîne se trouve une organisation criminelle perpétrant toutes sortes d'atrocités pour protéger ses profits — cela est d'autant plus vrai si l'importation est nécessaire.

La créativité et la conscience sont étroitement liées. En amenant votre vie financière à la conscience, vous augmenterez votre créativité. Vous pouvez aussi cultiver cette dernière et vous en servir pour satisfaire tous vos désirs financiers.

S. UN RESEAU D'AMIS FIABLES

Les gens auxquels vous vous liez exercent une profonde influence sur vous. Choisissez soigneusement vos associés, cela est important. De bons amis qui vous soutiennent peuvent beaucoup pour rendre votre vie plus agréable et productive. La plupart des projets créatifs impliquent de travailler avec d'autres gens, au moins en partie. Un réseau d'amis fiables vous aidera considérablement à entrer en contact avec les gens dont vos projets ont besoin.

Il est important d'être soutenu par des amis dans la phase germinative de nouveaux projets. Parfois, vous aurez à entretenir vos amis de quelque chose dont il n'ont jamais entendu parler. S'ils se montrent ouverts et en même temps sceptiques, ce sont des amis sur qui vous pouvez compter. S'ils se moquent de vous ou vous découragent, ce ne sont pas vraiment des amis.

Les amis peuvent vous être très utiles quand vous voulez abandonner de mauvaises habitudes et en développer de bonnes. Vous pouvez tout à fait vous passer d'amis qui vous en voudraient d'abandonner de mauvaises habitudes qu'ils s'autorisent encore.

L'amitié requiert le soutien mutuel. Une relation unilatérale n'est pas une amitié véritable sur laquelle on peut compter.

Il est important d'avoir des amis au jugement desquels vous vous fiez car vous pouvez leur demander conseil sur toutes sortes de sujets. Personne ne connaît en permanence toutes les réponses. C'est pourquoi chacun a besoin d'amis dont les avis sont appréciables et dignes de foi.

Les amitiés se cultivent. Il est important de créer l'espace temporel vous permettant d'avoir des activités avec vos amis.

Tout le monde se fait un jour ou l'autre un ami qui a une mauvaise influence ou n'est d'aucun soutien. Je vous conseille d'être franc avec la personne à ce sujet. Si vous exprimez votre désir d'améliorer la relation, la personne fera peut-être un effort. Si elle persiste dans sa mauvaise influence ou dans son absence de soutien après que vous lui ayez sincèrement exprimé votre ressenti, je vous suggère de rompre cette amitié. Restez bien sûr cordial, mais ne consacrez plus de temps à cette personne. Cela n'est pas de la méchanceté : vous avez le droit, et même le devoir, d'obtenir ce que vous souhaitez dans vos relations !

S'il vous semble difficile de vous faire de nouveaux amis, courage ! Ce problème se règle très bien par un processus de développement personnel. Les exercices proposés dans ce livre ont un champ d'application très étendu et donnent d'excellents résultats par rapport à ce problème.

T. UN PROGRAMME DE DEVELOPPEMENT PERSONNEL TRES EFFICACE

Ce point est important pour deux raisons. Premièrement, si vous faites partie du commun des mortels, certains aspects de votre personnalité et de vos structures mentales nuisent à votre bien-être. Si vous acquérez de bonnes aptitudes au développement personnel, vous pouvez corriger ces problèmes pour ne plus en souffrir. Deuxièmement, votre vie change constamment. Vos pensées et vos habitudes doivent changer en conséquence. Les pratiques de développement personnel peuvent vous aider à réaliser ces changements vous permettant d'être toujours efficace.

Ce livre tout entier traite au fond de développement personnel, il n'est donc pas très utile d'entrer ici dans le détail concernant cette qualité. Le chapitre 10 vous indique précisément comment établir un programme de développement personnel efficace concernant l'argent et la prospérité. Le chapitre 15 concerne l'établissement de programmes de développement personnel en général.

Pour commencer à cultiver les qualités de la créativité, utilisez les fiches 9 à 18.

CHAPITRE 4

UN ACCES ASSURE AU FLUX CREATEUR

Comme je l'ai montré dans le chapitre précédent, la créativité est une amie proche de la spontanéité; un jugement négatif prématuré en est le plus sûr ennemi. Dans ce chapitre, je vais vous expliquer comment dépasser le jugement négatif prématuré et accéder à votre créativité d'une manière rapide, fiable et agréable.

La pensée créatrice prend en général l'une de ces deux formes : soit une percée créatrice, soit un flux créateur. Une percée créatrice se produit lorsque vous essayez un nouveau point de vue sur quelque chose et gagnez une information par ce changement de contexte. Le flux créateur est ce dont vous faites l'expérience quand vous désinhibez suffisamment votre esprit pour permettre aux idées de venir et de se suivre vite et spontanément. Composer une chanson, écrire une lettre ou peindre un tableau exigent en général de puiser dans le flux créateur pendant de longs moments. De plus, l'accès à ce flux créateur vous donnera une source fiable de percées créatrices.

La créativité n'est presque jamais le produit de la répétition constante des mêmes pensées. Pour avoir un accès sûr à la percée créatrice ou au flux créateur, il est nécessaire de savoir comment « débrancher » la partie de l'esprit qui est rigide et qui juge. Vous avez peut-être remarqué qu'une partie de votre esprit sait toujours comment les choses « devraient » être. Cette partie juge en permanence vos expériences et vos idées, les comparant à ses propres normes rigides. Face à un problème ou un projet, cette partie de votre esprit veut que vous trouviez la « bonne manière » de l'aborder. Cette partie de notre esprit vous est utile pour faire des évaluations, mais elle entrave probablement votre pensée créatrice. Le fait de penser qu'il existe une seule « bonne manière » rend pratiquement impossible toute pensée créatrice car il mène à la rigidité et au rejet prématuré d'idées nouvelles utiles.

Dans ce chapitre, je présente une technique que j'appelle : « L'Ecriture de Découverte ». Je tiens à vous avertir que cette technique paraît d'une telle simplicité au premier abord qu'on ne peut croire en sa puissance — la simplicité est en fait la clé de la puissance de ce processus. J'ai enseigné des auto-méthodes puissantes à des centaines de personnes chaque année pendant plus de dix ans et je n'ai jamais rien vu de plus efficace que cette technique pour aider les gens à améliorer leur vie. La créativité est la solution à tous les problèmes et l'élément principal pour atteindre n'importe quel but. Ce processus ouvre une personne au flux créateur d'une manière absolument sûre. Elle est capable de focaliser votre créativité innée sur tout problème ou objectif de votre choix.

La simplicité du processus risque aussi parfois d'amener les gens à ignorer les instructions simples qui sont pourtant là. Ces instructions proviennent d'années de mise à l'épreuve et d'expérience. Je vous incite vivement à les étudier avec soin et à les suivre scrupuleusement.

APPRENDRE A UTILISER « L'ECRITURE DE DECOUVERTE »

Je me suis aperçu que cette technique s'enseigne mieux quand elle est présentée en trois phases.

Il vous faut un stylo et du papier pendant que vous lisez ce chapitre car il s'agit intégralement de processus écrits.

ECRIRE LE FLOT DE LA CONSCIENCE

La méthode la plus simple pour accéder à la créativité sans la bloquer par des jugements négatifs prématurés s'appelle « Ecrire-le-Flot-de-la-Conscience ». Pour cela, il vous faut beaucoup de papier et simplement vous asseoir et écrire toute vos pensées, exactement comme elles se présentent à votre esprit, pendant un laps de temps arbitraire, par exemple 5 minutes. Ecrivez les idées, qu'elles vous semblent intéressantes ou non. Vous n'avez pas besoin de montrer ce que vous écrivez à tout le monde, il n'y a donc pas de risque de choquer ou d'embarrasser éventuellement quelqu'un avec certaines des choses qui vous viennent en tête. Votre stylo doit être toujours être en mouvement et vous écrivez le plus vite possible; suivez au mieux la vitesse de vos pensées. Si votre stylo s'immobilise, faites-le bouger, quitte à écrire n'importe quoi ou à répéter des mots ou des phrases. Laissez vos pensées vous surprendre.

Essayez tout de suite, avant de continuer votre lecture ***(Utilisez les fiches 19 et 20)***.

POUR VOTRE PREMIERE ECRITURE DE DECOUVERTE, CHOISISSEZ UN SUJET ANODIN

La seconde phase constitue une petite variation de ce que vous venez de faire. Vous allez vraiment écrire pour découvrir, mais sur un sujet totalement anodin. L'Ecriture de Découverte ne diffère d'Ecrire-le-Flot-de-la-Conscience que par l'aspect plus directif, car vous orientez votre esprit sur un sujet particulier et n'écrivez que les pensées se rapportant à ce sujet.

J'invite toujours les gens à faire leur première Ecriture de Découverte sur un sujet qui ne leur tient pas à cœur sinon leurs pensées et sentiments négatifs risquent d'interférer avec l'apprentissage du processus. Quand vous connaissez le processus, vous pouvez l'appliquer à toute chose qui vous importe.

Prenez la fiche 21. Maintenant, *en écrivant le plus vite possible*, dressez une liste de 20 choses qui volent. Allez aussi vite que possible, c'est important, car cela ne laisse pas à la partie de votre esprit qui juge le temps d'intervenir. Même si cette partie de votre esprit vous dit ne pas aimer telle chose, notez-la et passez à la suivante. Dans tous les cas, ne dépassez pas trois minutes pour arriver aux 20 choses.

Faites cette liste tout de suite, avant de poursuivre votre lecture.

APPLIQUEZ L'ECRITURE DE DECOUVERTE A UNE CHOSE QUI EST IMPORTANTE POUR VOUS

Maintenant je désire que vous dressiez une Liste de Découverte ayant une valeur pratique afin que vous compreniez pourquoi je vous fais faire cet exercice.

Ici encore, ne prenez pas plus de 3 minutes pour terminer la liste. Si vous allez lentement, vous n'obtiendrez pas le résultat souhaité. C'est l'une des quelques entreprises dans la vie dans lesquelles la vitesse compte plus que la qualité. Rappelez-vous, cet exercice n'a pas d'autre but que d'amener un flux d'idées créateur. Il vaut mille fois mieux écrire rapidement la liste et avoir les 20 idées les plus stupides de tous les temps que de dresser la liste lentement et avec soin et d'arriver à 20 idées géniales. Même si cela vous paraît bizarre, erroné ou difficile, essayez.

Très souvent, les gens ne pensent qu'à une seule manière de faire une chose, décident qu'elle n'est pas envisageable, puis sont frustrés et en restent là. Si vous avez une liste de 99 mauvaises idées et une seule bonne, c'est formidable ! Vous aurez beaucoup de temps pour juger après avoir pratiqué « l'Ecriture de Découverte ».

Prenez maintenant la fiche 22. Soulignez deux fois le mot « pourrais » pour confirmer que vous n'êtes dans l'obligation de faire aucune de ces choses. Si vous vous dites que vous devez prendre la meilleure idée de la liste et vous contraindre à l'appliquer, la partie de votre esprit qui juge tuera vos idées. Il est prématuré de penser à passer à l'action. Contentez-vous de noter toutes vos idées le plus vite possible. Si l'une d'elles vous paraît stupide, écrivez-la tout de même, puis passez à la suivante. Ne laissez pas votre stylo s'arrêter, pas même une seconde.

Ecrivez cette Liste de Découverte maintenant, puis je vous en dirai plus sur l'utilisation de cette méthode.

Avec la pratique, vous serez capable d'écrire une Liste de Découverte en 20 points sur n'importe quoi en deux minutes, c'est un excellent objectif.

Lorsque vous avez fini l'Ecriture de Découverte, regardez la liste et voyez ce qu'elle peut vous apprendre. Il est là encore plus indiqué de ne pas vous dire que vous devez prendre la meilleure idée et vous astreindre à la mettre en pratique. Voyez plutôt ce que vous pouvez apprendre.

Faites de l'Ecriture de Découverte une habitude quotidienne. Aucune méthode de développement personnel ne peut apporter autant de résultats avec aussi peu d'investisssement de temps. Si vous faites chaque jour pendant un mois une Liste de Découverte des 20 moyens d'améliorer vos revenus, il est presque impossible que vos revenus n'augmentent pas. En fait, je n'ai jamais vu une seule personne ayant fait pendant un mois une Liste de Découverte des 20 moyens d'augmenter ses revenus et qui n'en ait pas retiré comme effet direct une augmentation de ses revenus. Depuis douze ans que je travaille à aider les gens à accroître leur prospérité, je ne connais rien d'aussi efficace.

La créativité étant la solution à tous les problèmes, lorsque les gens commencent à engager leur créativité dans l'amélioration de leur vie, les résultats sont importants et spectaculaires. Une seule bonne idée peut transformer toute votre vie.

Cette méthode simple a un champ d'action stupéfiant car vous pouvez faire des Listes de Découverte à propos de tout. A la fin de ce chapitre, je vous indiquerai quelques applications particulières que j'ai trouvées spécialement utiles dans mon travail au fil des ans avec mes clients et mes étudiants dans les séminaires. Evidemment, vous pouvez choisir les vôtres. Vous pouvez intégrer cette technique dans tout projet sur lequel vous travaillez; vous pouvez l'utiliser pour améliorer n'importe quel domaine de votre vie. Il vous est même possible de faire une Liste de Découverte des Listes de Découverte que vous pourriez écrire !

La plupart des gens font d'ailleurs avec plaisir ce processus d'écrire pour découvrir. Il est agréable de voir ce qui sort de notre esprit ! C'est un changement de fonctionnement stimulant par rapport à la pensée analytique, au travail répétitif ou aux loisirs passifs, par exemple regarder la télévision. Cela va si vite et c'est si varié que cela ne devient jamais ennuyeux.

Il ne faut que 1 à 3 minutes, Vous pouvez le faire partout. Vous n'avez besoin que d'une feuille papier et d'un stylo. La seule autre chose nécessaire est la matière grise située entre vos deux oreilles !

Cette technique présente un autre avantage : non seulement elle vous fournit des idées en rapport avec le sujet de vos listes, mais vous vous apercevrez aussi que votre créativité augmente d'une manière générale. Après une pratique quotidienne de deux semaines, vous vous surprendrez déjà à penser naturellement à des solutions en des situations où vous renoncez d'habitude. Vous verrez que vous êtes plus spontané au cours de réceptions, votre sens de l'humour se développe. De bonnes idées afflueront sans cesse vers vous. Si vous consacrez déjà beaucoup de temps à des activités comme l'écriture ou la composition musicale, etc., ces activités se dérouleront naturellement avec plus de facilité. Tout cela améliorera votre estime de vous-même et vous n'aurez jamais été aussi heureux !

Encore un autre bénéfice important de l'Ecriture de Découverte est que cela vous aide beaucoup à vous connaître vous-même. Vous vous attelez vraiment à découvrir comment pense votre esprit. Certaines idées qui vous viendront et que vous ne jugerez pas très bonnes vous seront cependant très utiles parce qu'il vous est utile de savoir que votre esprit a de telles idées. Dans certains cas, cela vous montrera que vous désirez changer votre manière de penser. Le chapitre 14, traitant des Bâtisseurs d'Attitudes, vous y aidera.

Durant toute la suite de ce livre, nous nous servirons sans cesse de l'Ecriture de Découverte et de variations sur ce thème général. Dans certaines parties, nous l'utiliserons comme une technique de découverte de soi et dans d'autres comme une technique de reprogrammation pour vous aider à changer des attitudes indésirées. Ces modes d'utilisation s'ajoutent au mode plus fondamental, en tant que source d'idées nouvelles, créatrices.

Voici un résumé de la manière de procéder pour écrire pour découvrir et quelques suggestions pour que ce processus vous réussisse au maximum.

1. ***Ecrivez ce que vous voulez réaliser sur la première ligne de la fiche 25 (ou d'une photocopie).***

2. Numérotez dans la marge de gauche de 1 à 10 ou de 1 à 20 avant de commencer à lister. Allongez toujours la liste au-delà de ce qui vous paraît raisonnable. Il est très important de se rappeler qu'il est plus facile de trouver vingt idées qu'une seule. Vous voulez créer un flux d'idées. Une seule idée ne constitue pas un flux. Deux idées ne suffisent en principe pas, ni cinq. Mais si vous arrivez à dix idées là où vous pensiez avoir du mal à n'en trouver ne serait-ce qu'une, vous mettez en action un bon flux créateur et vous augmentez considérablement vos chances de créer l'idée que vous souhaitez. Si vous n'en êtes pas persuadé, essayez cette technique pendant un certain temps et je pense que l'expérience vous convaincra. Ce concept se retrouve dans les arts martiaux : vous surmontez un obstacle d'autant plus facilement que vous focalisez votre esprit au-delà de l'obstacle au lieu de le focaliser sur lui.

3. Ecrivez la Liste de Découverte le plus vite possible. S'il vous faut plus de trois minutes pour une liste de 20, même au

début, vous n'exécutez pas correctement le processus — ne réfléchissez pas autant et ne ne prenez pas l'affaire tellement au sérieux.

4. Ne portez de jugement sur aucune idée tant que vous n'avez pas terminé toute la Liste de Découverte.

5. Ne laissez pas votre stylo s'arrêter. La sténographie est idéale. Le but est de « canaliser » des idées directement depuis votre inconscient sur le papier. La vitesse y aide beaucoup. Passez déjà à l'idée suivante avant d'avoir pu porter un jugement sur une idée.

6. Détendez-vous. Evitez de vous mettre sous pression. N'exigez pas que votre esprit vous fournisse la bonne solution. Ne songez qu'à faire de nouvelles associations d'idées et de mots. Laissez-vous autant de marge de manœuvre que possible.

7. Ne projetez pas de sélectionner la meilleure idée parmi les 20 pour la mettre en pratique. Par exemple, vous réussirez bien mieux si vous faites votre liste de 20 possibilités pour accroître vos revenus sans intention particulière d'en retenir une que si vous vous dites que vous allez retenir la meilleure pour la mettre immédiatement en pratique. En effet, si vous vous dites que vous allez mettre la meilleure idée en pratique, vous ne cesserez pas de juger si vous voulez ou ne voulez pas mettre telle idée, puis telle idée, en pratique, ce qui vous empêchera d'atteindre votre but. La créativité est une fonction de la liberté et de la spontanéité, non de la discipline. Si vous réussissez à accepter totalement de créer une liste de 20 idées stupides, puériles, inapplicables, vous tomberez sur une mine d'or d'excellentes idées applicables. Les meilleures idées de la liste vous inciteront à l'action sans que vous ayez à vous contraindre. Si vous devez vous obliger à mettre en pratique une idée, c'est que vous n'avez pas encore trouvé la bonne; recommencez à lister, sans exercer de pression.

8. Lorsque vous travaillez à améliorer un domaine de votre vie, écrivez une Liste de Découverte sur ce sujet une ou deux fois par jour jusqu'à ce que vous ayez atteint le résultat voulu. Il n'y a pas d'inconvénient à ce que les mêmes idées se représentent plusieurs jours de suite. Le mieux est de simplement écrire la liste le plus vite possible, quoi qu'il vous vienne à l'esprit, sans chercher du tout à voir si telle idée s'est déjà présentée la veille.

9. Vous vous apercevrez que ce processus réussit, que vous soyez pleinement réveillé ou non. Vous pouvez faire votre liste quotidienne dès que vous ouvrez les yeux, l'esprit encore brumeux, ou juste avant de vous coucher, ou à tout autre moment.

10. Vous pouvez garder vos listes pour les passer en revue de temps en temps et y chercher l'inspiration. Je fais la majorité de mes listes sur ordinateur et efface simplement les idées qui ne me plaisent plus. Ainsi, avec le temps, je me constitue une longue liste de belles idées !

11. Le processus ne prenant que trois minutes au plus, si votre esprit vous disait d'aventure que vous n'avez pas le temps d'écrire une liste de Découverte, riez, esclaffez-vous et huez ce comédien si drôle que vous abritez en permanence dans votre tête !

12. Ce processus se déroulera en principe parfaitement bien dès le début. Mais si vous avez des problèmes, persistez dans vos essais. La lecture de la suite de ce livre vous aidera aussi.

APPLICATIONS PARTICULIERES DE L'ECRITURE DE DECOUVERTE

Vous pouvez appliquer l'Ecriture de Découverte à absolument tous les domaines de votre vie. Je voudrais traiter de quatre applications particulières tant j'ai aidé de personnes à utiliser l'Ecriture de Découverte dans ces domaines : l'argent, la vie amoureuse, la santé et faciliter l'écriture créatrice.

LA CREATIVITE ET L'ARGENT

La solution de tous les problèmes d'argent réside dans la créativité. Le gens pensent en général que c'est l'argent la solution aux problèmes d'argent. Cela n'est pas vrai dans la mesure où, une fois le problème réglé, vous n'avez plus cet argent pour le problème suivant, alors que votre créativité vous est accessible en quantité infinie. Savoir comment accroître vos revenus vaut davantage que n'importe quelle somme d'argent — de la même manière qu'il vaut mieux savoir pêcher qu'avoir n'importe quelle quantité de poisson.

Essayez ces listes et faites la vôtre.

20 CHOSES QUE JE POURRAIS FAIRE POUR ACCROITRE MES REVENUS ***(Fiche 22)***

C'est la liste que je donne à faire à la maison à tous ceux qui se plaignent de ne pas gagner assez d'argent. Je ne connais personne qui, ayant fait cette liste tous les jours pendant un mois, n'a pas eu comme résultat une augmentation de ses revenus.

Voici une variation, pour les indépendants ou les personnes payées à la commission :

20 CHOSES QUE JE POURRAIS FAIRE POUR AUGMENTER LES VENTES.

Ou :

20 CHOSES QUE JE POURRAIS FAIRE POUR CONTACTER DE NOUVEAUX CLIENTS.

La créativité permet aussi de prendre les choses par l'autre bout :

20 CHOSES QUE JE POURRAIS FAIRE POUR REDUIRE LES DEPENSES.

Ou un mélange des deux :

20 CHOSES QUE JE POURRAIS FAIRE POUR AUGMENTER MON BENEFICE.

Ou :

20 CHOSES QUE JE POURRAIS FAIRE POUR AUGMENTER MON BENEFICE NET.

Si vous avez des problèmes urgents et pressants, vous pouvez leur appliquer cette technique de manière très spécifique. Par exemple, supposons que vous deviez payer votre loyer et que vous voyez qu'il vous manque 2000 F :

20 CHOSES QUE JE POURRAIS FAIRE POUR GAGNER 2000 F D'ICI LE PREMIER.

Vous n'êtes pas toujours obligé de faire des listes portant sur des objets spécifiques. Pour certains types de listes, votre intérêt est de noter tout ce qui vous passe par la tête.

Par exemple, supposons que vous n'aimiez pas ce que vous faites pour gagner votre vie et que vous souhaitiez un autre travail, sans savoir exactement lequel. Vous pouvez dresser la liste de :

TOUTES LES CARACTERISTIQUES DE MA MANIERE IDEALE DE GAGNER MA VIE.

Par exemple :

1. Qui me rapporte au minimum 12.000 F par mois
2. Qui serve le but de ma vie.
3. Qui me permette de travailler avec des gens que j'apprécie.
4. Qui me permette de porter de beaux vêtements, mais ne m'y oblige pas.
5. ...

Ensuite, vous pourriez faire une Liste de Découverte de :

20 CHOSES QUE JE POURRAIS FAIRE POUR GAGNER MA VIE.

Puis comparez chaque point avec chaque caractéristique de votre liste précédente pour vous aider à choisir.

Ou supposez que vous sachiez que vous voulez investir votre argent dans quelque chose, mais que vous hésitiez sur le type d'investissement. Ecrivez dans ce cas une Liste de Découverte de :

TOUTES LES CARACTERISTIQUES DE MON INVESTISSEMENT IDEAL.

Par exemple :

1. Très sûr.
2. Qui me rapporte chaque mois.
3. Qui ne me prenne pas beaucoup de temps ou toute autre chose.
4. ...

Supposons que vous sachiez que vous avez besoin de mieux contrôler vos dépenses. Vous pourriez commencer par :

TOUTES LES CARACTERISTIQUES DE MON BUDGET IDEAL.

Puis vous pourriez dresser une Liste de Découverte de :

20 MANIERES DE FAIRE UN BUDGET.

Supposions que vous désiriez être riche, mais que vous doutiez de pouvoir y arriver. Ecrivez dans ce cas une Liste de Découverte de :

20 CHOSES EN MOI QUI PEUVENT M'AIDER A DEVENIR MILLIONNAIRE.

Vous pouvez utiliser l'Ecriture de Découverte pour vous fixer des objectifs et c'est ce que vous ferez dans le chapitre 8.

Si vous savez déjà ce que vous désirez, mais que vous vous sentez impuissant ou hésitant, le chapitre 5 vous indiquera une série de Listes de Découverte possibles pour trouver la solution à tous les problèmes et la manière de procéder pour n'importe quelle tâche.

LA CREATIVITE ET VOTRE VIE AMOUREUSE

Vous pouvez vous servir de l'Ecriture de Découverte de toutes sortes de façons dans l'intérêt de votre vie amoureuse.

Par exemple, supposons que vous soyez simplement à la recherche de la personne adéquate pour partager votre vie. Faites alors ***(Fiche 23)*** la liste de :

TOUTES LES CARACTERISTIQUES DE MON/MA PARTENAIRE OU MON/MA MARI/FEMME IDEAL(E).

Cela fait, vous serez au moins capable de reconnaître la personne si elle se présente. Vous pouvez comparer toutes les personnes de votre connaissance à cette liste et vous apercevoir que cet être fait déjà partie de votre entourage et que vous ne l'aviez simplement pas reconnu ! Cela se passe plus souvent qu'on ne le croit.

C'est cette liste qui m'a permis de rencontrer mon ancienne épouse, Anne. Je l'ai écrite et Anne est apparue trois jours après. Nous nous sommes assis et avons coché presque tous les points de la liste. Il en résulta une longue relation productive et extrêmement satisfaisante.

Vous pouvez même écrire une Liste de Découverte de :

TOUS/TOUTES LES HOMMES/FEMMES LIBRES QUE JE CONNAIS.

Si la personne ne se trouve pas parmi ceux que vous connaissez déjà, écrivez une Liste de Découverte de :

20 MANIERES DE RENCONTRER MON/MA PARTENAIRE OU MON/MA MARI/FEMME IDEAL(E).

Si vous désirez innover avec quelqu'un, essayez cette liste :

20 CHOSES QUE NOUS POURRIONS FAIRE LORS D'UN RENDEZ-VOUS.

La variété étant le piment de la vie, si vous vous désirez un peu de piment :

20 CHOSES SEXY QUE .... ET MOI POURRIONS FAIRE.

Si votre vie amoureuse est perturbée par votre peu d'estime de vous-même, essayez :

20 CHOSES QUI ME RENDENT ATTIRANT(E) AUX YEUX DES FEMMES/HOMMES.

Si vous aspirez juste à dynamiser de manière générale votre vie amoureuse, essayez :

20 CHOSES QUE JE POURRAIS FAIRE POUR AMELIORER MA VIE AMOUREUSE. ***(Fiche 24)***

LA CREATIVITE ET VOTRE SANTE

Que vous soyez en forme ou malade, il y a toujours des choses à faire pour améliorer votre santé. Lesquelles ? Essayez :

20 CHOSES QUE JE POURRAIS FAIRE POUR AMELIORER MA SANTE.

Peut-être savez-vous très bien quoi faire, mais vous hésitez sur le comment. Essayez dans ce cas des listes du genre :

20 CHOSES QUE JE POURRAIS FAIRE POUR PERDRE DU POIDS.

Ou :

20 CHOSES QUE JE POURRAIS FAIRE POUR ARRETER PLUS FACILEMENT DE FUMER.

Ou :

20 CHOSES QUE JE POURRAIS FAIRE POUR MIEUX RESISTER A LA TENTATION DE LA DROGUE.

Supposons que vous désiriez faire plus de sport et que vous ayez eu dans le passé de la peine à tenir votre programme d'activités physiques. Essayez alors :

20 ACTIVITES PHYSIQUES AGREABLES AUXQUELLES JE POURRAIS M'ADONNER.

Votre principal problème de santé peut être l'excès de stress. Dans ce cas, essayez :

20 CHOSES QUE JE POURRAIS FAIRE POUR DIMINUER MON STRESS.

Je trouve cette liste spécialement révélatrice.

Supposons que vous désiriez structurer votre régime pour une raison ou une autre, vous pouvez essayer :

TOUTES LES CARACTERISTIQUES DE MON REGIME IDEAL.

Ou :

20 CHOSES AGREABLES QUE JE POURRAIS INCLURE DANS UN REGIME.

Si vous êtes vraiment déterminé à prendre le contrôle de votre corps, essayez :

20 CHOSES QUE JE POURRAIS FAIRE POUR CONTROLER PLUS FACILEMENT MON CORPS.

Il sera au moins intéressant de voir ce que pense votre esprit !

Si vous ne vous êtes jamais considéré comme le genre de personne susceptible de parvenir à une réelle maîtrise de son corps, écrivez :

20 CHOSES EN MOI QUI POURRAIENT M'AIDER A CONTROLER MON CORPS.

COMMENT UTILISER L'ECRITURE DE DECOUVERTE POUR FACILITER L'ECRITURE CREATRICE

Surtout si vous gagnez votre vie grâce à l'écriture ou à un type d'activité créatrice, vous devez probablement de temps en temps vous trouver à court de nouvelles idées. Au lieu de prendre du whisky ou des médicaments pour vous aider à dépasser le blocage, utilisez l'Ecriture de Découverte ! Pour être franc, je m'y connais beaucoup mieux en écriture qu'en peinture ou en composition. Je vais vous indiquer les listes que je trouve utiles pour l'écriture et peut-être pourront-elles également au moins susciter certaines idées pour des projets créateurs non verbaux.

20 NOMS QUE JE POURRAIS DONNER A MON PERSONNAGE PRINCIPAL.

TOUS LES TRAITS DE CARACTERE DE CE PERSONNAGE.

20 CHOSES QUE CE PERSONNAGE POURRAIT FAIRE.

20 PROBLEMES QUI POURRAIENT SURGIR PAR RAPPORT AU PLAN ELABORE PAR CE PERSONNAGE.

20 SOLUTIONS QUE CE PERSONNAGE POURRAIT TROUVER A SON PROBLEME.

20 CHOSES QUI POURRAIENT SE PASSER ENSUITE.

20 THEMES POSSIBLES POUR CET EPISODE.

20 MOTS QUE JE POURRAIS UTILISER A LA PLACE DE ...

On obtient aussi de très bons résultats en utilisant la simple Ecriture du Flot de la Conscience, surtout lorsqu'on ne sait pas sur quel sujet écrire.

Je préfère de loin écrire sur ordinateur. Je commence pratiquement tous mes projets d'écriture en listant simplement toutes mes idées dans l'ordre où elles se présentent. Puis, grâce au traitement de texte, je peux mettre les choses dans l'ordre approprié, supprimer celles qui font double emploi ou dont je ne pense pas me servir, etc. De la sorte, il m'est facile d'élaborer un plan. Ensuite, ce n'est pas un problème de prendre chaque élément du plan et de l'étoffer en écrivant.

Il vaut toujours mieux séparer le plus possible l'écriture et la version finale. On nous a appris à tous en classe à les combiner et a écrire juste du premier coup. C'est vraiment terrible. Personne ne peut vraiment bien écrire de cette façon. Mark Twain a dit : « Si nous avions appris à parler comme nous avons appris à écrire, nous bégayerions tous. » Un traitement de texte est idéal pour séparer l'écriture de la version finale. Je me suis aperçu que, depuis que j'utilise un ordinateur, je n'ai plus besoin d'avoir les idées aussi claires qu'avec une machine à écrire pour rédiger de manière productive. Cela me permet d'être productif plus longtemps sur une journée.

A l'heure actuelle, nous disposons d'ordinateurs excellents et si bon marché, ainsi que de traitements de texte tellement abordables par l'utilisateur qu'il n'y a vraiment aucune raison pour qu'un auteur s'embarrasse d'une machine à écrire, de ciseaux et de ruban adhésif. L'utilisation de l'Ecriture de Découverte donnera de bons résultats sans ordinateur, mais l'ordinateur est vraiment le moyen idéal pour cette application d'écrire pour découvrir.

En résumé, je veux vous encourager à essayer quotidiennement pendant un certain temps cette technique sur différents sujets. Si vous en faites une pratique journalière, des miracles se produiront dans votre vie. De toute façon, elle ne vous prendra que quelques minutes, alors, qu'avez-vous à perdre ?

CHAPITRE 5

COMMENT UTILISER L'ECRITURE DE DECOUVERTE POUR ATTEINDRE UN OBJECTIF

Dans le chapitre précédent, j'ai présenté une méthode, baptisée l'Ecriture de Découverte, permettant d'avoir un accès sûr au flux créateur. J'ai aussi donné de nombreux exemples du genre de choses auxquelles vous pouvez l'appliquer.

Dans ce chapitre, je présente un seul processus susceptible d'être utilisé pour réussir à coup sûr une percée créatrice dans n'importe quel domaine. Lorsqu'on se trouve face à un problème ou en train de lancer un nouveau projet, la première question à laquelle on doit répondre est presque toujours la suivante : quelle est la meilleure manière de procéder ? Le processus décrit ici vous donnera très vite et avec une fiabilité quasi absolue la réponse à cette question.

Ce processus consiste à écrire vingt Listes de Découverte de dix points chacune. Chaque liste est censée vous apporter un type particulier de perception, d'idée ou de percée créatrice. Il vous suffit de savoir au départ ce que vous essayez de réaliser. Le processus fera le reste, même si vous commencez dans une perplexité totale quant à la manière d'atteindre votre objectif. En d'autres termes, vous aurez, à la fin du processus, une idée précise de la meilleure manière de procéder.

Utilisez ce processus de manière créative. Les percées créatrices et les idées peuvent survenir à n'importe quel stade du processus. Je vous propose de suivre un ordre logique. En général, je suggère simplement de commencer par le commencement et de faire les listes dans l'ordre. Cependant, vous aurez parfois envie de ne pas suivre une démarche linéaire, de donner plus de dix réponses pour certaines listes qui vous paraîtront un bon filon de percées créatrices, d'ajouter des étapes de votre propre cru, etc.

Ne renoncez pas, même si le problème vous semble difficile. Ne partez pas non plus de l'idée que telle liste est inapplicable ou inutile pour le sujet sur lequel vous travaillez. Chaque liste ne vous prendra de toute façon qu'1 à 2 minutes (environ 30 à 40 minutes pour tout l'exercice), alors essayez-les toutes.

VEILLEZ A DEFINIR VOTRE OBJECTIF AVEC CLARTE ET PRECISION !

(Prenez les fiches 27 à 36.)

1. Ecrivez une liste de Découverte de 10 manières possibles de procéder pour atteindre cet objectif.

C'est à l'évidence un bon point de départ.

2. Ecrivez une Liste de Découverte de 10 difficultés que vous risquez de rencontrer pour atteindre cet objectif.

Préciser ce point et le mettre sur papier peut vous être d'une aide considérable. Parfois, vous pouvez résoudre un problème simplement en découvrant que ce qui vous obsédait est ridicule.

3. Ecrivez une Liste de Découverte de 10 choses que vous connaissez pour atteindre cet objectif.

Cela inclut aussi ce que vous pensez savoir. Incluez ce qui vous paraît évident. Laissez votre esprit vous surprendre.

4. Ecrivez une Liste de Découverte de 10 inconnues liées à l'atteinte de cet objectif.

Mettez les mystères sur papier. Ils ne vous paraîtront plus aussi écrasants lorsque vous verrez qu'ils ne sont pas très nombreux. Exprimez-les dans n'importe quel langage, ne vous souciez pas d'être « positif » dans cette liste.

5. Ecrivez une Liste de Découverte de 10 manières d'obtenir plus d'informations pour atteindre cet objectif.

Cela inclut à la fois les ressources « internes » et « externes » — imaginer, faire des expériences, poser des questions, lire des livres sur le sujet, etc.

6. Ecrivez une Liste de Découverte de 10 ressources qui vous aideront à atteindre votre objectif.

Incluez tous les types de ressources : personnelles, mentales, financières, sociales, etc. Tout ce qui est susceptible de vous aider dans ce projet.

7. Ecrivez une Liste de Découverte de 10 choses en rapport avec cet objectif que vous avez faites auparavant.

Même si le rapport n'est que lointain. Elles peuvent être très spécifiques ou aussi générales que : « J'ai déjà traité avec des gens auparavant », ou : « J'ai déjà résolu des problèmes financiers » ou : « J'ai déjà résolu des problèmes difficiles ».

8. Ecrivez une Liste de Découverte de 10 points qui limitent vos possibilités d'action.

Ils doivent tous commencer par « Je dois ». Incluez les évidences.

9. Ecrivez une Liste de Découverte de 10 possibilités que le processus pour atteindre cet objectif tourne autrement que prévu dans le moment présent.

Les solutions se révèlent presque toujours différentes des suppositions initiales. Vous serez stupéfait de la vision des choses que possède déjà votre esprit. Il suffit pour cela que vous lui donniez le contexte lui permettant de s'exprimer pour vous.

10. Ecrivez une Liste de Découverte de 10 choses que vous espérez réaliser en atteignant cet objectif.

Ecrivez simplement les choses qui vous poussent à entreprendre cette démarche. Laissez les choses stupides, égoïstes ou même embarrassantes venir sur le papier. En clarifiant autant que possible ce point, vous découvrirez peut-être un moyen de contourner les difficultés que vous prévoyez.

11. Ecrivez une Liste de Découverte de 10 nouvelles façons de définir votre objectif.

Souvent, des limitations apparentes ne sont que le résultat de votre manière de penser. En essayant de décrire autrement le même objectif, vous susciterez en principe des percées créatrices importantes. Que voulez-vous vraiment ?

12. Ecrivez une Liste de Découverte de 10 raccourcis possibles pour obtenir ce que vous souhaitez.

Parfois, vous vous facilitez les choses en vous regardant dans les yeux. Rappelez-vous, restez déterminé quant au but, mais souple quant à la méthode.

13. Dessinez 10 images différentes et simples de votre objectif.

La partie visuelle de votre esprit vous montrera quelque chose de nouveau. Il n'est pas nécessaire d'être un artiste. Griffonnez simplement de petites choses et voyez ce qui vient. Si rien n'apparaît, griffonnez tout de même. Soyez ouvert à recevoir de cette façon un point de vue différent.

14. Ecrivez une Liste de Découverte de 10 étapes différentes en lesquelles décomposer le projet.

Il n'est pas nécessaire que ces étapes soient notées dans l'ordre, ni qu'elles soient d'importance égale. (Listez toute étape intermédiaire comme elle se présente.)

15. Ecrivez une Liste de Découverte de 10 façons dont les autres pourraient vous aider à atteindre cet objectif.

Listez l'évident comme ce qui vous paraît impossible.

16. Ecrivez une Liste de Découverte de 10 personnes susceptibles de vous être utiles pour atteindre votre objectif.

Vous pouvez porter sur cette liste tant des noms précis que des descriptions générales (par exemple, « un psychologue », « un documentaliste », « mes clients », etc.).

17. Ecrivez une Liste de Découverte de 10 choses qui vous paraissent indésirables dans cet objectif à atteindre.

Cette liste compte parmi les plus importantes, même si elle vous met dans l'embarras. En l'écrivant, ne vous souciez pas d'être positif, mais seulement honnête. Si votre esprit vous dit que votre objectif ne s'accompagne de rien d'indésirable, écrivez ce que vous estimeriez indésirable si vous le faisiez. Inviter votre inconscient à partager cette information avec vous peut vous aider de plusieurs façons.

18. Ecrivez une Liste de Découverte de 10 manières dont l'atteinte de votre objectif correspond à vos valeurs personnelles.

Les connaître vous motivera et vous donnera des informations supplémentaires pour donner vie à votre projet.

19. Ecrivez une Liste de Découverte de 10 pensées positives ou affirmations susceptibles de vous aider à atteindre votre objectif.

Un inventaire des affirmations peut constituer un atout considérable pour résoudre toutes sortes de problèmes. L'affirmation commence souvent à agir dès que vous la pensez. Reportez-vous au chapitre 14 pour plus de détails concernant les affirmations.

20. Ecrivez une Liste de Découverte de 10 choses productives que vous pourriez faire tout de suite pour vous rapprocher de votre objectif.

« Un voyage de mille kilomètres commence par un seul pas. » Même si ces choses sont très simples, elles vous donneront peut-être des percées tant conceptuelles qu'émotionnelles. Il est parfois plus facile d'avoir une percée créatrice lorsqu'on travaille sur le projet, même si on estime que ce que l'on peut faire est inadéquat.

Une fois ce processus achevé, vous aurez très certainement une bien meilleure idée de la manière de procéder. Utilisez fréquemment ce processus pour maintenir votre flux créateur et vos ressources au top niveau.

Vous trouverez en annexe des fiches ***(27 à 36)*** faciles à dupliquer pour chacun de vos objectifs. Cela convient aussi bien à l'utilisation individuelle qu'en groupe.

DEUXIEME PARTIE

DU POTENTIEL A LA PLENITUDE

La lecture de la première partie de ce livre vous a permis d'acquérir plusieurs aptitudes importantes. Vous avez appris à cultiver les qualités de la créativité afin que votre vie, dans tous ses aspects, puisse soutenir vos efforts créateurs. Vous avez appris à puiser dans votre source infinie de créativité et à en user concrètement pour résoudre des problèmes et concevoir la meilleure manière d'atteindre des objectifs.

Vous devez à présent vous poser des questions d'importance : qu'est-ce que je désire accomplir par-dessus tout ? Comment puis-je servir au mieux l'humanité ? Sur quels projets serait-il le plus judicieux que je travaille ? Quel serait le meilleur usage que je pourrais faire de mon temps et de mon énergie ? De quelle manière puis-je le mieux passer du potentiel créateur infini qui est en moi à ma plénitude maximale en tant qu'être humain ?

La deuxième partie de ce livre aborde ces questions.

Avant de pouvoir agir en bien sur votre vie ou sur le monde, vous devez clarifier au maximum ce que signifie exactement pour vous le mot « bien », ce qui revient à définir vos valeurs. Le chapitre 6, « Vos motivations et vos valeurs », vous permettra de découvrir exactement vos valeurs et leurs manières de vous motiver. Le Processus des Valeurs présenté dans ce chapitre constitue, à mon avis, le meilleur des outils pour arriver à connaître votre esprit.

La plus grande question qu'un être humain puisse se poser est : « Quel est le but de ma vie ? » Toutes les autres questions à propos de votre vie n'ont pas de sens tant que celle-ci n'a pas reçu de réponse. En fait, si vous ne connaissez pas le but de votre vie, je ne vois pas mieux à vous suggérer que : cessez immédiatement toute activité et ne recommencez plus rien avant d'avoir découvert le but de votre vie. Heureusement, il est facile de le découvrir; le chapitre 7 vous dit tout à ce sujet.

Une fois que vous connaissez vos valeurs et le but de votre vie, vous pouvez vous fixer des objectifs sensés. Tant que vous ne les connaissez pas, tout objectif que vous vous fixerez ne sera pas vraiment le vôtre : il sera l'objectif que, selon vos parents, vos amis ou le leader d'un groupe auquel vous appartenez, vous devriez avoir. Si ce n'est pas vraiment votre objectif, bien que vous estimiez qu'il devrait vous motiver, il n'en sera rien. Suivez les instructions du chapitre 8 et vous en retirerez une idée très claire de la direction que vous voulez donner à votre vie.

Lorsque vous aurez choisi des objectifs qui ont un sens pour vous, vous aurez besoin de vous organiser. Le Système Créatif de Gestion du Temps présenté dans le chapitre 9 est le système de coordination des activités le plus pratique que j'ai jamais vu. Il va si droit au but qu'on peut difficilement imaginer meilleur système de gestion du temps — vous n'avez besoin de rien d'autre pour coordonner toutes les parties de votre vie.

La deuxième partie se termine sur quelques suggestions simples pour créer votre propre système de gestion financière sur mesure.

Si vous suivez les instructions de la deuxième partie de ce livre, en partant d'où vous vous trouvez maintenant, vous pouvez arriver à la vie la plus satisfaisante que vous puissiez mener.

CHAPITRE 6

VOTRE MOTIVATION ET VOS VALEURS

Ce chapitre traite du pourquoi vous faites ce que vous faites — vos motivations.

« Ce que vous faites » s'appelle votre comportement. Votre comportement inclut tout ce que vous faites dans toutes les circonstances. Toutes les activités, diverses et spécifiques, que vous avez constituent ce que je nommerai vos comportements individuels. Ils ne représentent pas les choses que vous aimeriez faire, ni celles que vous auriez envie de vous dire de faire, ils ne sont pas non plus ce qui serait le plus indiqué pour vous permettre d'atteindre vos objectifs. Ce sont les choses qu'effectivement, vous faites.

Chaque comportement possède au moins une motivation et souvent plusieurs. La motivation est la force intérieure qui vous meut. Dans certaines utilisations du terme « motivation », les gens disent qu'une personne est plus motivée qu'une autre ou exprime le fait de ressentir parfois « un manque de motivation ». Je n'emploie pas le mot dans ce sens. De la manière dont je l'utilise, un drogué du travail et quelqu'un qui paresse toute la journée sur un canapé sont égaux quant à la motivation — ils sont simplement motivés par deux choses différentes.

Tous les gens qui adoptent des comportements identiques n'ont pas forcément les mêmes motivations et tous ceux qui ont les mêmes motivations n'adoptent pas forcément les mêmes comportements. Par exemple, une personne qui paresse sur un canapé toute la journée peut être motivée par un désir d'échec afin de s'affirmer par rapport à des parents arrivistes, tandis qu'un autre aura le même comportement par peur d'échouer, esquivant ainsi toute tentative de faire quelque chose. Mais un drogué du travail peut aussi être motivé par la peur de l'échec, travaillant dur en permanence pour éviter l'échec, ou par un désir de s'affirmer par rapport à des parents arrivistes en allant plus loin qu'eux.

Nous sommes tous parfois motivés par des choses que nous connaissons (motivation consciente) et parfois par des choses que nous ignorons (motivation inconsciente). En général, nos comportements sont motivés par une combinaison des deux. Par exemple, la motivation consciente d'une personne pour manger une chose peut être simplement de la goûter, alors que la motivation inconsciente peut être d'étouffer un sentiment de solitude ou d'ennui. Dans ce livre, nous n'avons pas besoin de chercher à comprendre pourquoi nous sommes parfois motivés consciemment et parfois inconsciemment. Il nous suffit de savoir que les deux se produisent.

Toute motivation, qu'elle soit consciente ou inconsciente, provient de valeurs. Par « valeurs », j'entends les qualités ou les choses auxquelles vous donnez une valeur. Chaque fois que vous donnez de la valeur à une chose, vous êtes motivé à en faire davantage l'expérience. Par exemple, si vous valorisez l'argent, vous êtes motivé à accroître votre expérience de l'argent. Si vous valorisez l'amour, vous êtes motivé à accroître votre expérience de l'amour. De même, vous pouvez valoriser l'absence de quelque chose, de l'inconfort par exemple.

Dans la plupart des cas, on peut utiliser indifféremment les mots « motivation » ou « désir ». Mais pour être plus précis, on désire ce que l'on valorise et le désir motive à adopter les comportements destinés à apporter plus de ce qui est valorisé.

Au fil de votre vie, votre esprit recherche automatiquement des moyens toujours meilleurs de vous donner plus de ce que vous aimez et moins de ce qui vous déplaît. A l'évidence, certaines stratégies de l'esprit échouent; elles offrent des occasions d'apprendre et motivent à essayer autre chose la fois suivante. Il peut cependant arriver que vous preniez l'habitude d'adopter toujours et encore un comportement alors que vous savez qu'il ne donne pas de bons résultats. La troisième partie de ce livre vous aidera à mieux comprendre pourquoi cela arrive et ce que vous pouvez faire.

Parfois, vous avez des valeurs conflictuelles. Par exemple, vous désirez être prospère, mais trouvez d'ordinaire des choses à reprocher aux gens prospères, créant par conséquent le désir de ne pas leur ressembler. C'est une des sources principales d'autosabotage financier chez beaucoup de personnes pauvres qui ont à se battre. Supposons encore que vous soyez marié et que vous désiriez à la fois fréquenter beaucoup de personnes du sexe opposé et ne pas insécuriser votre conjoint (vous avez la croyance qu'il se sentirait insécurisé si vous aviez beaucoup de relations avec le sexe opposé). C'est une source courante de tension dans les couples. Des valeurs conflictuelles créent une lutte de pouvoir intérieure, de la confusion, des comportements conflictuels et l'autosabotage.

Le fait de connaître en détail vos valeurs présente entre autres avantages celui de vous permettre d'éliminer ces problèmes de conflit intérieur. A la fin de ce chapitre, vous trouverez une méthode simple et efficace pour arriver à une connaissance approfondie de vos valeurs.

COMPULSION, DISCIPLINE ET ENTHOUSIASME

La motivation fonctionne selon trois modes principaux : la compulsion, la discipline et l'enthousiasme, produits tous trois par des valeurs. Ce qui les distingue est la relation entre la motivation consciente et la motivation inconsciente.

La compulsion indique que des désirs motivés inconsciemment contrôlent le comportement contre la volonté du conscient. L'alcoolisme en constitue un exemple simple. Tous les alcooliques se rendent compte que ce qu'ils boivent fait des ravages dans leur vie et essayent de se contrôler. Mais ils ressentent une obligation de boire plus forte que leur esprit conscient et continuent à adopter un comportement destructeur. Il existe bien d'autres exemples moins évidents et tout le monde adopte à un degré ou à un autre des comportements à caractère compulsif.

La discipline indique que l'esprit conscient contrôle notre comportement en dépit de désirs opposés de l'inconscient. Toute personne ayant exécuté un travail fastidieux en a fait l'expérience — de fortes impulsions à faire autre chose, mais on se discipline à continuer le travail jusqu'à ce que le patron nous permette de passer à autre chose. Il est important de posséder une certaine discipline, mais elle présente aussi de grands inconvénients.

L'enthousiasme indique que les valeurs du conscient et de l'inconscient se rejoignent et œuvrent ensemble dans l'harmonie.

L'enthousiasme est de loin le meilleur mode de motivation. Lorsqu'on est enthousiaste, il est facile de persister dans ce que l'on fait. On est heureux et on n'a pas à lutter en permanence contre un désir de se soulager d'un inconfort émotionnel comme lorsqu'on agit par compulsion ou discipline. Lorsque vous vous sentez enthousiaste, la créativité vous est naturelle. De plus, les autres perçoivent cet enthousiasme et ont spontanément envie de se joindre à vous.

Ce qui paraît à première vue de l'enthousiasme n'en est pas toujours réellement. Dans une certaine phase maniaque, on peut céder à une compulsion qui a l'apparence de l'enthousiasme sur le moment, mais n'en est pas. Elle s'accompagne de la suppression du bon sens et de la prise en compte des conséquences. Chaque fois que vous croyez vous sentir enthousiaste, tout en pensant que vous risquez de regretter plus tard ce que vous êtes en train de faire, soyez assuré que vous faites en réalité l'expérience de la compulsion.

Il est également possible d'afficher de l'enthousiasme alors qu'on est en fait dans la discipline. On se sent comme sur des montagnes russes, avec un excès d'activité suivi d'un excès de stress, alors qu'on montre une façade de bonheur. Il est certes bon de rester déterminé par rapport à vos projets, mais il est tout aussi bon de veiller aux besoins de votre inconscient. Si vous apprenez à reconnaître consciemment ces besoins, vous trouverez probablement le moyen de les prendre en compte tout en poursuivant votre projet d'une façon plus agréable.

Ne confondez pas la discipline et l'application de l'enthousiasme. Il est vrai que dans les deux cas on prend son travail au sérieux et on a tendance à travailler longtemps sans prendre de pause. Même ainsi, il est facile de différencier les deux. Ce que j'appelle discipline (qui pourrait aussi se nommer « discipline répressive » pour plus de clarté) n'est pas agréable. On se sent forcé. On est impatient que le but soit atteint pour pouvoir mettre fin au programme discipliné qu'on suit. Il s'agit d'une survivance de la discipline imposée par vos parents et vos enseignants — vous étiez obligé de faire ce qu'ils voulaient. L'application enthousiaste, au contraire, est merveilleuse. On a envie de rester à travailler à son projet même s'il se présente des distractions potentielles émanant de soi-même ou de l'environnement. On a le choix, on est si enthousiaste sur le projet que lorsque s'offre une occasion d'arrêter de travailler, on dit naturellement : « Non, merci ».

Si vous travaillez seulement pour arriver au résultat final, c'est que vous n'aimez pas le processus et vous tombez donc dans la discipline répressive. Si vous appréciez le processus tout en vous réjouissant du résultat, s'il vous semble facile et naturel de maintenir votre détermination, vous êtes en situation d'application enthousiaste.

Bien que la compulsion et la discipline soient dans une certaine mesure opposées, elles sont aussi similaires. Les deux tendent à être épuisantes. Toute personne qui a connu la compulsion sait à quelle point elle peut l'être. La discipline est de beaucoup supérieure et jouit d'une meilleure réputation — presque tout le monde préférerait un voisin extrêmement discipliné à un voisin agissant par compulsion. Toutefois, même si les résultats de nos activités disciplinées sont stimulantes, l'effort nécessaire pour résister aux pulsions de l'inconscient crée un « fonds secret » d'émotion refoulée qui diminue à long terme l'enthousiasme, le bonheur et l'estime de soi. Dans la discipline, vous donnez plus d'importance à ce que vous faites qu'à vos sentiments. Cela est sans inconvénient une fois de temps en temps mais, sur de longues périodes, cela vous vide de votre pouvoir intérieur. De toutes façons, vos émotions peuvent être les portes donnant sur des parties de votre inconscient auxquelles vous n'accéderez pas facilement autrement. Les gens les plus disciplinés ne sont en général pas les plus créateurs.

Je ne plaide pas contre la discipline, mais pour l'enthousiasme. La discipline est bonne et même nécessaire dans certains cas. Mais beaucoup de gens recherchent la discipline pour la discipline. Je prétends que c'est à peine mieux que d'éviter compulsivement la discipline. Je vous suggère, lorsque vous essayez de résoudre un problème de comportement, de chercher à opérer un changement fondé sur l'enthousiasme plutôt que sur la discipline. Si les régimes pour perdre du poids échouent à mesure que le temps passe, c'est que personne ne veut renier ses désirs pour toujours. Cultiver de l'enthousiasme pour les activités physiques et pour un corps sain et beau est beaucoup plus efficace à long terme que d'essayer d'user de discipline pour poursuivre un régime.

Ni la discipline ni la compulsion ne sont mauvaises, mais seulement moins désirables que l'enthousiasme. N'avoir aucune compulsion équivaudrait d'ailleurs à ne pas avoir d'inconscient — je ne connais assurément personne qui se rapproche de cette situation. De ce fait, il n'est pas réaliste de compter faire des accomplissements sans une certaine discipline. La discipline a pour but de créer la certitude. Une personne qui n'en a pas est l'esclave de désirs inconscients.

La compulsion peut aussi avoir de la valeur car, à certains moments, le conscient peut s'égarer. Qui n'a pas connu des moments où son conscient a pris une soudaine résolution mal inspirée et dans ce cas, seules les limites imposées par l'inconscient évitent le désastre. Félicitez votre esprit de fonctionner si bien et vous obtiendrez de bien meilleurs résultats qu'en devenant négatif à propos de votre négativité.

Il existe heureusement une méthode très efficace pour s'occuper de l'inconscient. Elle permet de gérer les causes sous-jacentes de la compulsion et de sentir les besoins de l'inconscient afin de ne pas s'épuiser par un excès de discipline. Cette méthode s'appelle « Vivation » et elle est décrite dans le chapitre 12.

Plus vous ressentez de l'enthousiasme, plus vous êtes en accord avec votre objectif. Votre objectif émane de votre combinaison unique de talents et de valeurs. Lorsque vous fonctionnez par discipline et sans enthousiasme, il est très possible qu'une partie au moins de votre plan ne soit pas en accord avec votre objectif. La discipline est dans ce cas une forme de refoulement — répression des sentiments que suscite un plan ayant un défaut. En travaillant sur votre esprit pour ramener l'enthousiasme, vous améliorez votre plan d'action en en faisant un meilleur reflet de ce que vous êtes vraiment.

Il est évidemment très souhaitable de savoir comment augmenter votre enthousiasme à volonté. Cela signifie que vous avez l'honnêteté de reconnaître ce qui limite votre enthousiasme et que vous êtes capable de résoudre des conflits internes.

La solution de tous les conflits (internes ou interpersonnels) consiste à trouver les intentions communes aux parties opposées et à se focaliser sur ces intentions communes. Lorsque les deux parties se rendent compte qu'elles veulent au fond la même chose, elles sont prêtes à coopérer pour faire ce qui sera le mieux pour atteindre le but.

Par exemple, supposons que vous vouliez perdre du poids et que vous essayiez un régime, mais que vous mouriez d'envie de manger du gâteau au chocolat. Une partie de vous veut que vous cessiez de penser à la nourriture et l'autre désire que vous vous laissiez aller. Combien d'intentions communes recensez-vous ? En voici trois : 1. Les deux parties veulent que vous profitiez plus de la vie. 2. Les deux parties veulent que vous portiez toute votre attention sur votre bouche et vos organes digestifs. 3. Les deux parties veulent davantage d'amour. A partir de ces exemples, voici trois solutions à ce conflit interne, qui peuvent être appliquées séparément ou ensemble. 1. Attachez-vous immédiatement à profiter davantage de l'instant présent, gardez votre attention sur ce point et bientôt le conflit interne disparaîtra. 2. D'une manière spécifique, concentrez-vous sur les sensations agréables qui existent déjà dans votre bouche et vos organes digestifs. (La Vivation, expliqué dans le chapitre 12, vous aidera à le faire.) 3. Puisque les deux parties veulent de l'amour, cherchez le contact avec quelqu'un qui vous donne le sentiment d'être aimé. Si vous le faites, je vous parie que votre esprit oubliera complètement le chocolat et les régimes.

Rien ne peut remplacer une connaissance détaillée de vos valeurs. Lorsque vous l'aurez, vous pourrez comprendre pourquoi vous agissez comme vous le faites — cela vous amènera à une plus grande compassion envers vous-même et à la résolution des conflits internes.

LE PROCESSUS DES VALEURS

Comme tout le monde, vous accordez plus de valeur à certaines choses qu'à d'autres. Quand vous aimez une chose, vous en aimez certaines caractéristiques. Quand vous aimez une personne, elle présente certaines qualités que vous valorisez particulièrement. Là se trouvent vos valeurs. Il n'y a pas deux personnes qui aient exactement les mêmes valeurs et pourtant vous vous entendez le mieux avec les personnes dont les valeurs sont analogues aux vôtres. Il y a des gens dont les valeurs sont très différentes des vôtres; vous ne les rencontrerez que très rarement, d'autant que vos vies suivront des voies très différentes.

Vous ne donnez pas la même importance à toutes vos valeurs. Vous les classez selon un certain ordre de priorités. C'est cet ordre qui vous amène à prendre les décisions que vous arrêtez. Par exemple, des décisions comme « vais-je continuer à vivre à la campagne, près de ma famille et de mes amis, ou vais-je déménager en ville où je pourrai gagner plus d'argent ? » Que cela se passe consciemment ou inconsciemment, dans ce processus vous pesez les différents éléments. Une partie de votre esprit doit déterminer ce qu'elle valorise le plus : vivre avec les amis et la famille ou des perspectives économiques plus prometteuses. On pèse même les éléments lors de décisions plus simples, comme le choix du plat de résistance au restaurant.

Par ailleurs, vos valeurs changent avec le temps. C'est essentiellement la raison pour laquelle la vie traverse différentes phases. Quand vos valeurs changent, vos décisions et vos comportements changent, amenant dans votre vie d'autres personnes et d'autres expériences.

Le Processus des Valeurs clarifiera vos valeurs et l'ordre de priorité que vous leur donnez. Il vous permettra une compréhension détaillée de vos motivations. Ensuite, si vous souhaitez changer certains de vos schémas de comportement, vous pourrez faire le processus de la fin de chapitre et utiliser ainsi cette compréhension pour un processus de modification de comportement immédiat et autodirigé.

Pour utiliser au mieux le Processus des Valeurs, prenez 100 cartes blanches de format 8 x 11 cm environ; les cartes de visite blanches, que nous utilisons dans plusieurs autres processus de ce livre, sont moins indiquées car elles sont plus petites.

Le processus est simple :

1. Comptez 100 cartes et ayez un élastique à portée de la main pour les réunir. Vous allez écrire vos valeurs sur ces cartes.

2. Lors de votre première séance avec les cartes, écrivez une vingtaine de choses que vous valorisez, une par carte. Il peut s'agir de « choses » au sens littéral, votre voiture par exemple, ou des gens, ou des qualités abstraites telles que l'amour.

3. Portez les cartes sur vous pendant un jour ou deux. Chaque fois que vous vous apercevez que vous valorisez quelque chose, écrivez-le sur une carte. Coucher de soleil, chatons, simplicité, vérité, de bons transports en commun, de l'air pur ou toute autre chose à laquelle vous remarquez que vous attachez de la valeur.

De plus, chaque fois que vous vous surprenez à critiquer quelqu'un ou quelque chose, cela vous montre que vous valorisez l'opposé. Par exemple : si vous allez voir un film et le trouvez ennuyeux, cela vous montre que vous aimez les films distrayants ou la qualité abstraite de ce qui distrait; si vous lisez dans le journal que quelqu'un a commis un meurtre (une chose facile à critiquer, assurément), cela peut vous montrer que vous valorisez plusieurs choses dont la sécurité, la bonté entre les gens, etc. Dans chaque cas, écrivez sur une carte la chose « positive » que vous valorisez et non la « négative » que vous ne valorisez pas. On obtient de meilleurs résultats en écrivant « confort » qu'en écrivant « éviter l'inconfort ».

4. Continuez jusqu'à ce que vous ayez écrit sur chacune des 100 cartes. Il est mieux pour le processus que cela vous prenne au moins vingt-quatre heures et au plus cinq jours.

5. Lorsque vous avez inscrit une valeur sur chacun des 100 cartes, vous êtes prêt pour la phase suivante de ce processus : classer vos valeurs par ordre de priorité. IMPORTANT : il ne s'agit pas de l'ordre de priorité que vous imaginez leur donner, il s'agit de celui qui est indiqué par votre comportement. Voici comment procéder.

6. Lisez toutes les cartes pour vous familiariser avec elles. Ce faisant, peut-être trouverez-vous des cartes si semblables qu'elles peuvent n'en faire qu'une. Eliminez-en alors une et gardez celle qui exprime le mieux ce que vous valorisez vraiment. Soyez toutefois prudent car des choses semblables ou liées peuvent n'être pas équivalentes. Par exemple, « être marié » et « être marié avec mon épouse actuelle » peuvent être ou ne pas être la même chose pour vous — il vous appartient de décider.

Vous pouvez aussi modifier ce que vous avez écrit sur une carte pour mieux exprimer ce que vous valorisez vraiment.

7. Décidez maintenant quelles sont parmi toutes vos cartes les vingt que vous valorisez le plus.

Cela constitue votre première expérience de choix entre des valeurs et je reconnais que cela semble au premier abord étrange et difficile, mais faites-le. Appréciez cette étrangeté. Appréciez de décider. Et même si vous n'appréciez pas, faites-le.

Lorsque vous avez choisi les vingt cartes que vous valorisez le plus, mettez-les à part des autres. Vous pourriez même jeter le reste et ne garder que ces vingt-là; la suite de ce processus ne concerne que ces vingt cartes.

8. Classez les vingt cartes, celle que vous valorisez le plus au-dessus et la « numéro 20 » de vos cartes les plus valorisées dessous. L'intérêt d'utiliser des cartes pour ce processus est que, pour les mettre en pile, vous devez choisir un certain ordre.

(Fiche 37)

Le plus souvent, vous choisirez de placer la carte la plus abstraite au-dessus de la plus spécifique, par exemple : « pouvoir aller où je veux quand je veux » avant « ma voiture ». Toutefois, cela ne sera presque certainement pas toujours vrai. Par exemple, bien que vous valorisiez le fait d'être marié avec votre épouse actuelle, si vous vous sépariez d'elle, vous choisiriez probablement de ne pas vous remarier. Cela peut signifier que vous valorisez plus le fait spécifique « d'être marié avec votre épouse actuelle » que le fait plus abstrait « d'être marié ».

9. Testez maintenant cet ordre en prenant les deux premières cartes (que nous pouvons appeler « a » et « b ») et dites-vous : « Mon comportement montre que je valorise « _______ » (carte a) plus que « ________ » (carte b). » Voyez si cela vous paraît vrai. Pour vous aider, imaginez une situation dans laquelle vous auriez à choisir entre les deux, ou rappelez-vous un moment réel du passé où un tel choix a été fait. Si cela vous paraît juste, laissez la carte « a » à la première place et comparez de la même façon les cartes « b » et « c ». Si cela ne vous paraît pas juste, intervertissez a et b, puis comparez l'ancienne carte « a » avec la carte « c », etc. Procédez ainsi avec les vingt cartes, recommencez si cela s'avère nécessaire, jusqu'à ce que vous soyez sûr que les vingt cartes se trouvent vraiment dans l'ordre de valeur que votre comportement vous indique pour elle.

Ainsi se termine le processus, mais vous pouvez encore faire beaucoup avec son résultat, ce que je vais vous expliquer.

COMMENT INTERPRETER LES RESULTATS DU PROCESSUS DES VALEURS

Vous serez presque à coup sûr surpris du résultat de ce processus. Peut-être même serez-vous choqué ou bouleversé si vous le faites honnêtement (comme il doit être fait). Vous découvrirez peut-être de grandes différences entre ce que vous êtes, tel que ce processus le révèle, et ce que vous avez toujours pensé être. Vous vous apercevrez peut-être que votre esprit ne fonctionne pas selon la logique que vous croyiez. Vous découvrirez peut-être pourquoi vous mangez trop, pourquoi vous n'avez jamais franchi le pas pour devenir un travailleur indépendant, pourquoi vous ne vous entendez pas avec tel collègue, etc.

Regardez plusieurs fois l'ordre des cartes et laissez votre esprit jouer avec ce qu'elles vous disent. Pensez aux divers problèmes qui se posent dans votre vie. Pensez aux schémas de comportement que vous aimez et à ceux que vous n'aimez pas. Laissez les cartes vous donner des clés de compréhension.

Voyez combien votre vie serait différente si vos valeurs se présentaient dans un autre ordre de priorité. Passez les cartes en revue et réfléchissez aux conséquences si vous donniez à chacune moins ou beaucoup moins, ou plus ou beaucoup plus de valeur. Jouer au jeu « et si... » avec vous-même.

Prenez les cartes par deux et voyez ce qui se passerait si vous les intervertissiez. « Que se passerait-il si je valorisais ma santé plus que mon confort ? » « Que se passerait-il si je valorisais la liberté plus que la sécurité ? Quitterais-je mon emploi ? Resterais-je marié ? » « Et si je valorisais l'argent plus que la commodité, est-ce que je cuisinerais plus moi-même et sortirais moins au restaurant ? »

Je vous conseille de faire ce processus tous les trois ou six mois. Gardez à chaque fois vos vingt cartes, dans l'ordre, de manière à pouvoir les reprendre. Chaque fois que vous avez fini le processus, comparez vos cartes avec celles de la fois précédente. Vous serez stupéfait de la compréhension que cela vous donnera des changements qui se sont opérés en vous. Je ne connais rien qui nous aide mieux que ce processus à comprendre nos changements. Vous découvrirez que certaines priorités sont restées les mêmes, alors que d'autres ont beaucoup changé — vos changements et votre évolution sont clairement reflétés par vos valeurs. Voici réellement la toute meilleure manière de rester connecté vous-même.

APPLICATIONS PARTICULIERES DU PROCESSUS DES VALEURS

Vous pouvez vous servir de votre connaissance de vos valeurs pour prendre toutes sortes de décisions. Par exemple, dans ce chapitre, nous utiliserons les résultats de ce processus pour vous aider à décider quels sont vraiment les objectifs qui ont le plus de sens pour vous, c'est-à-dire quelle orientation de vie vous mènera à la plus grande plénitude.

Une connaissance détaillée de vos valeurs vous aidera à prendre toutes les décisions, les petites comme les grandes. Décider quelle voiture acheter, quel investissement faire. Décider si vous allez ou non vous servir d'un nouvel appareil de gymnastique. Décider quelle image donner de vous, comment vous coiffer, quels vêtements acheter ! Cette connaissance vous aidera réellement dans toutes vos décisions. Une décision prise en accord avec vos valeurs et vos priorités réussira assurément mieux qu'une décision basée sur le caprice ou l'opinion des autres.

Si vous faites ce processus avec un ami, un amant, un collègue ou votre conjoint, puis comparez pour finir les résultats, vous trouverez beaucoup d'intérêt aux différences révélées par le processus ! Vous serez stupéfait de la compréhension que vous en retirerez de votre relation avec cette personne. Les amitiés, les relations amoureuses, les associations professionnelles, etc., ne peuvent réussir que s'il existe une forte concordance des valeurs. Certes, toutes les valeurs n'ont pas besoin d'être les mêmes ou de s'accorder parfaitement, mais si elles sont vraiment très différentes, vous pouvez vous attendre à des conflits. Le processus montrera très clairement les conflits et leurs causes.

UNE AUTO-METHODE DE MODIFICATION DU COMPORTEMENT

Ce processus utilise la compréhension que vous avez retirée du Processus des Valeurs.

Il est utile si vous n'êtes pas totalement satisfait de votre comportement ou, pour le dire autrement, si vous n'êtes pas satisfait des priorités que vous donnez à vos valeurs.

Les valeurs vous motivent en fonction des priorités que vous leur accordez. Par exemple, si vous valorisez plus la sécurité que la liberté, vous risquez de garder votre emploi actuel même s'il vous déplaît, au lieu d'en chercher un autre ou de devenir indépendant. Autre exemple : si vous mangez trop ou si vous fumez, cela signifie que valorisez plus le confort émotionnel que votre santé.

Pensez aux solutions envisageables que les cartes vous indiquent par rapport à vos problèmes. Il est possible de changer l'ordre de priorité que vous donnez à vos valeurs par une technique de développement personnel, et de modifier ainsi votre comportement de manière spectaculaire. Demandez-vous : « Y a-t-il quelque chose, au niveau de mon comportement ou de mes valeurs, qu'il serait dans mon intérêt de modifier ? »

La méthode destinée à changer l'ordre de priorité de vos valeurs et votre comportement implique une application particulière d'affirmations qui correspondent à un concept de développement personnel avancé. Le chapitre 14 vous donnera plus de détails à ce sujet.

Voici les étapes du processus. Pour rendre les choses plus claires, les instructions sont immédiatement suivie d'un exemple.

1. Identifiez le problème de comportement.

2. Identifiez l'ordre précis de priorité des valeurs qui motive ce comportement.

3. Créez une affirmation de la manière suivante : « ______ » est plus important pour moi que « ________. » Placez dans le premier blanc la valeur la moins prioritaire. Dans le second, mettez la valeur la plus prioritaire. Pour l'utilisation des affirmations, suivez les instructions données au chapitre 14.

Faites cela chaque jour, ou deux fois par jour si vous préférez, jusqu'à ce que le comportement ait changé.

Voici un exemple de l'utilisation de la méthode de développement personnel de modification du comportement.

Je vous prie d'imaginer une jeune femme, appelons-la « Thelma », qui fait le Processus des Valeurs.

Voici, dans l'ordre, les 20 valeurs de Thelma :

1. Amour
2. Avoir assez d'argent
3. Avoir un bon métier
4. Avoir un homme
5. Nourriture
6. Sexualité
7. Ma voiture
8. Vivre dans un bel appartement
9. Loisirs
10. Mes amis
11. Concerts rock
12. Confort émotionnel
13. Ma santé
14. L'approbation de ma famille
15. Mon chat
16. Voyager
17. M'exprimer
18. Suivre des séminaires
19. Cures thermales
20. Régler chaque mois les dépenses faites avec ma carte de crédit

Supposons maintenant que Thelma soit chagrinée de ne pas se montrer telle qu'elle est lorsqu'elle voit les membres de sa famille. Elle ne raconte pas ce qui se passe réellement dans sa vie. Elle ne dit rien sur les inquiétudes que lui cause la tendance à la boisson de son père. Et elle se retient particulièrement de leur dire combien elle leur en veut des conseils inadéquats que tous lui donnent.

Phase 1. « Je ne m'exprime pas en présence de ma famille. »

Phase 2. Il y a deux possibilités : A. Valoriser le confort émotionnel plus que l'expression de moi-même. B. Valoriser l'approbation de ma famille plus que l'expression de moi-même. A ou B peut être utilisé pour modifier ce problème, mais Thelma s'imagine que si elle choisit le « confort émotionnel », elle pourra faire face à ce problème ainsi qu'à d'autres.

Phase 3. A partir de maintenant, m'exprimer est plus important que mon confort émotionnel.

* M'exprimer est plus important que mon confort émotionnel.
(Non, car je ne connaîtrais jamais plus le confort émotionnel).

* M'exprimer est de toute évidence un soutien pour mon confort émotionnel.
M'exprimer est plus important que mon confort émotionnel.
(Non, parce que tout le monde va me haïr).

* Il est évident que tout le monde m'aime plus maintenant que j'exprime vraiment ce que je pense et ce que je ressens.
M'exprimer est plus important que mon confort émotionnel.
(Mon père ne m'adressera plus jamais plus la parole).

* Maintenant que je communique plus honnêtement avec mon père, il communique plus honnêtement avec moi.
Thelma, t'exprimer est plus important que ton confort émotionnel.
(Je n'ai pas assez de courage).

* Il est évident que j'ai bien assez de courage pour exprimer mes vrais sentiments et pensées.
Thelma, t'exprimer est plus important que ton confort émotionnel.
(Je ne peux y arriver).

* M'exprimer honnêtement est devenu quelque chose de tout à fait naturel.
Thelma, à partir de maintenant, t'exprimer est plus important que ton confort émotionnel.
(Mes amis vont se détourner de moi).

* Mes amis recherchent plus que jamais ma compagnie depuis que je m'exprime davantage.
S'exprimer est plus important pour Thelma que son confort émotionnel.
(Je vais perdre mon emploi).

* Il est évident que m'exprimer est bénéfique à ma carrière.
S'exprimer est plus important pour Thelma que son confort émotionnel.
(La garce !).

* M'exprimer fait à l'évidence de moi une personne meilleure.
S'exprimer est plus important pour Thelma que son confort émotionnel.
(Cela en vaut la peine).

* Il est évident que je dois faire tout ce qui est nécessaire pour arriver à m'exprimer.
M'exprimer est plus important que mon confort émotionnel.

Thelma note des changements dès le premier jour et, au bout d'une semaine, elle trouve le courage d'appeler sa mère et de lui dire des choses qu'elles n'avait jamais exprimées auparavant.

(Fiches 38 et 39)

INDICATIONS SUPPLEMENTAIRES POUR L'UTILISATION DES AFFIRMATIONS AVEC LE PROCESSUS DES VALEURS

Dans certains cas, vous serez mécontent d'être motivé par telle ou telle valeur. Peut-être découvrirez-vous, par exemple, que l'égoïsme vous motive. Si cela vous dérange, il y aura conflit interne. Mon conseil, que je ne vous donne pas à la légère, est de travailler avec des répétitions d'une affirmation du type : « Je suis d'accord pour être motivé par ____________. » Par exemple : « Je suis d'accord pour être motivé par l'égoïsme. » Cela tournera complètement à votre avantage quel que soit votre avis sur l'égoïsme.

Parfois, vous serez content de votre motivation comme de vos valeurs, ainsi que de leur ordre de priorité, mais non de leur apparence conflictuelle. Dans ce cas, vous pouvez utiliser une affirmation du type : « Mon ________ contribue à mon ________ et mon ________ contribue à mon ________. » Vous mettez l'une des valeurs en conflit dans le premier blanc et le quatrième blanc et l'autre dans le deuxième et le troisième. Par exemple : « Ma liberté contribue à ma sécurité et ma sécurité contribue à ma liberté. »

Je tiens aussi à souligner que vous trouverez dans le chapitre 14 des méthodes plus avancées que ce qui est présenté ici pour travailler avec les affirmations. Vous pouvez également vous servir de ces méthodes avec les mêmes idées de base.

CONCLUSION

Je vous ai montré de nombreux avantages précis qui découlent d'une connaissance approfondie de vos propres valeurs. Vous en trouverez encore beaucoup d'autres du fait d'un avantage général essentiel : si vous savez ce que vous voulez, vous avez plus de chance d'obtenir cette chose, ainsi que de la reconnaître quand elle se présente.

CHAPITRE 7

VOTRE BUT DANS LA VIE

Notre besoin existentiel le plus important à nous tous, êtres humains, est de connaître le but de notre vie.

Votre but est unique parce que vous êtes unique, avec des connaissances, une histoire, des valeurs et des ambitions qui ne sont celles de personne d'autre. Votre but constitue votre contribution unique au monde, que vous seul pouvez apporter. Votre but est la voie de votre plénitude personnelle la plus grande.

Le fait de connaître votre but vous donne le sentiment de savoir où vous allez, d'avoir une étoile qui guide votre navigation sur l'océan de la vie. Cela vous permet de fixer des objectifs à votre voyage, de mesurer votre avancée et d'introduire des corrections si nécessaire. Ce sera pour vous une source d'inspiration dans les moments d'obscurité. Quand vous connaissez votre but, rien ne peut vous en déposséder.

Si vous ignorez le but de votre vie, celle-ci sera orientée essentiellement par les buts que les autres fixent pour vous. Presque tout le monde peut vous assigner à quelque chose. Si vous ignorez votre but, vous aurez tendance à aller dans le sens des rôles que les autres vous donneront en fonction de leurs besoins, car mieux vaut avoir n'importe quel but que pas de but du tout. Cela signifie occuper des emplois sans rapport avec ce que vous êtes, avoir des relations non satisfaisantes et des schémas de piètre estime de soi qui envahissent votre vie tout entière.

Si vous n'avez aucune notion de votre but, il vous reste deux possibilités : le conformisme ou la rébellion. Le conformisme signifie que vous faites ce que les autres décident pour vous.

La rébellion signifie que vous faites l'opposé. Ni l'un ni l'autre n'apporte la moindre satisfaction. Les conformistes sont en général plus en sécurité, mais ils n'en apprennent pas autant que les rebelles sur la vie car ils ne mettent rien en question. Les rebelles aiment à croire qu'ils jouissent de plus de liberté, mais ce n'est en fait pas vrai du tout. Dans la mesure où ils font le contraire de ce que veulent les gens, ils croient échapper à leur contrôle; en réalité, la vie d'un rebelle est tout autant déterminée par les valeurs des autres que celle du conformiste car toute la motivation provient aussi de l'extérieur. Tous les problèmes existentiels demeurent.

Il existe toutefois une alternative à la rébellion et au conformisme. Une personne qui conduit sa vie elle-même connaît son but et n'attend rien des autres pour se définir. Une personne qui conduit sa vie elle-même est un initiateur et un leader. Les autres se mettent naturellement en accord avec la personne qui conduit sa vie elle-même pour partager la détermination qu'ils trouvent chez elle. On ne peut trouver la plénitude que dans la conduite de soi-même. Le rebelle et le conformiste sont toujours assaillis par de profondes questions pour savoir s'ils font ce qu'il faut de leur vie — la personne qui conduit sa vie elle-même connaît la certitude. Etre conformiste ou rebelle peut se comparer au voyage dans un bus interurbain — on peut espérer au mieux se faire déposer près de l'endroit où l'on désire se rendre, mais on sait que le bus ne s'arrêtera pas juste devant la porte. Conduire soi-même sa vie est comme conduire sa voiture — on peut aller exactement où on veut car on a le contrôle de sa vie.

Il est très difficile de prendre une grande décision de manière sensée sans connaître son but. Comparées au fait de connaître votre but, toutes les autres décisions sont insignifiantes. Votre but n'est pas quelque chose que vous atteignez une fois pour toutes, mais que vous exprimez continuellement, donnant un sens à vos objectifs tout au long de votre vie. Votre but donne un sens à votre vie tout entière. Vous pouvez découvrir le but de votre vie en utilisant le processus simple que voici.

LE PROCESSUS DU BUT

Remplissez les fiches 40 à 44.

Félicitations ! Vous connaissez maintenant le but de votre vie !

Voici quelques conseils supplémentaires pour retirer les meilleurs résultats de ce processus.

1. Ne vous inquiétez pas si votre but n'apparaît pas tout à fait au point au premier essai. C'est normal. Je vous suggère de répéter le processus une fois par jour pendant une semaine. Puis faites-le une fois par mois tout le reste du temps. Vous verrez probablement que les premières fois, vous obtenez des affirmations de but assez différentes les unes des autres. Au bout d'un certain temps, il n'en sera plus ainsi et elles seront presque toujours identiques.

2. Les éléments de votre Affirmation doivent être assez précis pour vous donner une orientation réelle tout en étant assez abstraits pour s'appliquer à de nombreux objectifs au fil des ans.

Je vais vous dire l'Affirmation de But qui me guide maintenant depuis plusieurs années : « Mon but est d'utiliser ma créativité, ma compréhension et mes talents de communication en animant des séminaires, en écrivant des livres et des articles et en passant à la télévision et la radio, afin que tout le monde serve tout le monde avec enthousiasme.»

COMMENT UTILISER VOTRE AFFIRMATION DE BUT

1. Mettez votre Affirmation de But au propre sur une carte et portez-la sur vous, dans votre portefeuille ou attaché-case. Vous pouvez aussi l'écrire sur un tableau accroché chez vous ou dans votre bureau, là où vous la verrez souvent.

2. Chaque fois que vous devez prendre une décision, demandez-vous quel choix sert le mieux votre but.

3. Chaque fois que vous fixez un objectif, soyez sûr qu'il est une expression de votre but. Tout objectif qui n'exprime pas votre but sera insatisfaisant, même si vous l'atteignez.

4. Si vous travaillez au sein d'une équipe quelle qu'elle soit (y compris le mariage), faites faire ce processus à vos coéquipiers et coéquipiers potentiels et comparez les buts. Vous verrez ainsi s'il y a une concordance permettant à l'équipe de bien fonctionner. Il est aussi excellent de formuler une Affirmation de But de groupe.

5. Informez les gens de votre but. Vous pouvez en être fier. Lorsque les gens connaissent votre but, ils vous connaissent mieux et vous accordent plus de confiance et de respect qu'avant. Vous pouvez même faire figurer votre affirmation de But sur des brochures, des textes divers et des cartes de visite.

APPLICATIONS PARTICULIERES DU PROCESSUS DU BUT

Outre l'utilisation du Processus du But pour découvrir le but de votre vie, vous pouvez vous en servir pour découvrir le but de certaines choses spécifiques faisant partie de votre vie.

Par exemple : le but de votre travail :

1. Dressez la liste A des 10 choses qui caractérisent votre travail.

2. Prenez les trois (ou quatre) plus importantes.

3. Dressez la liste B des 10 choses que votre travail produit comme expression de ces caractéristiques que vous avez choisies.

4. Comme plus haut, décrivez le Monde idéal.

5. Prenez les trois (ou quatre) activités de votre travail (Liste B) qui contribuent le plus à créer ce Monde idéal.

6. Ecrivez l'Affirmation de But : « Le but de (nom de votre travail) est d'utiliser mon ______, ______ et ______ en ______ant, ______ant et ______ant afin que ______. »

Le but de la Communauté Vivation International est d'utiliser nos instructeurs expérimentés, nos valeurs élevées et l'école globale en enseignant Vivation, en offrant une communauté de soutien et en développant des leaders autonomes afin que tout le monde serve tout le monde avec enthousiasme.

Je vous suggère d'explorer d'autres buts tels que :

Le but de votre vie amoureuse.

Le but de votre mariage.

Le but de votre esprit.

Le but de votre corps.

Votre aptitude à utiliser au mieux chaque chose est votre capacité à en comprendre l'objectif.

CHAPITRE 8

QUELLES REALISATIONS VOUS SATISFERAIENT LE PLUS ?

Les objectifs sont des bornes jalonnant le chemin qui exprime le but de votre vie. Si vous ne connaissez pas ce but, les objectifs n'ont pas de sens. Si vous n'avez pas encore fait le Processus du But du chapitre 7, revenez en arrière et faites-le maintenant, avant d'entamer ce nouveau chapitre.

Les objectifs diffèrent des désirs en ce sens qu'ils sont plus spécifiques et qu'ils s'accompagnent de dates. Un désir serait quelque chose comme « visiter l'Alaska », tandis qu'un objectif se formulerait : « arriver à Fairbanks à dix heures au plus tard le 14 septembre 1993 ».

Un objectif est l'affirmation d'une intention consciente de produire un résultat déterminé dans un délai défini dans le futur. Les objectifs sont les expressions du but de votre vie. Un objectif s'atteint; le but de votre vie se perpétue à travers la réalisation de nombreux objectifs.

Certaines personnes n'ont aucun objectif. La plupart des gens dépourvus d'objectifs vivent frustrés, avec le sentiment de n'aller nulle part. Définir des objectifs qui vous plaisent apporte les bénéfices suivants : 1) cela donne un point de convergence à vos activités, 2) cela vous permet de prendre la responsabilité de vous donner à vous-même ce que vous désirez (au lieu d'espérer) et 3) cela vous donne une base pour mesurer votre efficacité et vos progrès.

Les objectifs n'ont pas de sens s'ils n'expriment pas le but de votre vie. Par exemple, peut-être pensez-vous depuis toujours que vous désirez par-dessus tout posséder une Rolls Royce. Avant de passer votre vie à travailler pour vous payer une Rolls Royce, je vous conseille de bien réfléchir à la question : pourquoi ? Posséder une Rolls Royce est un objectif excellent s'il sert votre but, mais ce si ce n'est pas le cas, vous y perdez au pire votre temps et votre énergie et, au mieux, c'est un moyen efficace de réprimer vos émotions. Peut-être ne désirez-vous une Rolls Royce que parce qu'à dix-neuf ans, vous vous teniez en piètre estime et que vous rêviez du prestige apporté par la possession d'une voiture de luxe comme solution à votre malheur. Peut-être que votre désir de Rolls Royce vient d'un désir de dépasser votre père. Peut-être a-t-il pour origine une autre motivation sans rapport avec le but de votre vie. Atteindre un objectif qui sert le but de votre vie constituera une satisfaction permanente. Atteindre un objectif sans rapport avec ce but vous laissera en proie au sentiment déconcertant que vous devriez être plus satisfait que vous ne l'êtes.

Les objectifs diffèrent considérablement du désir. Une fois que vous avez défini un objectif et fixé un délai, prenez la pleine responsabilité de le réaliser et attelez-vous à la tâche avec persévérance. Le désir implique l'espoir. L'espoir existe pour supprimer le sentiment d'impuissance. Si vous vous dites quelque chose comme : « J'espère aller en Australie un jour », cela signifie que vous ne vous sentez pas capable de provoquer ce voyage, mais peut-être qu'un facteur imprévisible en sera à l'origine. L'espoir est un mauvais substitut à la certitude; l'espoir ne ramène en fait pas grand-chose dans ses filets.

Un objectif est quelque chose que vous manifesterez de votre propre initiative. Il mène naturellement à un plan d'action et à l'action elle-même.

Le processus que je vous suggère pour définir des objectifs sensés commence en dressant une liste de désirs et en faisant un choix parmi eux. Les désirs sélectionnés sont ensuite convertis en objectifs.

Ceci diffère de l'Ecriture de Découverte. Je vous conseille au contraire d'écrire chaque liste lentement, en y mettant toute votre attention et de la rendre la plus complète possible.

LE PROCESSUS DES OBJECTIFS

Remplissez les fiches 45 à 54.

1. Pour chaque liste, notez les idées dans l'ordre où elles viennent et dans la première formulation qui se présente. Autorisez-vous à penser à ce que vous désirez sans vous soucier de savoir si vous pourriez l'obtenir ni comment.
2. Après avoir listé ces deux cents désirs, passez-les tous en revue et choisissez ceux qui vont le plus dans le sens du but de votre vie. Je vous conseille d'en choisir trois. Choisissez uniquement sur la base de ce qui va le plus dans le sens de votre vie, même si vous ressentez un attachement émotionnel aux autres désirs. Rien ne dit que vous n'obtiendrez que ce que vous aurez sélectionné durant ce processus. Réaliser les désirs qui vont le plus dans le sens de votre vie vous donnera le maximum de plénitude et c'est ce qui vous amènera le plus loin. Donner la priorité aux objectifs les plus sensés maximisera également vos possibilités de satisfaire tous vos autres désirs.
3. Ensuite, convertissez ces trois désirs sélectionnés en objectifs. Cela se fait en les rendant concrets et en fixant une date pour leur réalisation.

3a. Prenez ces désirs un par un et pensez aux moyens de les concrétiser. Demandez-vous : comment saurais-je quand j'ai réussi ? Pour certains désirs, c'est très facile. Par exemple, si vous désirez posséder un ordinateur, quand vous l'aurez, il n'y aura pas de place pour le doute. Toutefois, concrétiser certains désirs est un art. Par exemple, cultiver la patience pourrait être ce qui sert le mieux le but de votre vie. Comment saurez-vous que vous êtes devenu plus patient ? Vous pouvez par exemple imaginer quelque chose à accomplir qui requiert de la patience. Peut-être s'agit-il d'un livre de 1000 pages que vous vouliez lire, mais que vous n'avez pas lu faute de patience. Ou peut-être aimez-vous pêcher, mais vous n'avez pas la patience nécessaire. Dans ce cas, partir pour une journée de pêche et l'apprécier vous montrera que vous êtes plus patient. Un autre moyen consiste à décider de quelque chose à faire sur une base régulière pour cultiver la patience, puis de le faire quotidiennement pendant un laps de temps déterminé. Par exemple, méditer une heure par jour, quatre-vingt-dix jours de suite. L'idée est de rendre le désir concret afin qu'arrive un moment où vous pourrez vous dire : « Maintenant, j'ai atteint cet objectif. »

3b. Lorsque vous fixez des dates, elles doivent être assez proches pour vous motiver à passer immédiatement à l'action, mais assez éloignées pour que vous ne vous sentiez pas débordé. Pour mieux vous aider à déterminer des objectifs, je soumets à votre réflexion ces caractéristiques d'un bon objectif.

CARACTERISTIQUES D'UN BON OBJECTIF

A. Va dans le sens du but de votre vie.

B. Constitue un défi.

C. Est atteignable.

D. A une date de réalisation fixée.

E. Se prête à une planification.

F. S'accorde à vos autres objectifs.

G. Nourrit votre enthousiasme.

H. Peut être exprimé en six mots ou moins.

I. Peut être soutenu par d'autres gens.

J. Vous donnera un sentiment d'accomplissement.

K. S'accorde avec vos valeurs.

L. Vient en soutien de tous les domaines de votre vie.

M. Vous donnera du plaisir pendant que vous travaillerez à l'atteindre et quand vous l'aurez atteint.

N. S'accorde au mode de vie que vous préférez.

O. Vous laisse suffisamment de loisirs.

P. Vous encourage à cultiver les qualités de la créativité.

Q. Vous rend meilleur.

R. Améliore votre santé.

S. Augmente votre richesse.

T. Améliore votre vie sociale.

Si l'objectif que vous avez choisi ne correspond à aucune de ces caractéristiques, je vous conseille de le modifier jusqu'à ce qu'il s'y accorde ou d'en choisir un autre.

Le chapitre suivant, La Gestion Créative du Temps, vous expliquera comment élaborer des plans et des emplois du temps qui vous aideront à atteindre vos objectifs.

CHAPITRE 9

LA GESTION CREATIVE DU TEMPS

Ce chapitre vous explique comment établir votre propre système efficace de gestion du temps. Le système présenté ici porte le nom de « Gestion Créative du Temps » et est conçu dans le but de vous donner le maximum de facilités pour manifester votre créativité dans votre vie.

La gestion du temps est destinée à réduire les occasions d'être débordé et augmenter la certitude. J'aime expliquer le fait d'être débordé de deux façons.

Voici la première : « Etre débordé signifie que l'on n'a pas de plan dont on escompte la réussite. » Lorsque vous savez ce que vous voulez faire, les étapes nécessaires pour y parvenir, et quand et comment les passer, vous êtes le contraire de débordé — vous êtes aussi certain qu'il est humainement possible d'obtenir le résultat désiré.

Voici la seconde : « Vous vous sentez débordé quand vous essayez de vous atteler en une fois à quelque chose de trop vaste. » Par exemple, si votre objectif est d'écrire un livre, penser au projet dans son ensemble risque de vous donner le sentiment d'être débordé. Mais si vous concentrez votre attention sur le paragraphe que vous êtes en train d'écrire, vous vous sentirez enthousiaste, créatif et à l'aise. Vous n'êtes pas obligé d'avaler tout votre déjeuner en une seule bouchée. Une bonne gestion du temps comprend une division de vos projets en morceaux « à la mesure de votre bouche ».

LA CHOSE LA PLUS IMPORTANTE A GARDER A L'ESPRIT POUR LA GESTION DU TEMPS

Une bonne gestion du temps vous demande une connaissance précise de vos valeurs et du but de votre vie, faute de quoi vous n'êtes pas vraiment vous-même et une gestion plus efficace de votre temps fait simplement de vous un esclave plus efficace des désirs des autres.

Je vous incite donc vivement à exécuter tous les processus des chapitres 6 à 8 avant de passer à ce système de gestion du temps.

POURQUOI J'AI ELABORE CE SYSTEME DE GESTION CREATIVE DU TEMPS

J'ai élaboré ce système pour répondre à mes propres besoins d'organisation. Je vais décrire ces besoins, ce qui vous aidera à adapter sur mesure aux vôtres ce système de gestion du temps.

Je suis un homme très occupé. Tandis que j'écris ce livre, j'anime des séminaires de week-ends sept semaines sur huit, dix mois par an (je suis en congé en décembre et en janvier). Je fonctionne selon ce programme depuis mai 1985 (et nous sommes en avril 1989). Presque chaque semaine, je m'envole le jeudi pour donner un séminaire quelque part et je reviens le lundi suivant. Cela ne me laisse que les mardis et mercredis pour gérer mes affaires, écrire et donner des consultations privées. Je dois donc très bien gérer mon temps.

Pour qu'un système de gestion du temps me convienne, il doit présenter les caractéristiques suivantes :

1. Il faut qu'il me rappelle ce que je veux et dois faire.
2. Il doit me permettre d'être à l'heure à mes rendez-vous.
3. Il doit me permettre de prévoir du temps libre.
4. Il doit me permettre de programmer toutes les activités à faire de telle sorte que je sache assez clairement quand chacune prendra place et que je sois rassuré quant au fait qu'elles seront faites.
5. Il doit être simple.
6. Il doit être souple.
7. Il doit pouvoir être élargi.
8. Il doit être absolument portable et prendre très peu de place.

9. Il doit faciliter la planification de projets.

10. Il doit prendre en compte ma tendance à faire des choses à des moments inhabituels de la journée.

11. Il doit m'aider à établir des priorités.

12. Je veux qu'il ne coûte pas cher.

13. Il doit faire le lien entre ma vie privée et ma vie professionnelle.

14. Il doit me permettre de faire passer mes bonnes idées dans la pratique.

15. Je veux enfin qu'il s'accorde avec mon système de gestion de l'argent.

Le système de Gestion Créative du Temps répond à la perfection à tous mes besoins et il n'en existe pas d'autre à ma connaissance qui soit aussi satisfaisant à cet égard. Il ne coûte pratiquement rien car on le fait soi-même à partir d'un matériel peu onéreux. On peut apprendre à l'utiliser en quelques minutes et il faut environ une heure pour le mettre sur pied et le rendre opérationnel. Ensuite, il suffit de quelques minutes par jour pour maintenir une organisation parfaite de son temps.

Votre système de gestion du temps sera peut-être très semblable au mien ou au contraire très différent. Vous pouvez utiliser, si vous le souhaitez, tout le système exactement tel qu'il est décrit ici, n'en utiliser qu'une partie, ne pas l'utiliser du tout ou le modifier pour l'adapter à vos besoins. Vous découvrirez probablement qu'il s'accorde bien avec le système de gestion du temps dont vous vous servez actuellement, quel qu'il soit, et que le fait de passer à ce nouveau système peut avoir lieu sans heurts.

Je vais commencer par vous donner une vue globale du mode de fonctionnement du système, puis des instructions détaillées pour le mettre sur pied et l'utiliser quotidiennement.

VUE D'ENSEMBLE DU SYSTEME DE GESTION CREATIVE DU TEMPS

Une gestion efficace du temps comprend essentiellement deux aspects : établir des priorités et savoir à quelle activité on doit passer.

La clé de voûte du système de Gestion Créative du Temps est un paquet de « cartes de visites blanches » sur lesquelles vous notez les activités prévues, une par carte. Ces « Cartes d'Activités » sont conservées par catégories en une pile, avec pour séparations des « Cartes de Catégories » de couleur, un peu plus longues. Les activités constituant une priorité immédiate sont sorties de leurs catégories et classées par ordre au sommet de la pile. Le fond de la pile comporte des cartes vierges pour le cas où vous auriez une nouvelle activité à noter.

Ce système ressemble à une liste très élaborée de « choses à faire ». Vous n'oublierez jamais rien une fois les choses écrites sur les cartes. Certaines activités ne se font qu'une fois et d'autres se répètent. Avec ce système, lorsque vous avez terminé quelque chose que vous prévoyez de refaire, il vous suffit de replacer la carte dans sa catégorie. Lorsque vous préparez votre emploi du temps, il vous suffit de parcourir la pile de cartes et de sortir celles des activités que vous désirez programmer.

Les cartes vous aident à établir des priorités et vous permettent de décider plus facilement de l'ordre dans lequel faire les choses.

Ce système vous permet de coordonner tous les domaines de votre vie car vous avez dans la même pile des cartes concernant ces différents domaines.

Il vous faudra toutefois encore un système pour coordonner vos activités selon le calendrier et la montre. Selon vos besoins et vos préférences, vous pouvez soit acheter un agenda dans un magasin, soit utiliser les Programmes détaillés que je vais décrire, soit encore une combinaison des deux. (Les Programmes détaillés présentent le grand avantage d'être plus souples que n'importe quel agenda). Quel que soit le système d'emploi du temps que vous retenez, vous vous apercevrez que les Cartes d'Activités sont d'une valeur inestimable pour vous aider à planifier vos activités.

Vous pouvez conserver vos cartes tenues par un élastique ou autre moyen du genre et les porter facilement dans votre poche, votre attaché-case ou portefeuille. L'ensemble des cartes ne représente au plus que 10 cm de long sur 5 cm de large et 5 cm d'épaisseur. (Mon propre paquet n'est jamais plus épais et pourtant j'ai une vie très remplie). Le plus petit des magnétophones prend davantage de place ! Par ailleurs, vous n'êtes pas toujours obligé de prendre tout le paquet quand vous sortez, les cartes prioritaires suffisent et représentent quelques millimètres d'épaisseur.

COMMENT METTRE SUR PIED LE SYSTEME DE GESTION CREATIVE DU TEMPS

Je vous conseille de commencer par lire toute cette section avant de mettre réellement les applications en pratique afin d'élaborer votre propre système.

Pour mettre sur pied ce système, vous avez besoin d'acquérir un peu de matériel peu coûteux et facile à se procurer.

MATERIEL REQUIS

• Au moins 500 cartes de visite vierges et blanches constituant les cartes d'Activité.

• Au moins 20 cartes plus longues, de votre couleur préférée, constituant les Cartes de Catégories.

Votre papeterie ou l'imprimerie locale peut vous les faire dans la journée ou peut-être immédiatement (cela ne prend que 5 à 10 minutes), pour une somme très modique, en utilisant un coupe-papier hydraulique.

• Quelques élastiques ou autres liens destinés à tenir le paquet de cartes.

• Un calendrier à votre convenance — votre agenda si vous en possédez déjà un.

REALISATION DES CARTES D'ACTIVITE

Commencer par réaliser les Cartes d'Activité. Ecrivez l'activité sur la carte dans le sens vertical, en commençant en haut. Faites des cartes pour les types d'activités suivants :

PORTER DE L'ARGENT A LA BANQUE
VOIR LE PROFESSEUR DE MON FILS
ECRIRE UN ARTICLE POUR UN MAGAZINE

1. Toutes les choses qui occupent actuellement votre esprit — les choses auxquelles vous ne cessez de penser de peur de les oublier. Cela peut comprendre des coups de téléphone à passer, des achats à faire, des choses que vous avez promises à des gens, etc.

2. Toutes les activités de la vie quotidienne auxquelles vous pensez et que vous souhaitez inclure dans ce système. Par exemple : faire la lessive, prendre rendez-vous pour un détartrage chez

le dentiste, faire faire la vidange de votre voiture, etc.

Il est inutile d'inclure les choses qui sont tellement habituelles que vous n'avez aucun besoin de rappels. (Je n'ai pas de cartes pour sortir de mon lit ou me raser, par exemple).

3. Reprenez ensuite l'objectif n°1 du Processus des Objectifs que vous avez fait au chapitre 8. Ecrivez sur des cartes toutes les étapes nécessaires pour atteindre cet objectif, autrement dit, toutes les activités auxquelles vous pensez qui vous rapprocheraient de cet objectif. Calibrez ces étapes le plus possible « à la mesure de votre bouche ».

Refaites ce processus avec chacun des autres objectifs choisis. Chaque activité ne demande qu'une seule carte aussi, si deux objectifs ont une étape en commun, une carte suffit. (Par exemple, peut-être avez-vous deux projets qui nécessitent d'avoir une boîte postale. Vous n'avez besoin que d'une carte disant : « Ouvrir une boîte postale », peu importe combien de projets cela servira).

4. Faites des cartes pour toutes les autres choses qui vous semblent le justifier. Vous ajouterez inévitablement des activités au fil du temps en utilisant ce système; il n'est pas nécessaire de penser à tout maintenant.

Ensuite, vous devez classer vos Cartes d'Activité par catégories et faire des Cartes de Catégories, cela essentiellement pour vous faciliter la recherche d'une Carte d'Activité quand vous utilisez ce système. C'est un mode de classement.

REALISATION DES CARTES DE CATEGORIES

Pour réaliser les Cartes de Catégories, procédez de la manière suivante :

1. Passez en revue vos Cartes d'Activités une par une et constituez des groupes de cartes similaires. L'une des catégories peut très bien être « Divers », mais si elle comporte beaucoup de cartes, il vous est sans doute possible de créer une ou plusieurs nouvelles catégories portant des noms plus descriptifs.

En effectuant ce processus avec différents groupes de stagiaires, je me suis aperçu qu'il n'y a pas deux personnes qui classent les activités exactement de la même façon. En fait, vous apprenez beaucoup de choses sur vous en classant vos activités par catégories. Après un certain temps d'utilisation de ce système, vous aurez sans doute envie de modifier un peu vos catégories.

2. Lorsque toutes les cartes se trouvent dans un groupe, choisissez un nom court, facile à se rappeler et évocateur pour chacun de ces groupes. Les cartes de couleur sont un peu plus longues que les Cartes d'Activités pour que vous puissiez lire le nom des catégories lorsque toutes les cartes sont empilées. Inscrivez les noms tout en haut des cartes de couleur, assez petit pour que le nom tout entier tienne sur la partie des cartes qui dépasse des Cartes d'Activités. Faites ce processus pour tous les groupes : FINANCES, DEVELOPPEMENT PERSONNEL, ECRITS...

Empilez à présent toutes les cartes de la manière suivante :

1. Rassemblez toutes les Cartes d'Activités d'une catégorie au-dessus de la Carte de Catégorie permettant d'identifier ce groupe. Il est plus facile de travailler avec les Cartes d'Activités au-dessus de la Carte de Catégorie qu'avec cette dernière les recouvrant.

2. Placez les groupes, avec leur Carte de Catégorie en dessous, par ordre alphabétique. Libre à vous de choisir l'ordre qui vous convient; pour ma part, j'aime l'ordre alphabétique parce qu'il est facile.

3. Si vous le désirez, vous pouvez également classer les Cartes d'Activités à l'intérieur de chaque groupe. Je ne le fais pas pour la simple raison que les cartes d'un groupe ne sont pas assez nombreuses pour le justifier. Certaines personnes trouvent très utile de classer les cartes de chaque groupe par ordre de priorité ou par ordre chronologique, etc. Parfois, mais pas toujours, je classe par ordre toutes les cartes d'un projet. Faites votre expérience et voyez ce qui vous convient le mieux.

En enseignant ce système à de nombreuses personnes, je me suis aperçu qu'il leur était utile, à titre d'exemple, de connaître les catégories dont je me sers. Les voici telles qu'elles sont en ce moment :

Achats
Anne (une collaboratrice)
Automobile
Cassettes de relaxation
C.I.V. (Communauté Internationale Vivation)
Courrier
Disponibilités pour voyages
Ecrits
Finances

Gestion du bureau
Livre
Ordinateur
Ménage
Médias
Phil et Jeanne (collaborateurs)
Publicité
Téléphones

J'ai utilisé une catégorie appelée « Divers » pour les choses à faire quand je vais en ville en voiture (pressing, épicier, etc.), mais je ne vois plus les choses ainsi. Maintenant, je retire simplement les cartes des différentes catégories et je les mets dans l'ordre dans lequel je compte m'en occuper lorsque je sortirai.

De toute évidence, vos catégories ne seront pas exactement comme les miennes. Ce système est infiniment souple et vous pouvez modifier les catégories à volonté.

En outre, vous désirerez probablement revoir et « recatégoriser » périodiquement vos cartes. Les catégories changent avec le temps, ainsi qu'avec l'habitude d'utiliser ce système. Parfois, vous désirerez constituer une catégorie plus vaste en combinant plusieurs catégories voisines (par exemple regrouper « Courrier » et « Articles » en une seule catégorie nommée « Ecrits ») ou au contraire, vous souhaiterez diviser une catégorie très utilisée en plusieurs plus petites (par exemple « Loisirs » en « Sports », « Sorties » et « Vacances »).

DEFINITION DES PRIORITES

L'utilisation de cartes dans ce système présente l'avantage de rendre facile l'établissement de priorités.

Il y a en réalité deux façons d'établir des priorités dans ce système — l'une n'utilise que les cartes, l'autre comprend les Programmes détaillés expliqués plus loin. Je vous conseille de commencer par les cartes seules jusqu'à ce que vous soyez familiarisé avec leur maniement. Ensuite, je vous invite à essayer les Programmes détaillés le temps de voir quelle méthode vous préférez.

Dans cette section, je vais montrer comment établir des priorités en utilisant seulement les cartes. J'expliquerai comment procéder avec Les Programmes détaillés dans la section qui leur est consacrée.

Avec les cartes seules, vous établissez des priorités chronologiques, c'est-à-dire dans l'ordre où vous comptez faire les activités.

1. Réalisez une Carte de Catégorie pour vos priorités. Je vous suggère de la baptiser « Priorités ».

2. Passez maintenant en revue toutes les cartes de votre paquet et sortez celles que vous estimez candidates à une action immédiate. Cela comprend dès à présent les choses que vous projetez de faire dans la semaine à venir.

Vous pouvez tenir le paquet dans une main et « promener les doigts » de l'autre main sur les cartes. Placez les cartes choisies tout au-dessus du paquet, au-dessus de la carte de Catégorie « Priorités ».

3. Classez maintenant les cartes choisies par ordre chronologique de telle sorte que l'activité que vous ferez en premier soit au-dessus.

Le groupe prioritaire se trouvant au-dessus de tous les autres et les cartes classées par ordre chronologique, la tâche à entreprendre sans délai est clairement visible même si toutes les cartes sont ensemble.

4. Réalisez maintenant une Carte de Catégorie appelée « Aujourd'hui ». Passez en revue les cartes du dessus et placez la carte « Aujourd'hui » derrière la dernière que vous avez l'intention de concrétiser dans la journée ou le lendemain.

COMMENT UTILISER AU QUOTIDIEN LES CARTES DE GESTION CREATIVE DU TEMPS

Pour utiliser le système des cartes seules quotidiennement, il ne faut que dix à quinze minutes par jour pour accroître de beaucoup votre productivité et votre organisation. Vous pouvez planifier vos activités soit le matin, soit la veille au soir (ou à tout autre moment à votre convenance). Vous n'avez qu'à tenir le paquet de cartes d'une main et « promener les doigts » de l'autre main parmi elles. Sortez les cartes de vos activités prioritaires, ajoutez de nouvelles cartes si besoin est, classez toutes les cartes prioritaires par ordre chronologique et placez la carte « Aujourd'hui » derrière la dernière carte que vous comptez concrétiser dans la journée.

Au fur et à mesure de la réalisation des tâches, replacez les cartes dans leur catégories si vous devez les utiliser de nouveau ou jetez-les si l'activité n'était à faire qu'une seule fois. (Je plie de telles cartes en deux pour être sûr de ne pas les remettre dans le paquet).

Les activités que vous projetez de faire dans la journée, mais que vous ne faites pas, restent dans la pile pour le lendemain.

Emportez les cartes avec vous et chaque fois qu'une bonne idée vous vient (probablement plusieurs fois par jour si vous êtes comme moi), il vous suffit de la noter sur une carte que vous placez dans votre système. Il ne vous arrivera plus jamais de perdre vos bonnes idées !

CONSEILS UTILES POUR SE SERVIR DES CARTES DE GESTION CREATIVE DU TEMPS

Ce système s'accorde très bien à l'Ecriture de Découverte. Par exemple, si vous souhaitez accroître vos revenus, je vous invite à prendre deux ou trois minutes chaque jour pour écrire une Liste de Découverte des moyens d'accroître vos revenus (chapitre 4). Certaines des idées que vous trouverez susciteront votre enthousiasme et vous pourrez les écrire sur des Cartes d'Activités pour les introduire dans votre système.

Je partage en principe mon espace de bureau avec deux ou trois collaborateurs, dont ma secrétaire. Nous utilisons tous le Système de Gestion Créative du Temps. Chacun de nous a des cartes de catégories d'une couleur différente : les miennes sont bleues. Ces couleurs différentes nous permettent de distinguer d'un seul coup d'œil nos cartes de celles des autres.

Lorsque nous voulons nous suggérer les uns aux autres des activités, nous les notons simplement sur des cartes que nous nous donnons ou que nous mettons dans le casier de leur destinataire. Il m'est agréable de sortir des cartes de mon système pour les donner à ma secrétaire ! C'est un système très pratique pour déléguer des activités et compléter d'autres formes de communication à l'intérieur d'un bureau.

Il vous est facile de mettre votre système de cartes à jour et/ou vos Programmes détaillés pendant que vous attendez que l'on vous serve au restaurant, ou pendant que vous attendez l'autobus, etc.

Passez périodiquement toutes vos cartes en revue en vous demandant : « Ai-je vraiment besoin de cette carte ? » et retirez celles qui font double emploi ou ne vous sont pas utiles.

Si vous réagissez comme toutes les autres personnes auxquelles j'ai enseigné ce système, vous commencez probablement à comprendre à quel point il peut accroître votre productivité, votre créativité et votre tranquillité d'esprit ! Il ne vous faudra peut-être rien d'autre que des cartes de Gestion Créative du Temps pour gérer parfaitement votre temps et un agenda pour mémoriser vos rendez-vous avec d'autres personnes. Toutefois, les carnets de rendez-vous ont leur limites et, selon vos besoins en gestion du temps, vous souhaiterez peut-être utiliser une méthode de programmation plus élaborée. Celle-ci est décrite dans le système suivant.

PROGRAMMES DETAILLES

Dans tout système de gestion du temps, vous devez accorder vos activités à la fois au calendrier et à la montre. La plupart des systèmes de gestion du temps ne sont pas assez souples pour vous permettre d'y parvenir très bien. Du fait de leur manque de souplesse, les agendas que la plupart des gens utilisent ne conviennent que pour programmer des rendez-vous avec d'autres personnes. Si vous devez prendre votre voiture pour faire des courses dans six magasins, j'imagine que vous ne noterez pas à l'avance sur votre agenda l'heure d'arrivée dans chacun d'eux. Il est pourtant très utile de disposer d'un système qui vous permette de faire des projections temporelles de ce type. Cela est nécessaire à une réelle maîtrise du temps, sinon vous risquez de programmer plus de choses que vous ne pouvez en faire et vous vous sentirez débordé parce que vous ne savez jamais réellement quand les choses seront faites.

Les Programmes détaillés vous offrent le type de souplesse vous permettant de programmer réellement quand faire quoi.

Parfois, les choses prennent plus de temps que prévu, Dans ce cas, soit les choses prévues après doivent être repoussées, soit il faut éliminer l'une des activités suivantes et la reprogrammer un autre jour. Avec les Programmes détaillés, ce type d'ajustement est facile.

Parfois, vous aurez l'idée d'autre chose que vous pouvez faire à l'occasion de la même course ou pendant une attente. Parfois, une personne avec laquelle vous avez rendez-vous vous annoncera qu'elle sera en retard et vous voudrez programmer autre chose pendant le temps libéré. Parfois, vous vous rappellerez sim-

PROGRAMME DETAILLE DU Ma 29 MAI

HEURE			A FAIRE
8.00			JOGGING AVEC RALPH
9.30			TELEPHONES
11.00			TRAVAILLER SUR LE LIVRE
14.00			ALLER A LA POSTE
15.00			RENDEZ-VOUS AVEC MARIE AU BUREAU
16.30			PASSER A LA MAISON - PREPARER DÎNER
19.30			SEMINAIRE A L'EGLISE TRINITÉ
21.00			RENDEZ-VOUS AVEC BURNES

plement une étape supplémentaire dans la réalisation de quelque chose. Dans tous ces cas, vous désirerez noter une autre activité entre deux qui sont déjà programmées. Les Programmes détaillés permettent ce type de programmation souple des activités.

Chaque page de Programme détaillé ***(Fiche 56)*** est divisée par des lignes horizontales en dix sections principales, une pour chaque activité à programmer. En haut de chaque page à droite est écrite la date du jour pour lequel est faite la programmation. Vous pouvez utiliser plus d'une page pour une journée, chaque fois qu'elle comporte plus de dix activités.

La page est divisée verticalement en deux sections principales, une pour noter l'heure et une pour noter l'activité.

La section de l'heure est divisée en trois colonnes afin de permettre de changer l'heure prévue pour une activité, si besoin est, au cours de la journée.

Chaque section principale de la colonne d'activités est divisée horizontalement en trois parties. Ainsi, vous pouvez glisser des activités entre celles qui sont programmées au départ. Par exemple, supposons que vous ayez prévu d'aller à la poste à 14 h et de rencontrer Mary à votre bureau à 15 h. Si vous avez reçu un message de George, vous voudrez lui téléphoner à votre retour et avant l'arrivée de Mary, disons à 14 h 40. Il vous suffira de noter « Appeler George » soit juste au-dessus de la ligne « Rendez-vous avec Mary », soit juste en dessous de la ligne « Aller à la poste ».

14.00			ALLER A LA POSTE
15.00			RENDEZ-VOUS AVEC MARIE AU BUREAU

14.00			ALLER A LA POSTE
14.40			APPELEZ GEORGES
15.00			RENDEZ-VOUS AVEC MARIE AU BUREAU

Chaque section principale comporte trois parties, colonnes ou lignes d'activités car, en utilisant le Programme détaillé, je me suis aperçu que j'ai souvent besoin de plus de deux espaces pour des changements, mais presque jamais plus de trois espaces.

Les pages du Programme détaillé sont conservées dans un classeur à trois anneaux. Des pages blanches de Programmes détaillés sont conservées derrière les autres.

Sur la première page intérieure de la couverture du classeur est collé un calendrier.

Vous ne devez pas nécessairement établir une page pour chaque jour de l'année. N'utilisez ces pages que pour les dates où vous avez programmé quelque chose. Chaque fois que vous voulez

PROGRAMME DETAILLE DU Ma 29 mai

HEURE			A FAIRE
8.00			JOGGING AVEC RALPH
9.00			EPICERIE
~~9.30~~	9.45		TELEPHONES
11.00			TRAVAILLER SUR LE LIVRE
13.00			DEJEUNER
14.00			ALLER A LA POSTE
14.40			APPELEZ GEORGES
15.00			RENDEZ-VOUS AVEC MARIE AU BUREAU
16.30			PASSER A LA MAISON - PREPARER DÎNER
19.30			SEMINAIRE A L'EGLISE TRINITE
21.00			VOIR SI JULIE EST LIBRE
~~21.00~~			~~RENDEZ-VOUS AVEC BURNES~~

programmer une activité, feuilletez vos Programmes détaillés jusqu'à ce que vous retrouviez le programme de ce jour-là ou des jours qui le précèdent ou le suivent. Si vous n'avez pas encore de page pour cette date, il vous suffit de l'inscrire au sommet d'une page blanche. à droite, de placer cette page à sa place et d'écrire l'activité programmée dans l'un des espaces réservés aux activités.

Ecrivez toujours l'activité sur la ligne médiane et l'heure sur la colonne de gauche. Vous pouvez choisir dans quelle section écrire selon votre estimation des activités que vous aurez à programmer avant et après celle qui est en question. Il n'est pas nécessaire de trouver la « section juste » pour que ce système porte ses fruits.

Il vous arrivera probablement souvent d'avoir plus d'une page par jour. D'abord, vous n'avez aucune page pour un jour donné du futur. Puis, la première fois que vous prévoyez quelque chose pour ce jour, vous lui allouez une page et vous y notez l'activité. Tandis que ce jour approche, vous le planifiez plus en détail, remplissant d'abord cette page, puis en créant éventuellement une ou deux supplémentaires.

Lorsque le jour est passé, vous pouvez supprimer le Programme détaillé utilisé, mais étudiez-le d'abord pour voir s'il a quelque chose à vous apprendre sur vous en relation au temps et l'organisation. L'un des avantages des Programmes détaillés est de vous permettre, si vous sous-estimez le temps qu'il vous faut pour faire une chose, de vous en apercevoir et de modifier vos évaluations.

Bien sûr, avant de supprimer le Programme détaillé au terme d'une journée, pensez à reprogrammer toute activité prévue que vous n'avez pas accomplie.

Lorsque vous utilisez les Programmes détaillés, vous classez différemment les cartes d'Activités prioritaires. Au lieu de l'ordre chronologique, vous les mettez par ordre d'importance.

Par exemple, si vous passez en revue toutes les Cartes d'Activités de votre paquet, il y aura une seule activité qui sera la plus importante à faire. Ce ne sera toutefois peut-être pas ce que vous réaliserez en premier. Peut-être y aura-t-il des phases préliminaires. Ou peut-être vous faudra-t-il attendre que la banque ouvre le lundi, etc. La chose la plus importante se situe peut-être à des mois dans le futur !

Choisissez dans votre Programme détaillé le meilleur moment pour faire cette chose la plus importante. Puis choisissez le meilleur moment pour la deuxième chose par ordre d'importance. En appliquant ce processus, vous établirez votre planification idéale.

Ce qui se passera dans la réalité différera de ce plan, mais le Programme détaillé est assez souple pour s'adapter. Grâce à ce plan, vous pouvez être aussi sûr que cela est humainement possible que vous accomplirez ce que vous avez prévu.

Dans la mesure où votre classement prioritaire n'est pas le même avec le Programme détaillé qu'avec les cartes seules, vous pouvez choisir d'autres noms pour les catégories prioritaires. Lorsque j'utilise les Programmes détaillés, j'emploie des noms légèrement humoristiques pour mes deux catégories de priorités. Au lieu d'appeler la plus immédiate Aujourd'hui et la moins immédiate Priorités, j'appelle cette dernière LPTP (pour « Le plus tôt possible ») et la première CPH (pour « C'était pour hier »). Bien sûr, libre à vous de choisir les noms qui vous conviennent.

CONSEILS UTILES POUR SE SERVIR DES PROGRAMMES DETAILLES

Commencez par programmer vos congés. Déterminez honnêtement quand vous travaillerez et quand vous ne travaillerez pas. Accordez-vous le temps libre nécessaire. Ne devenez pas un forcené ou un drogué du travail ou vous finirez par en faire moins plutôt que plus.

Il y a différents types de congés, chacun étant important pour vous : du temps pour vous seul, du temps avec votre partenaire (ou pour des rendez-vous amoureux), du temps avec vos amis du même sexe, du temps pour des recherches intellectuelles, du temps pour des activités physiques, du temps à passer dans la nature, du temps pour des activités culturelles, du temps pour le ménage, etc.

Séparez bien les moments de congé des moments de travail. Une meilleure planification vous permet de faire plus de choses, ainsi que d'avoir plus de temps libre.

Veillez à consigner tous vos rendez-vous dans le Programme détaillé. Inscrivez vos activités sociales et d'affaires dans le même système — un système dédoublé vous fera faire des cheveux blancs parce que vous prendrez parfois deux engagements en même temps.

En utilisant les Programmes détaillés, vous serez peut-être frustré au début de voir la différence entre votre programmation et ce que vous faites réellement. Bien que désagréable, cela est normal et bon. Il s'agit d'un processus d'apprentissage par rapport à vous-même. Si vous passez votre vie à vous dire que vous devriez faire chaque jour plus de choses que vous n'en faites, vous êtes tout aussi frustré et l'utilisation des programmes détaillés accentuera simplement cette frustration et contribuera à vous en guérir. Ne transformez toutefois pas les Programmes détaillés en moyen de vous tourmenter.

Si le système vous met trop au défi, apprenez-en ce que vous pouvez et laissez-le de côté un certain temps. Lorsque vous le reprenez, assouplissez votre programmation et mettez la barre moins haut. Il peut ainsi être un merveilleux instrument pour aider les individus qui se créent du stress à apprendre à devenir plus raisonnables.

Si vous n'êtes pas assez occupé (ou pas assez ambitieux) pour avoir besoin de Programmes détaillés, ne vous en servez pas !

HABITUDES ET COUTUMES

Les êtres humains sont des créatures à habitudes. Les mauvaises habitudes peuvent vous prendre de l'énergie, de l'argent et du temps. Les bonnes demandent à être cultivées. Le mot que j'emploie pour une bonne habitude en cours de développement est « coutume ».

Il est important de faire de l'utilisation quotidienne de votre système de gestion du temps une coutume. Si vous l'utilisez peu, il vous donnera peu d'avantages. Si vous n'utilisez que les cartes, passez-les en revue chaque jour et refaites les priorités en fonction de ce que vous avez accompli et des bonnes idées qui vous sont venues.

Si vous utilisez les Programmes détaillés, planifiez complètement chaque journée le matin ou la veille au soir.

Vous découvrirez sans doute que si vous avez établi des coutumes que vous respectez chaque matin et chaque soir, vous retirerez chaque jour davantage de votre temps.

Développez un sens du rythme quotidien et hebdomadaire. Si votre vie devient variations sur des thèmes, cela vous apportera beaucoup. Par la répétition inlassable de certaines choses, on peut acquérir la maîtrise.

Ce serait une excellente idée de définir ce que serait votre journée idéale. Comment voudriez-vous que commence votre journée idéale ? Que voudriez-vous faire et expérimenter au cours de votre journée idéale ? Qu'aimeriez-vous manger pendant votre journée idéale ? Comment aimeriez-vous qu'elle se termine ? Faites la même chose pour votre semaine idéale. Faites votre possible pour que vos journées et vos semaines se rapprochent au maximum de ces idéaux.

Etablissez des coutumes pour faire quotidiennement du développement personnel. Ne laissez pas de mauvaises habitudes prendre de l'emprise sur vous. Pour éliminer une mauvaise habitude, il faut commencer par dire la vérité sur elle. Soyez patient envers vous, mais travaillez ardemment à cultiver des coutumes qui vous servent et à éliminer les mauvaises habitudes qui vous desservent.

Une bonne méthode pour rester au fait de vos coutumes est d'établir une liste de contrôle des choses dont vous voulez vous rappeler. Il vous suffit de lister ces choses sur une feuille en laissant une marge à gauche pour les cocher. Cela peut être utilisé pour une incroyable multitude de coutumes. Voici quelques exemples : une liste de contrôle pour faire vos bagages afin d'être sûr de ne rien oublier chaque fois que vous partez en voyage, une liste de contrôle des coutumes à respecter quotidiennement, par semaine ou par mois, etc. Lorsque vous avez établi une liste de contrôle qui vous convient, vous pouvez la photocopier et la plastifier.

Voici une méthode encore meilleure. Si vous possédez un ordinateur personnel, gardez ces listes de contrôle dans un fichier de traitement de texte et imprimez-en une nouvelle à chaque fois — cela vous permet d'introduire facilement des corrections.

Votre temps est votre atout le plus précieux — il est l'étoffe même de la vie. Bien gérer votre temps vous permettra de satisfaire vos désirs les plus chers.

(Fiche 55)

CHAPITRE 10

GESTION CREATIVE DE L'ARGENT

Je suis sûr que vous le savez à présent, la créativité peut être appliquée fructueusement à tous les domaines de votre vie. La solution à tous les problèmes et le chemin le plus court jusqu'au succès dans toute entreprise proviennent de la créativité.

C'est particulièrement vrai en matière d'argent et d'affaires. La créativité appliquée au secteur financier de la vie d'une personne peut se révéler très efficace : augmentation des revenus, traitement des mauvaises habitudes, suppression des schémas familiaux négatifs concernant l'argent, aide pour trouver une carrière plus satisfaisante, important atout pour augmenter les ventes ou réussir dans une démarche d'affaires et même apport de piquant dans des activités banales comme le paiement des factures.

Dans ce chapitre, je propose une multitude d'idées sur la manière d'appliquer la créativité à la gestion financière. Ces idées ne constituent même pas 1 % des applications possibles. Utilisez-les à votre convenance; attendez-vous à avoir besoin de les modifier pour les adapter à votre propre situation personnelle. Plus important peut-être, laissez ces idées devenir des points de départ pour votre propre pensée créatrice concernant l'argent.

La gestion de l'argent constitue un vaste sujet, assez vaste pour justifier de nombreux livres; dans un seul chapitre, il va de soi que je ne couvrirai pas entièrement ce sujet. Mon intention est de proposer quelques idées et processus que je crois utiles pour la majorité des gens et qui, à ma connaissance, ne se trouvent nulle part ailleurs dans la littérature traitant de ce thème. Mon texte favori et illuminé sur la prospérité est *Money is My Friend* (L'argent apprivoisé) de Phil Laut (Vivation Publishing Co., Cincinnati, Ohio).

La sphère financière de la vie comprend deux secteurs principaux : 1. d'abord gagner de l'argent et 2. décider de la meilleure manière de l'utiliser une fois que vous avez réussi à le gagner.

Faute d'appliquer la créativité à l'argent, une personne se trouve très limitée aux occasions que la vie lui présente, avec une prédominance de la nécessité par rapport à la satisfaction.

Toute personne qui a la chance de mener une carrière vraiment satisfaisante a dû appliquer à plusieurs reprises une bonne dose de créativité. Sans elle, vous devrez toujours vous ajuster au « lit de Procuste » de l'objectif que quelqu'un d'autre forme pour vous.

Il va de soi que tous les projets créateurs n'impliquent pas de faire des affaires. Toutefois, tout projet créateur d'une certaine importance nécessite de travailler avec un budget. Même si le projet est suffisamment petit pour ne pas demander d'argent en lui-même, il reste utile de ne pas se sentir débordé par des soucis financiers. Bien qu'il soit vrai qu'une personne puisse se montrer créatrice même en pleine pauvreté ou peur de la pauvreté, on se rend aisément compte que ce n'est pas le contexte idéal pour une démarche créatrice.

REMARQUES SUR LA MANIERE DE GAGNER DE L'ARGENT CREATIVEMENT

Les chapitres précédents de ce livre sont tout à fait applicables pour gagner de l'argent et augmenter des revenus. Le fait de connaître vos valeurs et le but de votre vie vous facilite grandement le choix d'un métier. L'Ecriture de Découverte vous permet de voir comment augmenter vos revenus. Pour un objectif d'investissement ou de gains, le chapitre « Comment utiliser l'Ecriture de Découverte pour atteindre n'importe quel objectif » vous aidera à faire de votre mieux pour y arriver. La Gestion Créative du Temps facilite grandement la gestion de vos affaires, quel que soit le domaine que vous choisissiez.

La créativité trouve sans aucun doute de plus grands moyens d'expression dans le travail indépendant que dans le travail pour le compte d'autrui. Ceci ouvre à son tour plus de perspectives d'accroître son revenu et d'atteindre d'une manière générale plus de satisfaction.

Selon moi, la plupart des gens surestiment la difficulté d'un travail indépendant et en sous-estiment les avantages. Je crois que beaucoup de personnes occupant des emplois se trouveraient mieux d'être indépendants.

Lorsque vous travaillez pour autrui, en réalité, vous payez quelqu'un pour vous dire ce que vous devez faire. Etant conscient que la plupart des gens ne voient pas les choses ainsi, je vais volontiers m'expliquer.

A l'évidence, la société pour laquelle vous travaillez doit faire du bénéfice sur votre travail. Si elle en arrivait à la conclusion que ce n'est pas le cas, elle vous congédierait aussitôt. Si elle fait du bénéfice sur votre travail, cela signifie que vous produisez plus de richesse que ce que vous êtes payé; ce ne sont que deux façons de dire la même chose. La différence entre la richesse que vous créez et le montant que la société vous paie correspond en réalité à ce que vous la payez pour vous prendre à son service. En d'autres termes, si vous possédiez la société, vous garderiez toute la richesse que vous créez au lieu de n'en conserver qu'une partie. Si vous êtes capable de vous dire ce que vous devez faire, vous n'avez pas besoin de payer quelqu'un d'autre pour jouer ce rôle.

Voici une autre manière de décrire la différence entre un statut d'employé et un travail indépendant : dans le deuxième cas, vous vendez votre produit ou service à de nombreux clients alors que dans le premier cas, vous vendez 100 % de vos services à votre employeur.

Selon une idée fausse très répandue, un emploi offre plus de sécurité qu'un travail indépendant. Si vous êtes employé, le montant que vous touchez et la durée de votre emploi dépendent des décisions d'autrui. Sans cesse des gens se font renvoyer et la plupart des employés aimeraient être plus payés. D'un autre côté, à partir du moment où vous savez comment gagner votre vie en indépendant, vous pouvez toujours travailler et l'augmentation de vos revenus dépend de vous. Vous n'avez qu'à trouver le moyen d'accroître votre productivité ou de réduire vos frais. Savoir comment gagner sa vie en indépendant constitue la sécurité financière ultime.

Toute forme de travail indépendant requiert virtuellement la vente. C'est par la vente que l'argent arrive réellement dans toute affaire. Il est à peine exagéré de dire que quand vous savez vendre, vous pouvez le faire dans le cadre d'un travail indépendant et si vous ne savez pas, vous ne pourrez pas avant d'avoir appris. Des ventes insuffisantes constituent de loin la plus grande cause des échecs des petites entreprises. Dans nombre de types de petites entreprises, votre aptitude à vendre influera plus sur les rentrées d'argent que la qualité de votre produit ou service.

Cette nécessité de vendre détourne à tort beaucoup de gens du travail indépendant. Tout le monde peut apprendre à bien vendre. C'est même agréable et les bénéfices que vous retirerez de cet apprentissage dépassent de loin le domaine financier et concernent tous les aspects de vos relations personnelles — l'acte de vente est le séminaire de communication le plus avancé.

Il est vrai que, pour apprendre à vendre, il vous faudra de la persévérance et du courage. Il est également vrai que pour tout accomplissement de nature créative, il vous faudra de la persévérance et du courage.

Voici comment apprendre à vendre :

1. Choisissez un objet que vous connaissez déjà et que vous appréciez, qui soit suffisamment petit pour que vous puissiez l'emporter avec vous et qui coûte à la vente au détail entre 20 et 40 F.
2. Procurez-vous une petite quantité de cet objet au prix de gros.
3. Emportez-en un avec vous partout.
4. Parlez souvent de cet objet aux gens et donnez-leur la possibilité de vous en acheter un.

En vérité, c'est tout. Faites ceci jusqu'à ce que vous soyez sûr de pouvoir bien vendre. Cela ne vous prendra pas beaucoup de temps. A partir du moment où vous savez vendre un produit, vous pourrez vendre, avec seulement quelques modifications, n'importe quel produit ou service. A partir de ce moment, vous serez toujours capable de gagner votre vie dans n'importe quel contexte économique.

Il existe beaucoup de livres excellents traitant de la vente, ainsi que des séminaires, des cassettes, cassettes vidéo, etc. Mon livre favori sur la vente s'intitule *How to Master the Art of Selling* (Comment maîtriser l'art de la vente) de Tom Hopkins (Warner Books).

Les livres, les séminaires, etc., ne vous apprendront pas à vendre. Ce n'est qu'en vendant que vous apprendrez. Ces livres et autres aides d'apprentissage ne peuvent que contribuer à développer vos talents si vous faites de la vente. Dans ce domaine, aussi bon que vous soyez, vous pouvez toujours vous améliorer.

N'attendez pas. Je vous incite vivement à commencer à vendre tout de suite. A mon avis, être capable de vendre constitue le talent fondamental et essentiel pour vivre dans la société moderne, au même titre que lire, taper à la machine, etc. Je suis convaincu que si l'on enseignait la vente à tout le monde à l'école, ce serait le meilleur moyen d'éliminer le chômage et d'améliorer la situation économique.

Il ne s'agit pas pour vous de quitter votre emploi et de vous mettre à votre compte. Il vous suffit d'un produit ou d'un service qui vous enthousiasme, d'un moyen de fournir ce produit ou service à un client, d'un prix qui vous laisse un bénéfice et d'un client. A partir de là, vous êtes un travailleur indépendant.

Il existe sans aucun doute de nombreuses manières d'appliquer aussi la créativité lorsqu'on est employé.

L'important est d'ouvrir votre esprit à trouver des manières d'appliquer votre créativité à votre métier et vos efforts pour augmenter vos revenus. Pensez à des choses qui ne vous étaient jamais venues à l'esprit et cherchez à avoir des percées créatrices.

GESTION CREATIVE DE VOTRE ARGENT

La gestion de l'argent se prête très bien à la créativité. Vous pouvez créer divers types de projets pour augmenter votre maîtrise des différents aspects de la gestion de l'argent. Dans ce chapitre, je suggère beaucoup de manières créatives de déterminer comment canaliser au mieux l'argent et voir ce que devient votre argent. J'apporte également d'autres idées. J'appelle cela tout naturellement la « Gestion Créative de l'Argent ».

La seule chose très importante dans la gestion de l'argent est d'avoir une méthode pour le gérer consciemment. Ici, la simplicité est appréciable, comme dans la plupart des cas, car elle vous permet de vous concentrer sur le problème et sur rien d'autre. Le système le plus simple qui rende possible l'intervention de la conscience est le meilleur.

VUE D'ENSEMBLE DU SYSTEME DE GESTION CREATIVE DE L'ARGENT

Le Système de Gestion Créative de l'Argent se compose de trois parties principales qui peuvent être utilisées séparément ou associées.

La première est un Budget en Pourcentages. Il ne s'agit pas d'une idée nouvelle, mais je le présente avec quelques détails inédits que j'estime utiles.

La deuxième consiste à tenir des cartes et graphiques afin d'avoir une vue globale et linéaire de ce que devient votre argent.

La troisième consiste en Projets Financiers conçus de manière créative.

Tout au long de mes explications, j'utiliserai l'expression « structure financière » pour désigner tout type de plan ou de mesures que vous mettez en place pour vous aider à gérer votre argent.

BUDGET EN POURCENTAGES

Un Budget en Pourcentages est une structure financière très simple dans laquelle, chaque fois que vous percevez de l'argent, vous le répartissez divers usages selon une liste préétablie.

Voici comment mettre en place un Budget en Pourcentages.

1. Dressez la liste ***(Fiche 57)*** de toutes les choses auxquelles vous avez consacré de l'argent. Par exemple :

Loyer
Remboursement d'intérêts
Economies
Nourriture
Produits de consommation courante
Téléphone
Sorties
Impôts
Livres
Argent de poche
Séminaires de développement personnel
Voyages
Publicité
Fournitures de bureau
Salaires d'employés

Taxes
Frais professionnels
etc.

2. Déterminez quelle somme vous avez alloué à chacun de ces postes par mois, en moyenne. Basez-vous sur des factures, talons de chèques, extraits de compte, votre mémoire, votre intuition ou toute autre source dont vous pourriez avoir besoin.

3. Déterminez votre revenu mensuel. Les employés ont en général avantage à prendre leur revenu net (toutes déductions faites). Les indépendants doivent en principe plutôt se baser sur leur revenu brut (montant total des ventes).

4. Divisez chacun des montants que vous avez déterminés en phase 2 par le chiffre obtenu en phase 3. Cela vous indiquera le pourcentage approximatif accordé à chaque poste.

5. Voici un point très important. Etudiez bien les chiffres de la phase 4 et décidez en quoi vous voudriez que le futur soit différent du passé. Vous pouvez changer votre schéma de dépenses en utilisant le Budget en Pourcentages. Avec le temps, vous parviendrez même à introduire des changements radicaux dans vos schémas de dépenses. Pour l'instant, songez à procéder à des ajustements plutôt mineurs.

Envisagez d'économiser plus chaque mois. Voici quelques idées à propos de l'épargne :

La plupart de gens ne mettent pas avez d'argent de côté. Tout le monde a besoin d'au moins deux comptes d'épargne, l'un pour les investissements, l'autre pour les gros achats.

Considérez que vous ne retirez jamais d'argent de vos comptes d'épargne pour régler des dépenses, mais seulement pour l'investir dans quelque chose qui vous rapportera davantage.

Cette structure d'épargne pour investissements vise à assurer votre indépendance financière pour que vous ne soyez plus jamais obligé de travailler pour gagner votre vie. En d'autres termes, il s'agit d'accumuler assez de capital pour que vous puissiez vivre des intérêts et dividendes sans avoir à toucher au capital. Cela peut prendre du temps, mais voici le véritable objectif à atteindre.

Quant aux économies destinées à des achats importants, considérez que vous mettez de l'argent de côté pour le consacrer à des achats qui coûtent davantage que ce que vous avez l'habitude de recevoir en une fois. Pour acquérir ces choses, vous devez soit épargner, soit faire des dettes (ou une combinaison des deux). L'épargne vous évite les désavantages d'avoir des dettes.

Après avoir bien réfléchi au montant que vous souhaitez consacrer à chaque poste, fixez à présent un pourcentage pour chacun. Chaque fois que vous toucherez de l'argent, vous redistribuerez ce pourcentage à chaque poste. Comme vous utiliserez, je présume, une machine à calculer pour diviser l'argent, il n'est pas nécessaire d'avoir des chiffres ronds. Du moment que la somme de tous les pourcentages est de 100 %, tout pourcentage que vous trouverez conviendra.

6. Décidez maintenant de ce que vous allez réellement faire de l'argent attribué à chaque poste. Par exemple, si vous payez un loyer mensuel et que vous touchez de l'argent chaque jour, où mettez-vous cet argent pendant qu'il s'accumule ? Il sera bon de faire différentes choses par rapport à différents postes. Voici cinq possibilités que vous pouvez envisager pour chacun de vos postes :

a. L'argent peut aller en liquide dans votre portefeuille s'il s'agit d'argent de poche.

b. Il peut être envoyé par la poste directement à son destinataire si c'est vous qui décidez du montant du paiement, par exemple pour un acompte d'impôts ou un don à une œuvre de charité.

c. Il peut aller sur un compte en banque défini. Par exemple sur le compte d'épargne pour investissements.

d. Il peut aller, en espèces, dans une enveloppe gardée dans votre bureau. Cela convient à vos dépenses en espèces pour les postes où vous n'accumulerez jamais beaucoup d'argent. Cela est par exemple indiqué pour les achats d'épicerie.

e. Il peut rejoindre d'autres fonds sur un compte en banque. Dans ce cas, vous tenez une comptabilité pour savoir à quel but a été assignée telle somme portée sur ce compte.

7. Pour finir, décidez de la fréquence à laquelle vous désirez réévaluer vos pourcentages. Si vous le faites trop souvent, ce sera source de problèmes et trop fluctuant pour vous donner le type de structure dont vous avez besoin.

En revanche, si vous ne le faites pas assez souvent, le système ne sera pas assez souple pour fonctionner correctement; par exemple, vous risquez d'accumuler beaucoup plus d'argent sur un poste que vous n'en avez besoin. Je suggère à la plupart des gens de réévaluer les pourcentages, soit tous les quinze jours, soit chaque mois.

Votre Budget en Pourcentages est donc établi à présent. N'était-ce pas simple ?

Voici quelques bons conseils pour qu'il vous serve efficacement :

1. Veillez à suivre les règles que vous vous êtes fixées — ne recalculez pas les pourcentages en fonction d'une impulsion ni même de la dure nécessité. Attendez que le moment de le faire soit arrivé.

2. Ne faites pas d'« emprunts » d'un compte à l'autre. C'est la voix de l'expérience qui vous parle : il vous paraîtra innocent et naturel de le faire de temps en temps et si vous vous y laissez aller, vous détruirez inéluctablement toute la structure financière.

3. Il vous sera peut-être utile de disposer d'un poste appelé « Divers » pour accroître la souplesse du système. Consacrez un petit pourcentage de vos revenus à ce poste et vous pourrez retirer l'argent et le reporter sur n'importe quel autre poste en fonction de la nécessité ou pour votre convenance. Ce poste fait office de tampon pour vous éviter de devenir fou ou de détruire votre structure.

4. Peut-être aurez-vous besoin d'un type de compte ayant sa propre règle. Vous y portez un certain pourcentage de vos revenus et, à n'importe quel moment vous pouvez en retirer un pourcentage maximum prévu d'avance. Par exemple, il m'a été utile à certaines périodes d'avoir un compte baptisé « Economies d'affaires » consacré à des projets d'affaires de divers types, avec pour règle que 20 % de mes revenus vont sur ce compte, mais que je ne peux jamais en retirer plus de la moitié. Cela assure d'avoir toujours de l'argent pour des occasions d'affaires qui se présentent. J'appelle ce type de structure « un compte avec règle ».

5. Pour commencer, mettez tous vos revenus sur un seul compte. Votre comptabilité en sera facilitée.

6. Si vous utilisez un système impliquant un transfert d'argent d'un compte à un autre, veillez à bien garder la trace de ces mouvements afin qu'aux yeux des impôts, vous n'ayez pas l'air d'avoir perçu à chaque fois de nouveaux revenus. Si vous ne savez pas avec certitude ce qui satisfera les impôts, veuillez consulter un comptable (ou votre banquier).

7. Vous pouvez associer un compte d'« achats » à votre système de Gestion Créative de l'Argent en gardant les cartes d'Activités de votre Catégorie Achats dans l'ordre des priorités. Chaque fois qu'un montant suffisant s'accumule dans votre compte d'achats, consacrez-le à la première carte de la Catégorie Achats. Ce même type de coordination entre les systèmes de gestion du temps et de l'argent donnera aussi de bons résultats avec toutes sortes d'autres projets.

UTILISATION DE TABLEAUX ET DE GRAPHIQUES POUR LA GESTION DE L'ARGENT

L'un des bienfaits qu'un bon système de gestion financière procure à son utilisateur est de lui donner une idée à long terme de ce que devient son argent. A cette fin, les cartes et les graphiques montrent très clairement ce qui s'est passé. Si vous êtes indépendant, même seulement en partie, les tableaux et les graphiques sont indispensables.

Dans ce livre, quand je parle de « tableau », je me réfère à des statistiques constituées par des nombres présentés sur de grandes feuilles ou des cahiers à colonnes. Lorsque je parle de « graphique », je me réfère à une représentation symbolique signifiante visuellement d'une information statistique. J'utilise en général volontiers les deux pour la plupart des statistiques de mon activité professionnelle et pour mes finances personnelles. Les valeurs numériques utilisées dans un tableau sont plus précises, plus souples et facilitent la représentation graphique. Toutefois, mon esprit saisit beaucoup mieux ce qui s'est passé à partir d'un graphique.

Dans ce chapitre, je vais me référer à des techniques de développement personnel qui sont décrites en détail dans d'autres chapitres de ce livre. Pour plus d'informations sur « l'Ecriture de Découverte », veuillez vous reporter au chapitre 4. Pour plus d'informations sur « Vivation », veuillez vous reporter aux chapitres 11 à 13. Pour plus d'informations sur les « Affirmations », veuillez vous reporter aux chapitres 11 à 14.

Pour tout projet de développement personnel concernant l'argent ou la conscience de prospérité, je vous incite vivement à tenir des tableaux et des graphiques afin de voir les résultats de vos actions. L'argent, de par sa nature même, se prête extrêmement bien à une évaluation objective. Surtout quand vous travaillez avec des Affirmations de prospérité, mesurez objectivement vos résultats. Les affirmations peuvent être d'une grande utilité lorsqu'elles sont bien utilisées, mais elles ne comportent pas de mécanisme inhérent pour vous empêcher de vous abuser simplement vous-même. (Vivation possède toutefois un tel mécanisme — qui constitue un atout majeur du processus). Selon mon expérience, un nombre considérable de gens s'illusionnent encore plus sur l'argent en utilisant mal des Affirmations de prospérité. Faites des tableaux et des graphiques et vous éviterez ce problème. Je vous en prie, tenez compte de cet avertissement.

Tenir des tableaux et des graphiques fonctionne également très bien intrinsèquement en tant que technique de développement personnel. Vous verrez que vous modifierez naturellement votre comportement afin d'obtenir de meilleurs graphiques. Voici un exemple simple : si vous avez toujours un carnet sur vous et que vous y notez toutes vos dépenses, vous dépenserez moins. Le même principe fonctionne avec toutes les autres manières de suivre vos résultats financiers.

Les tableaux et les graphiques peuvent être conservés dans un cahier ou sur ordinateur. J'ai un ordinateur très performant, mais je ne lui confie pas mes tableaux et graphiques car je trouve tout aussi simple et beaucoup plus portable de les avoir dans un cahier.

Pour les tableaux, vous pouvez utiliser tout simplement un cahier rayé et faire vos propres colonnes ou alors les cahiers à colonnes conçus pour cet usage. Pour les graphiques, c'est évident, il vous faudra du papier millimétré. ***(Fiches 58 à 59)***

CE QUE VOUS POUVEZ PORTER SUR UN GRAPHIQUE

Voici une liste de certaines choses que vous trouverez peut-être intéressant de porter sur un graphique :

Votre revenu.

Votre valeur nette.

La valeur de vos investissements.

Votre avoir total.

La somme qui se trouve sur un compte avec règle.

Le revenu que vous retirez d'une chose particulière.

Vos dépenses.

Vos progrès vers un objectif.

Le nombre de jours pendant lesquels vous avez suivi votre structure financière.

Le temps (ou le nombre de fois) que vous consacrez à une chose destinée à améliorer votre situation financière. Par exemple, vous pouvez compter le nombre d'appels téléphoniques pour vendre que vous faites chaque jour ou le temps que vous consacrez quotidiennement à Découvrir des Affirmations.

Le pourcentage de votre argent qui va à chaque type de dépense.

Si vous percevez de l'argent de diverses sources, vous pouvez représenter graphiquement le pourcentage qu'apporte chacune d'elles. Vous pouvez aussi représenter graphiquement toute autre chose du moment qu'elle est quantifiable !

LES TABLEAUX SONT SIMPLES

Il vous suffit de garder la colonne de gauche pour la date et toutes les autres serviront pour tout ce que vous voulez noter.

Vous pouvez tenir un tableau sans utiliser de graphique, en revanche je ne vous conseille pas d'utiliser de graphique sans tableau. Le graphique est trop approximatif et si vous décidez ensuite d'en élaborer un différent, cela vous sera beaucoup plus facile à partir d'un tableau que d'un graphique.

TYPES DE GRAPHIQUES

Pour quelque chose qui fluctue sur une certaine période (la valeur de vos investissements par exemple), vous pouvez utiliser un « graphique évolutif ».

Pour quelque chose qui donne seulement un total sur une certaine période (votre revenu par exemple), vous pouvez utiliser un graphique à barres.

Pour mesurer le progrès par rapport à un objectif, vous pouvez utiliser un graphique de projection de progrès.

Pour représenter graphiquement à la fois des pourcentages et une somme, vous pouvez utiliser un graphique à barres divisé (par exemple si vous percevez des revenus de diverses sources et que vous voulez représenter à la fois le montant total et la somme correspondant à chaque source).

INSTRUCTIONS POUR ELABORER DES GRAPHIQUES

GRAPHIQUE EVOLUTIF DE LA VALEUR NETTE : Tenez un tableau quotidien comprenant au moins les colonnes suivantes : date, avoir total, dettes totales, total des factures à payer et valeur nette; une fois par semaine, reportez les statistiques sur un graphique.

■ TABLEAU QUOTIDIEN DU NET = AVOIR − (DETTES + FACTURES)

DATE	DESCRIPTION	AVOIR			DETTES + FACTURES			NET		
		Rentrées	Sorties	TOTAL	en +	en −	TOTAL	↗	↘	Solde
25/4	Départ			9.331			3912			5419
"	Sessions ind.	360		9.691			3912	5779		
"	Dépenses		56	9.635			3912	5779	5419	5723
26/4	Sessions ind.	360		9995			3912			
"	Séminaire	390		10.385			3912	6473		
"	Dépenses		91	10.294			3912	6473	5723	6382
27/4	Séminaire	195		10.489			3912	6577		
"	Dépenses		144	10.345			3912	6577	6382	6433
28/4	Séminaire	390		10.735			3912	6823		
"	Dépenses		205	10.530			3912	6823	6433	6618
29/4	Note téléph.			10.530	319		4231		6299	
"	"		319	10.221		319	3912			
"	Sessions ind.	240		10.451			3912			
"	Dépenses		31	10.420			3912	6618	6299	6508
30/4	Sessions ind.	300		10.720			3912			
"	Séminaire	585		11.305			3912	7393		
"	Retrait pour x.		500	10.805		500	3412			
"	Dépenses		44	10.761			3412	7393	6508	7349
1/5	Loyer		700	10.061			3412		6649	
"	Retrait pour Visa		128	9.933		128	3284			
"	" liquide		75	9.858		75	3209			
"	Sessions ind.	360		10.218			3209			
"	Dépenses		89	10.129			3209	7349	6649	6920
2/5	Electricité			10.129	191		3400		6729	
"	Sessions ind.	240		10.369			3400			
"	Séminaire	390		10.759			3400	7359		
"	Dépenses		66	10.693			3400	7359	6729	7293
3/5	Sessions ind.	300		10.993			3400			
"	Séminaire	195		11.188			3400	7788		
"	Dépenses		41	11.147			3400	7788	7293	7747
4/5	Sessions ind.	285		11.432			3400	8032		
"	Dépenses		50	11.382			3400	8032	7747	7982

GRAPHIQUE EVOLUTIF DE LA VALEUR NETTE

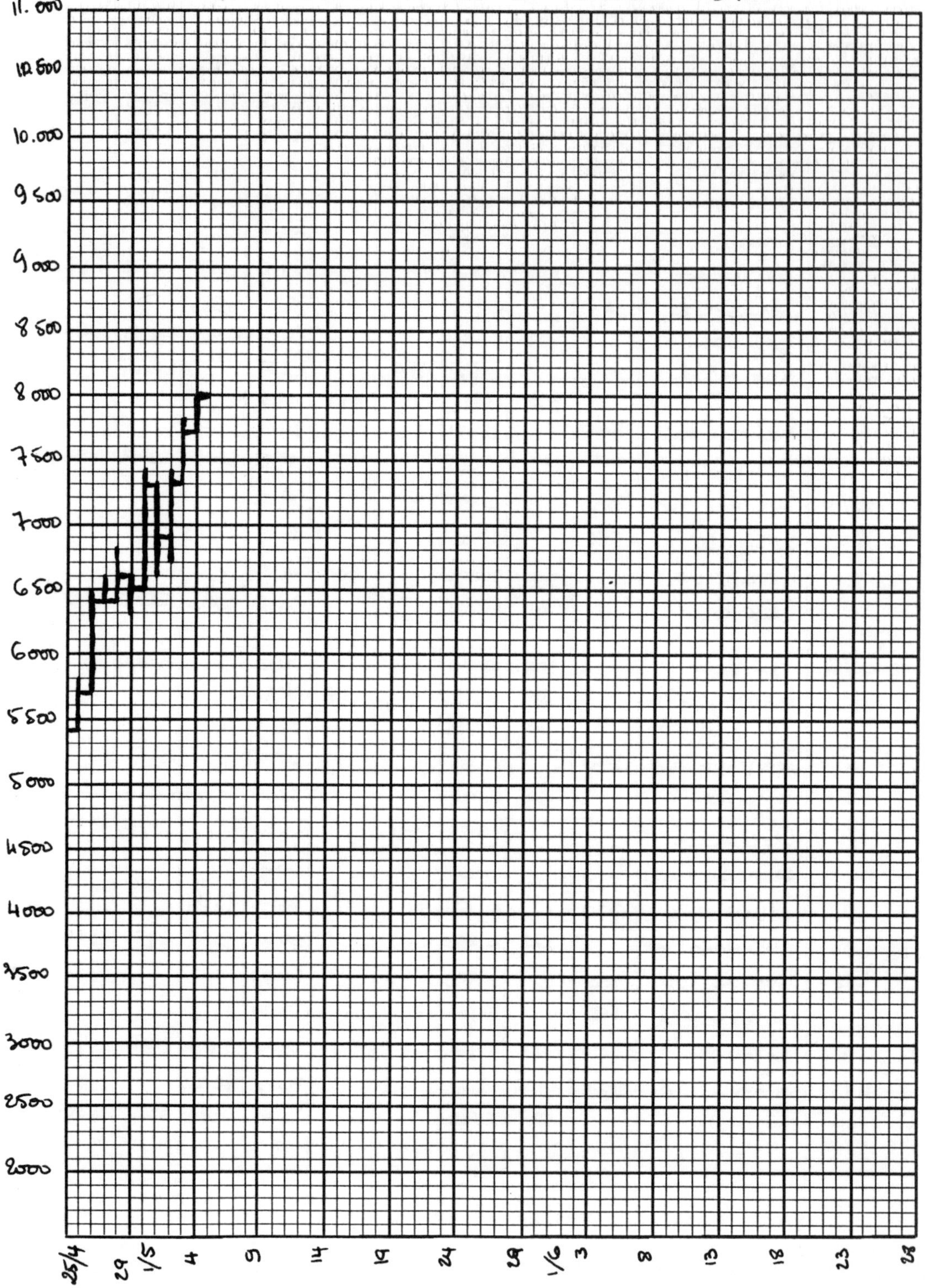

Dans la colonne du solde, inscrivez le total de tous vos comptes bancaires et de toutes vos liquidités, la valeur de votre portefeuille d'actions ou celle de vos biens immobiliers toujours mesurée selon le même système et si vous disposez d'un bon système pour les sommes à percevoir, vous pouvez également les ajouter.

Le total des dettes correspond au total de toutes vos cartes de crédit, de vos emprunts, etc.

Le total des factures à payer correspond à toutes vos dépenses régulières : téléphone, électricité, etc. Vous pouvez, soit mettre le loyer dans ce système comme quelque chose qui s'accumule au fil du mois, soit le mettre en une seule fois au jour du règlement; plus important que le système lui-même est le fait de toujours utiliser le même.

Additionnez le total de vos dettes et des factures à payer et soustrayez cette somme de votre avoir total afin d'obtenir votre valeur nette.

Une fois par semaine, tracez une ligne verticale dont l'extrémité supérieure correspond à votre valeur nette la plus élevée durant cette semaine et l'extrémité inférieure à votre valeur nette la plus basse de cette semaine.

Au bas de la première colonne verticale, écrivez la date de la fin de la première période d'une semaine. Quatre colonnes plus loin, écrivez la date de la fin de la cinquième semaine puis, à partir de là, écrivez la date toutes les cinq semaines. Au niveau des lignes horizontales principales et sur la marge de gauche, inscrivez les montants. Voici comment les représenter.

1. Déterminez à quelle augmentation correspond chaque ligne horizontale. La longueur de vos lignes verticales hebdomadaires sera la plupart du temps comprise entre trois et dix lignes horizontales au maximum.

2. Déterminez votre valeur nette actuelle et arrondissez-la au chiffre le plus proche. Inscrivez ce chiffre rond à 30 carreaux du bas de la page. Notez que par nature, la valeur nette peut être en dessous ou au-dessus de zéro. Peut-être y aura-t-il une ligne zéro sur votre graphique, à moins qu'il soit tout entier au-dessus ou en dessous de zéro.

3. Marquez une ligne sur cinq depuis le bas de la page.

GRAPHIQUE A BARRES DU REVENU

On peut considérer le revenu de différentes façons : si vous êtes employé, vous pouvez prendre votre revenu brut avant les déductions ou votre revenu net, déductions faites. Si vous avez votre propre entreprise, vous pouvez prendre vos ventes brutes avant de soustraire les frais ou prendre votre bénéfice net après déduction des frais. Pour la plupart des employés, le chiffre net sera probablement plus significatif. Pour la plupart des indépendants, il est probablement plus significatif, et plus facile, de prendre le chiffre brut.

TABLEAU DU REVENU JOURNALIER

DATE	DE	POUR	NATURE	MONTANT
25/4	C. Ente	Session ind.	chèque	180 -
"	D. Foracre	"	"	180 -
26/4	G. McIntyre	"	"	180 -
"	L. Palou	"	"	180 -
"	"	Séminaire	"	195 -
"	G. Lorenza	"	M. Card	195 -
27/4	M. Balance	"	Visa	195 -
28/4	K. Garvey	"	"	195 -
"	M. Goan	"	M.C.	195 -
29/4	H. Jones	Session ind.	Chèque	180 -
"	L. Hoch	"	Liquide	60 -
30/4	G. Constanza	"	"	180 -
"	L. Myers	"	chèque	120 -
"	"	2 Séminaires	MC	390 -
"	G. Packer	Séminaire	chèque	195 -
1/5	N. Graves	Session ind.	"	180 -
"	B. Wood	"	Liquide	180 -
2/5	C. Ente	Session ind.	chèque	120 -
"	D. Foracre	"	"	120 -
"	"	Séminaire	"	195 -
"	P. Saint	"	M.C.	195 -
3/5	G. McIntyre	Session ind.	Liquide	120 -
"	L. Mackie	"	"	180 -
"	"	Séminaire	Visa	195 -
4/5	H. Lane	Session ind.	Chèque	180 -
"	H. Jones	"	"	105 -

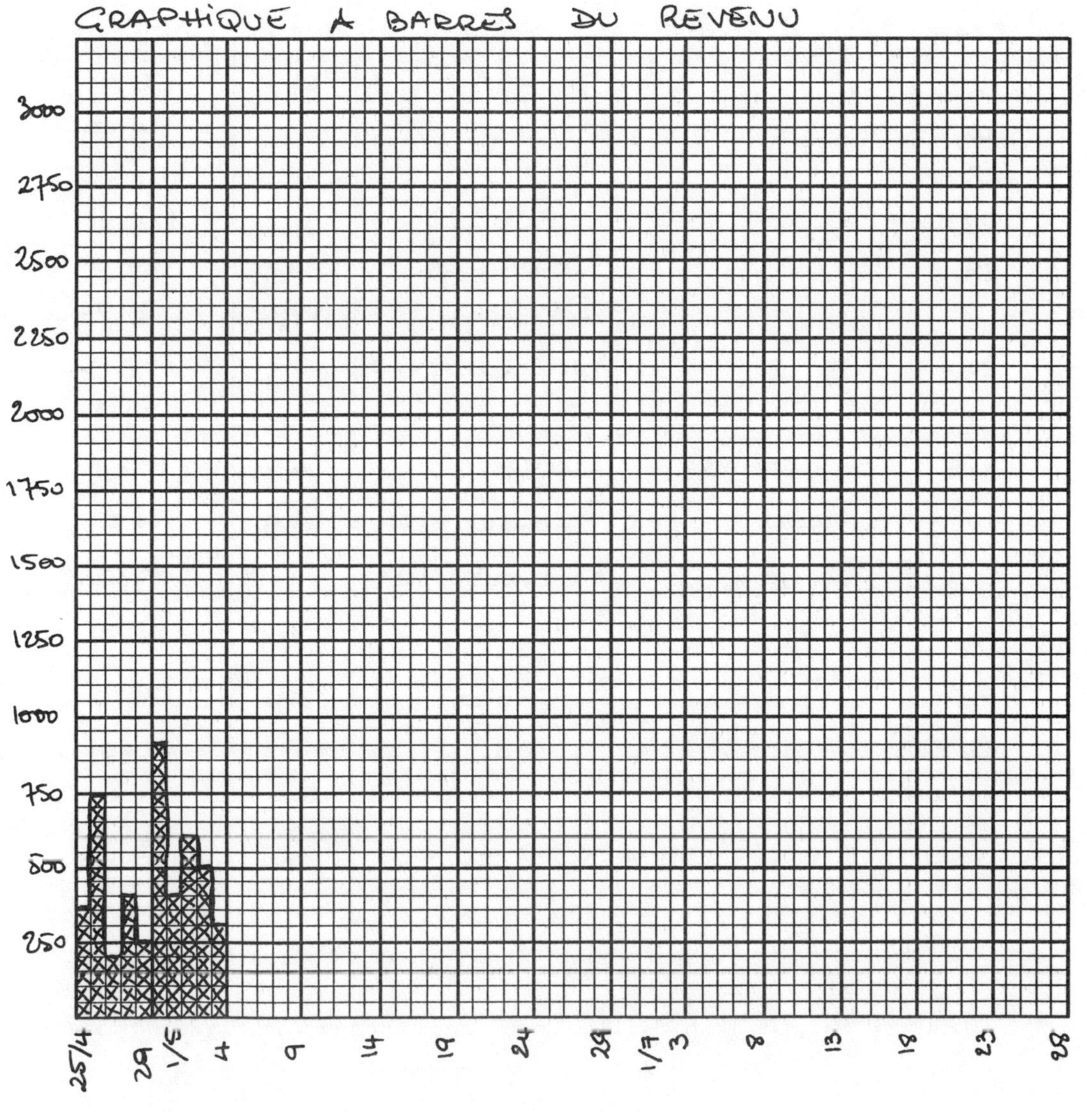

Vous pouvez représenter graphiquement à votre convenance votre revenu journalier, hebdomadaire ou mensuel. Inscrivez les dates dans la marge du bas.

Choisissez une unité financière adaptée pour élaborer l'échelle verticale du graphique en partant de zéro en bas.

Il vous suffit de dessiner une barre, soit complètement noircie, soit remplie de X, qui part du bas et va jusqu'à la hauteur représentant votre revenu sur la période choisie.

TABLEAU JOURNALIER DES DÉPENSES

DATE	A QUI	POUR	PAYÉ EN	MONTANT
25/4		DIVERS	Esp.	56,00
26/4		"	"	91,00
27/4		"	"	144,00
28/4		"	"	205,00
29/4	P.T.T.	Note téléph.	Chèq.	319,00
"		Divers	Esp	31,00
30/4	X.	Dernier paiement	Chq.	500,00
"		Divers	Esp.	44,00
1/5	B. THOMAS	Loyer	Chq.	700,00
"	Citicorp.	Paiement Visa	Chq.	128,00
"	Citizens	Paiement M.C.	"	75,00
"		Divers	Esp.	89,00
2/5		Divers	Esp	66,00
3/5		"	"	41,00
4/5		"	"	50,00

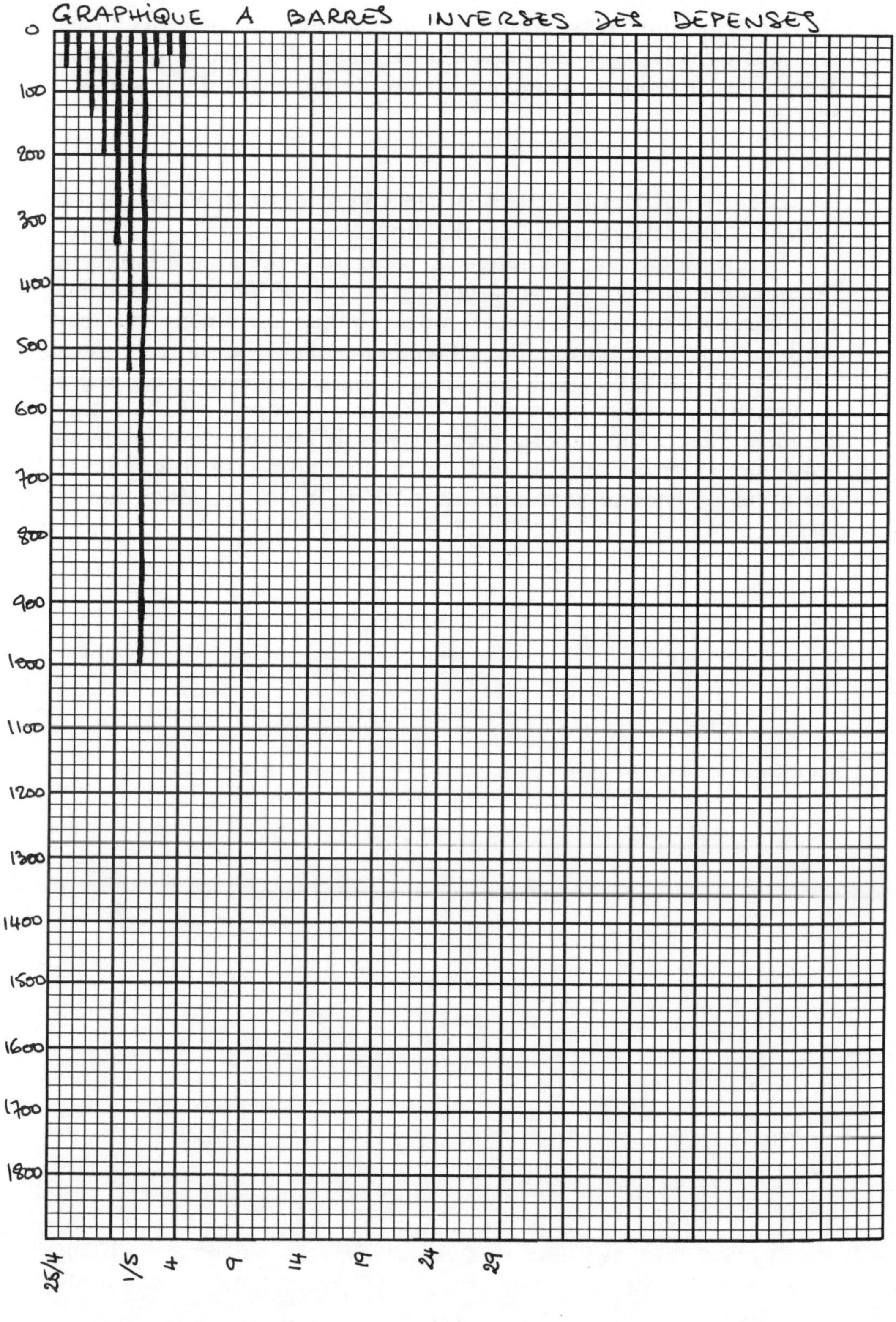
GRAPHIQUE A BARRES INVERSES DES DEPENSES
0
100
200
300
400
500
600
700
800
900
1000
1100
1200
1300
1400
1500
1600
1700
1800
25/4
1/5
4
9
14
19
24
29

Ce graphique ressemble beaucoup à celui du revenu, à ceci près que c'est la ligne du haut qui correspond à zéro et que vous descendez votre barre jusqu'au niveau de dépenses de la période choisie.

GRAPHIQUE A BARRES DIVISE POUR UN REVENU PROVENANT DE DIFFERENTES SOURCES

Ce graphique est à l'image de celui du graphique à barres à l'exception d'une chose : vous vous servez de différents symboles ou différentes couleurs à l'intérieur de chaque barre pour montrer combien le revenu total doit à chacune des diverses sources. Vous souhaiterez probablement que chaque ligne représente un degré d'augmentation plus petit afin d'obtenir une représentation plus détaillée. Placez toujours les divers types de revenus dans le même ordre sur le graphique, ainsi il vous sera plus aisé d'évaluer la variation de chaque source d'une période à l'autre, ainsi que le total.

GRAPHIQUE A BARRES DIVISÉ DU REVENU

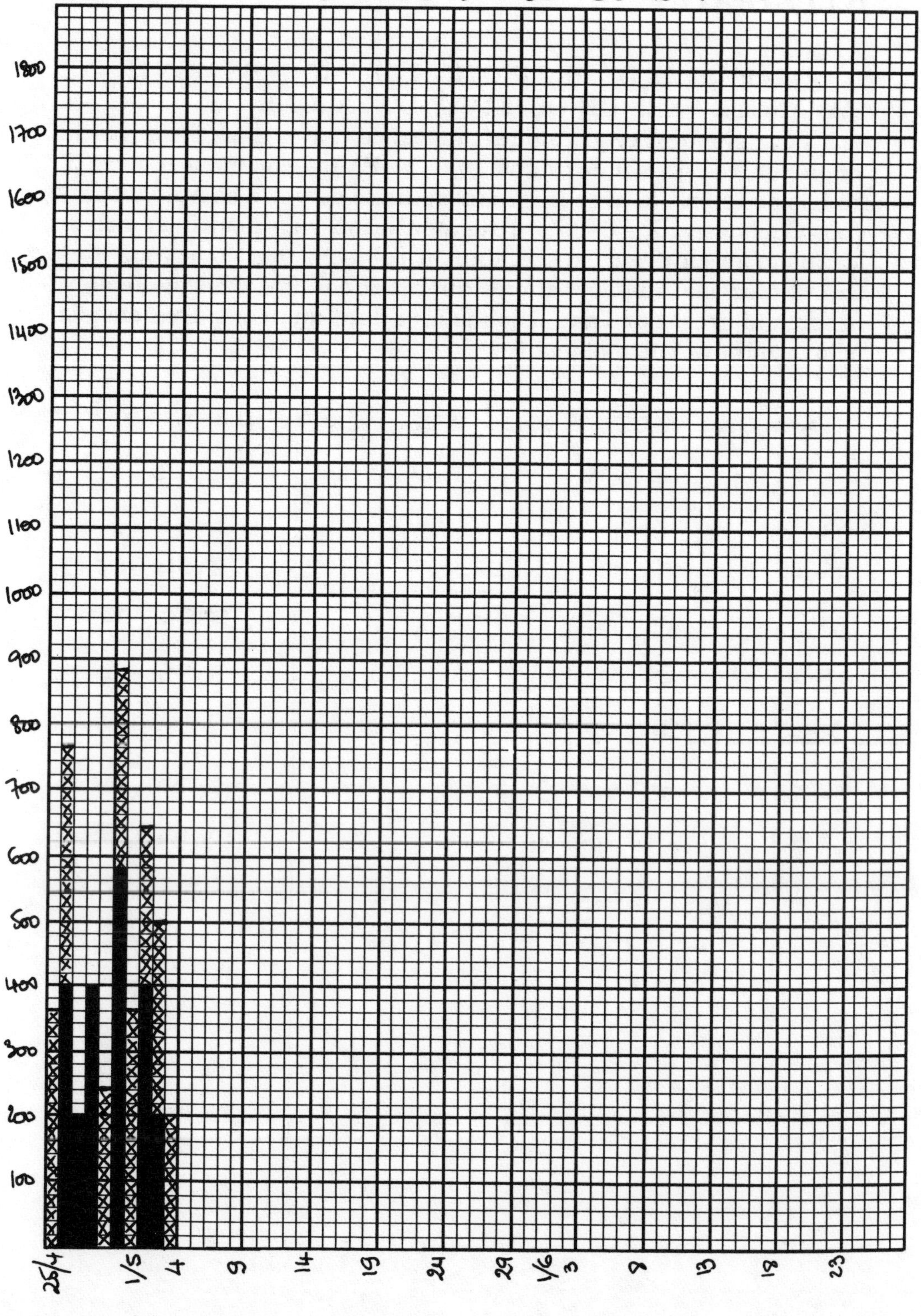

☒ Sessions ind. ■ Inscriptions séminaires

ILLUSTRATION :

GRAPHIQUE DE PROJECTION DE PROGRES MONTRANT L'AVANCEE VERS UN OBJECTIF D'EPARGNE

Pour élaborer ce graphique, placez le temps dans l'axe X et la valeur de vos économies dans l'axe Y. Faites commencer l'axe Y au bas de la feuille avec la valeur actuelle de votre compte d'épargne. Choisissez des degrés d'augmentation significatifs et notez-les jusqu'au chiffre correspondant à l'objectif que vous vous êtes fixé. Notez les augmentations quotidiennes (ou éventuellement hebdomadaires) sur l'axe X jusqu'à la date que vous avez choisie pour atteindre votre objectif.

TABLEAU DES ECONOMIES POUR INVESTIR

DATE	DEPOTS	RETRAIT	SOLDE
25/4			7975,45
27/4	131,00		8106,45
28/4	43,55		8150,00
29/4	25,00		8175,00
30/4	90,00		8 265,00
1/5	35,00		8 300,00
4/5	142,00		8 442,00

GRAPHIQUE DE PROJECTION DE PROGRÈS DE L'ÉPARGNE

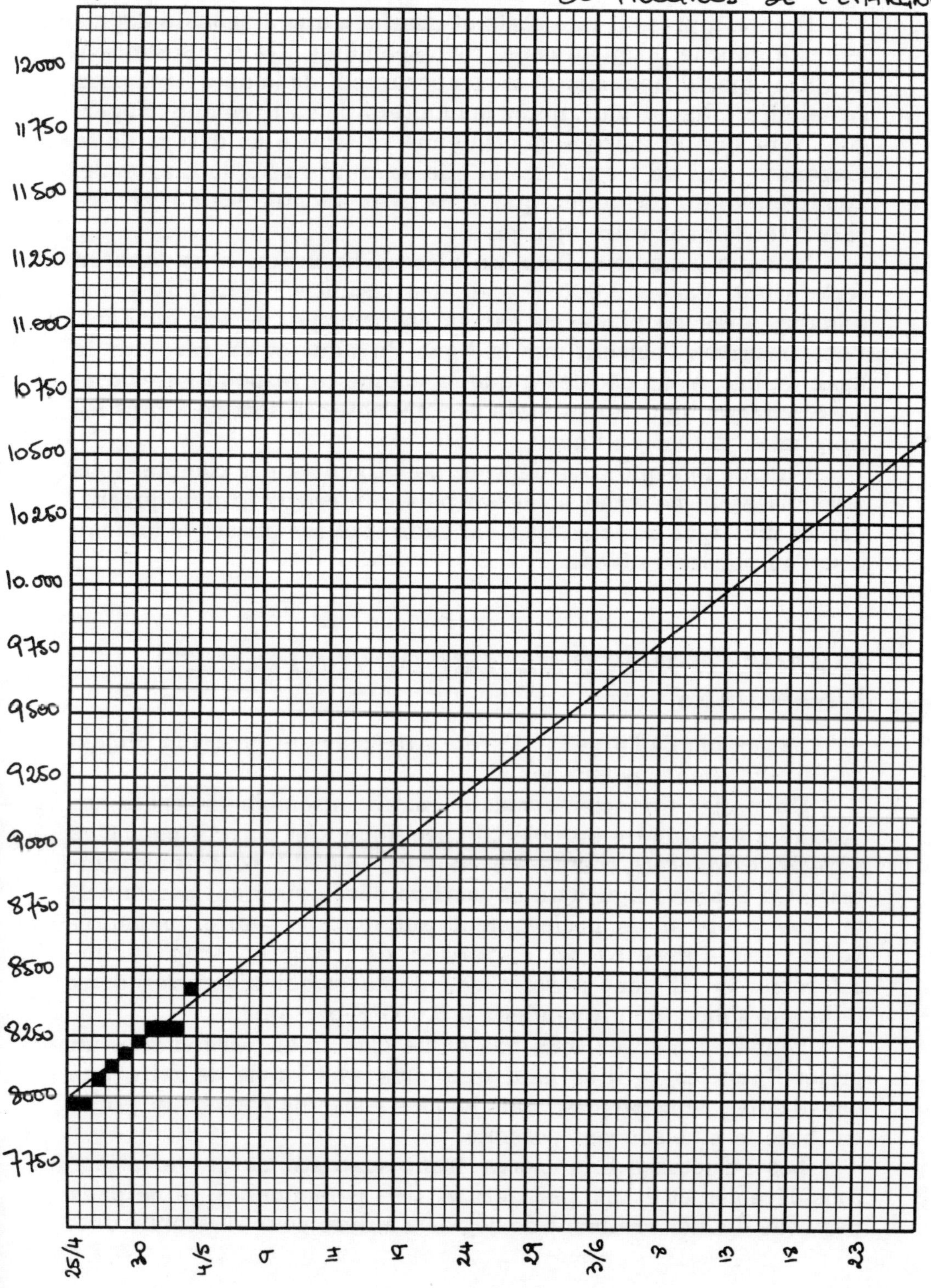

Prenez à présent une règle et dessinez une diagonale depuis le bas à gauche jusqu'au carré correspondant à la composante Y de votre objectif financier et la composante X de la date fixée pour l'atteindre. Chaque jour, notez le montant de votre compte d'épargne. Tant que la marque quotidienne se trouve au-dessus de la diagonale, tout va bien. Mais si elle se trouve sous la diagonale, appliquez toute technique que vous avez adoptée pour accroître plus intensément votre épargne.

Lorsque vous vous fixez un objectif financier, c'est dans un certain but, disons 8.000 F pour des vacances. Vous faites une colonne, large de plusieurs carrés en principe, de bas en haut. Vous inscrivez l'objectif sur la ligne du haut et un zéro sur la ligne du bas. Vous décidez à quelle somme correspond par conséquent chaque ligne horizontale et vous notez la somme toutes les cinq lignes de bas en haut.

Chaque fois que vous déposez de l'argent sur le compte, vous arrondissez le nouveau solde au palier inférieur le plus proche. Tracez une ligne horizontale à cet endroit et remplissez le tableau jusqu'au nouveau niveau.

ELABORATION SUR MESURE DE VOS PROJETS FINANCIERS

La gestion de l'argent se prête extrêmement bien aux projets de développement personnel.

Un projet financier consiste en un ensemble de pratiques destinées à atteindre un objectif spécifique. Cet objectif peut être purement financier, comme « économiser 8.000 F pour des vacances ». Ou il peut s'agir d'un objectif de développement personnel, tel que « voir si un prélèvement automatique accroît mon revenu » ou « arrêter de dépenser de l'argent trop inconsidérément ». Il peut aussi s'agir d'une combinaison des deux telle que « devenir un vendeur à 5.000 F par jour ».

Peut-être n'aurez-vous pas envie d'avoir en permanence un projet financier — il se peut que vous ayez envie de faire une pause entre deux projets, mais je vous conseille d'avoir un projet en cours le plus souvent possible.

Les structures financières étant susceptibles de variations considérables et étant, par nature, très personnelles, je ne peux pas vous donner vraiment de règles à suivre pour en établir une.

Je vais plutôt vous proposer des conseils et des exemples.

Je pars du présupposé que vous utilisez en permanence un Budget en Pourcentages.

Déterminez quel est votre plus grand problème par rapport à l'argent. Parmi les problèmes courants, citons :

— un revenu insuffisant

— un travail qui vous déplaît

— trop de travail

— pas assez de conscience de vos dépenses

— la culpabilité

— des dettes

— de mauvaises habitudes en tous genres (la drogue en est une). Rappelez-vous l'adage : « Rien ne coûte plus cher qu'une mauvaise habitude chère. »

Concevez des projets qui vous aideront à résoudre ces problèmes.

Voici quelques composants susceptibles d'entrer dans un projet financier :

— un objectif

— l'Ecriture de Découverte

— des Affirmations (décrites dans le chapitre 14)

— des tableaux et des graphiques spécifiques

— des exercices sur la vente

— de la lecture

— d'autres pratiques créatrices pour vous inspirer. Un projet financier devrait toujours comporter une échéance définie prévisible. Il peut s'agir d'une date ou de l'atteinte d'un objectif spécifique.

Exemple A : supposons que votre plus grand problème soit un revenu trop faible. Une bonne structure se composerait des pratiques suivantes :

1. Chaque matin et chaque soir, écrivez une Liste de Découverte de « 20 choses que je pourrais faire pour accroître mon revenu ».

2. Consacrez un compte d'épargne spécial pour accumuler de l'argent destiné à être investi selon les occasions d'affaires qui se présenteront. Cette démarche comporte des règles :

a. 10 % de votre revenu passent sur ce compte.

b. Vous ne pouvez retirer l'argent que pour investir dans quelque chose qui est censé accroître votre revenu.

c. Au cours d'une journée, vous ne pouvez retirer que 50 % du montant des économies.

3. Tenez à jour les graphiques suivants :
a. Un graphique journalier à barres du revenu.
b. Une graphique journalier à barre des appels téléphoniques de ventes que vous faites.
c. Un graphique journalier évolutif du montant de votre compte d'épargne pour affaires.

4. Tenez-vous à cette structure pendant quatre semaines d'affilée jusqu'à ce que votre revenu hebdomadaire soit supérieur à ... F.

Exemple B : supposons que votre problème soit un besoin de dépenser irrépressible, source de dettes permanentes. Une bonne structure pourrait consister en trois pratiques :

1. Supprimez toutes vos cartes de crédit.

2. Ecrivez chaque jour une page de l'affirmation : « A partir de maintenant, il est bon pour moi de valoriser l'épargne financière plus que la spontanéité. »

3. Ecrivez chaque jour une Liste de Découverte de « 20 choses que je pourrais faire pour diminuer mes dépenses ».

4. Tenez quotidiennement un graphique à barres inversé de vos dépenses totales.

5. Tenez un graphique évolutif hebdomadaire de votre valeur nette.

6. Tenez-vous à cette structure jusqu'à ce que votre valeur nette reste continuellement au-dessus de zéro pendant un mois.

7. Ayez dans votre bureau une carte indiquant les « jours consécutifs pendant lesquels j'ai suivi ma structure financière ».

Exemple C : supposons que votre problème principal soit de démarrer pour avoir un revenu en indépendant. Une bonne structure serait :

1. Achetez 100 exemplaires de ce livre à l'éditeur avec une remise de 50 % et vendez-en au moins 5 exemplaires par jour au détail.

2. Chaque jour, faites les listes suivantes d'Ecriture de Découverte : « 20 choses que j'aime dans la vente » et « 20 raisons pour lesquelles toute personne saine achèterait un exemplaire de ce livre ».

3. Ouvrez un compte pour « Investissement pour un travail indépendant » dans lequel vous mettez 10 % de vos revenus.

4. Tenez un graphique à barres de votre revenu de travail

indépendant.

5. Lisez au moins un chapitre par jour d'un livre sur la vente.

6. Chaque soir, notez dans un journal tout ce que vous appris sur la vente au cours de la journée.

7. Tenez-vous à cette structure jusqu'à ce que vous ayez vendu les 100 exemplaires du livre.

Exemple D : supposons que vous n'ayez jamais été un très bon vendeur. Une bonne structure serait :

1. Ouvrez un compte d'économies pour investissements à au moins trois heures de voiture des endroits que vous fréquentez en général. Procurez-vous ce qu'il faut pour faire des dépôts réguliers par la poste.

2. Ouvrez un compte d'épargne dans une banque proche.

3. Mettez 10 % de votre revenu sur chaque compte chaque fois que vous touchez une somme.

4. Chaque jour, écrivez « 20 choses que je pourrais faire pour accroître ma valeur nette ».

5. Tenez un graphique évolutif de votre valeur nette.

6. Tenez-vous à cette structure jusqu'à ce que vous ayez économisé jusqu'à ... F sur votre compte d'épargne pour investissements.

CONSEILS UTILES SUPPLEMENTAIRES POUR GERER CREATIVEMENT L'ARGENT

1. Elaborez votre propre système pour amener plus de conscience dans la gestion de votre argent. Déterminez quels éléments il vous serait le plus utile de suivre, dans quels domaines l'Ecriture de Découverte pourrait vous aider le plus, etc., puis faites-le.

2. Elaborez un système de gestion de l'argent qui soit créatif et agréable.

3. Ecrivez une Liste de Découverte de toutes les caractéristiques de votre système idéal de gestion de l'argent.

4. Chaque jour, pratiquez l'Ecriture de Découverte en relation à l'argent.

5. Si vous avez eu des problèmes avec l'argent dans le passé, il serait sage d'élaborer un système qui vous demande de porter un peu d'attention à votre argent une fois par jour.

6. Si vous êtes marié ou si vous vivez avec quelqu'un, ayez

un rendez-vous hebdomadaire pour parler d'argent. Si vous avez des problèmes par rapport à l'argent, retrouvez-vous une fois par jour ou aussi souvent que possible.

7. Notez dans un cahier tout ce que vous apprenez sur l'argent. Le fait d'écrire ce que vous apprenez par expérience (ou par d'autres sources) vous aidera considérablement à accélérer votre apprentissage. En suivant cette pratique simple, vous ne serez jamais affreusement frustré si vous perdez de l'argent dans une démarche d'affaires — vous en déduirez simplement que vous avez « payé » de l'argent pour apprendre une leçon sur les affaires; de toutes façons, l'enseignement d'affaires se paie. L'essentiel est que vous appreniez à chaque fois votre leçon. Si vous ne répétez pas deux fois la même erreur, vous deviendrez vite un maître en finances, aussi naïf que vous soyez maintenant.

8. Si vous pensez avoir des problèmes chroniques par rapport à l'argent, sachez qu'il existe aux USA un groupe de soutien, les Endettés Anonymes, se fondant sur les 12 étapes des Alcooliques Anonymes. Je n'ai jamais assisté à l'une de leurs réunions, mais des personnes qui y assistent régulièrement m'en ont parlé. Ce groupe ne s'adresse pas seulement aux gens qui sont endettés au sens littéral; il s'adresse à tous ceux qui ont de mauvaises habitudes par rapport à l'argent. Dans ce cas, vous n'avez rien à perdre.

9. Si vous n'avez pas beaucoup de problèmes d'argent, vous désirerez peut-être prendre un jour par semaine pour vos transactions financières. Ce jour-là, envoyez vos factures, faites vos dépôts bancaires, vos transferts de compte à compte, etc.

10. Dressez la liste de toutes les procédures à suivre en ce jour consacré aux finances.

11. Si vous avez votre propre affaire, recourez aux services d'un comptable, au moins sur une base consultative et au moins à l'époque des impôts. Tout bon comptable vous fera économiser plus d'argent que vous ne lui en payez. Si vous n'êtes pas vous-même comptable, partez de l'idée que consulter un expert vous sera profitable.

12. Lisez de bons livres traitant de l'argent et écoutez de bonnes cassettes sur ce sujet. Suivez des séminaires. L'argent et le temps que vous investissez en enseignement et en développement personnel pour avancer dans la conscience de la prospérité vous payera largement en retour avec le temps de tout investissement.

13. Soyez patient et donnez-vous un peu de temps pour vous

habituer à votre nouveau système. Vous le trouverez peut-être gênant au début, mais il ne tardera pas à vous paraître complètement naturel.

En résumé, vous pouvez élaborer vos propres moyens créatifs de gérer vos finances. Je vous suggère de faire de votre mieux pour que cette gestion soit stimulante, créative, intéressante et consciente.

TROISIEME PARTIE

COMMENT ACCELERER VOTRE PROCESSUS CREATEUR

Savoir ce que vous voulez et comment faire pour l'obtenir ne suffit pas pour vous garantir que toute démarche sera couronnée de succès. Les facteurs psychologiques et émotionnels jouent toujours un grand rôle. Tous les êtres humains sont des créatures très complexes et notre complexité nous rend parfois exagérément difficile l'accès à ce que nous désirons.

La troisième partie de ce livre traite de méthodes simples et éprouvées pour accorder votre esprit et vos émotions au développement de votre créativité.

CHAPITRE 11

VOS CONTEXTES CREENT VOS RESULTATS

Votre liberté essentielle est aussi celle que personne ne peut vous prendre — votre liberté de penser. Il vous suffit d'une seconde pour choisir de considérer une chose d'une manière totalement nouvelle. Vous pouvez choisir d'avoir une nouvelle relation avec toute situation, tout projet, tout problème de votre vie. En changeant votre relation à une chose, vous pouvez augmenter (ou diminuer) votre aptitude à la créativité par rapport à elle.

Toute percée créatrice provient d'un changement en faveur d'un contexte mental plus adéquat. Ce chapitre décrit les principes fondamentaux selon lesquels deux manières différentes de se relier aux choses produisent des résultats différents. Les chapitres suivants traitent de moyens judicieux d'utiliser ces principes.

« Contexte », « attitude », « manière de se relier », « point de vue », « cadre de référence », tous ces termes signifient plus ou moins la même chose. Je préfère en général le mot « contexte » car il est le plus large et montre le plus clairement la différence entre ce à quoi vous vous reliez et comment vous vous y reliez.

Le contenu désigne la chose elle-même, la situation, ce à quoi vous avez à faire, l'expérience directe, ce qui se passe réellement, etc. Pour citer le sergent Friday : « rien que les faits, Madame. »

Votre contexte détermine ce que cela signifie pour vous.

Par exemple, supposons que votre mari ou votre femme vous quitte. Est-ce bien ou mal ? Selon un contexte, c'est terrible car cela signifie la fin d'un rêve, de grands changements effrayants, etc. Selon un autre contexte, c'est vraiment merveilleux car la relation n'allait de toute façon pas très bien, que vous disposez d'une liberté nouvelle, etc. C'est typique, dans cette situation, la plupart des gens commencent par adopter un contexte négatif (en partie car ils ont encore de l'énergie pour essayer de maintenir la relation), mais ils finissent par adopter un contexte positif et passent à des choses meilleures. Presque tout le monde a connu l'expérience de la rupture avec son premier amour. Ce fut probablement très douloureux sur le moment et pourtant, si vous êtes heureux d'avoir connu d'autres amours depuis, vous êtes également heureux de la rupture avec le premier. De toutes façons, je doute que quiconque désire vraiment être suivi partout par l'ensemble de ses anciens amoureux.

Un verre d'eau nous offre un exemple classique de contexte. Le percevez-vous comme moitié vide ou moitié plein ? Le verre d'eau n'est en rien affecté par votre manière de le percevoir, mais vous, vous en êtes grandement affecté.

Si vous entraînez votre esprit à concentrer son attention sur les ressources que vous avez réellement à votre disposition au lieu de regretter celles qui vous manquent, vous deviendrez toujours plus créatif.

J'aime parfois à résoudre les problèmes logiques que l'on trouve dans les dernières pages des magazines scientifiques. L'intérêt de ces problèmes vient du fait qu'à la première lecture, votre esprit dira : « Je ne peux pas le résoudre. Je n'ai pas assez d'informations ». La solution arrive toujours par un changement de contexte : au lieu de se concentrer sur l'information absente et que vous regrettez de ne pas avoir, vous vous concentrez positivement sur l'information qui est là. Le même principe s'applique à la résolution de tous les problèmes de la vie.

Votre désir est de vous relier à toutes les situations de la manière qui vous permet de la traiter avec le maximum d'efficacité. La capacité à changer de contexte est un talent particulièrement appréciable.

Lorsque vous travaillez sur un projet, vous pouvez toujours porter votre attention, soit sur la distance qui vous sépare du but, soit sur votre proximité par rapport au but. Le deuxième point de vue soutient beaucoup plus l'enthousiasme.

LA LIMITATION EST CAUSEE PAR UN CHOIX DE CONTEXTE INADEQUAT

Le fait de percevoir un objectif comme possible ou impossible, facile ou difficile, est fonction du contexte dans lequel on le place. La marche du progrès humain nous en fournit d'innombrables exemples. Chaque invention ou découverte est immédiatement précédée par un changement de contexte. La découverte de l'Amérique fut immédiatement précédée par un changement de contexte selon lequel la côte lointaine vers l'est pouvait être atteinte en voguant suffisamment vers l'ouest. L'invention de l'ampoule électrique fut précédée par le changement de contexte selon lequel quelque chose pouvait être maintenu incandescent sans entrer en combustion. Mon élaboration de Vivation (voir le chapitre 12) fut précédée du changement de contexte selon lequel, puisque le résultat du développement personnel est agréable, peut-être qu'en supprimant la partie désagréable du processus, on le rendrait plus efficace.

Le mieux est de considérer la recherche d'une solution à un problème comme la recherche du contexte le plus adéquat.

L'origine de toute limitation apparente et de toute négativité se trouve dans l'usage d'un type spécifique de contexte inapproprié. J'appelle cela un contexte « négatif ». Je vous invite à étudier soigneusement ce qu'est un contexte négatif.

C'est un contexte dans lequel vous comparez ce qui est réel (le contenu) à une norme imaginaire et vous décidez que ce que vous imaginez est mieux que le réel. Lorsque vous mettez quelque chose dans un contexte négatif, vous le dépréciez. En d'autres termes, le contenu est une chose qui pourrait en fait être bonne ou mauvaise, selon votre manière de voir, et vous choisissez de la voir d'une manière qui la fait paraître mauvaise.

Par exemple, supposons que vous vous dépréciez parce que vous ne réussissez pas davantage. En vérité vous pourriez être reconnaissant de votre degré de réussite. Mais vous vous comparez à une norme imaginaire du degré de succès que vous devriez atteindre et, de ce fait, vous êtes négatif à l'égard de vous-même.

Supposons que vous visitiez un pays étranger et que vous le dépréciez pour la qualité de son service téléphonique. Vous pourriez être reconnaissant d'avoir un service téléphonique plutôt que rien (il n'y a pas si longtemps, le téléphone n'était pas partout), mais vous préférez comparer ce service à une norme imaginaire et, de ce fait, vous êtes négatif à son égard. Veuillez noter que cela ne vous aidera probablement pas à obtenir ce que vous voulez de l'opératrice !

Les « normes imaginaires » sont des choses du type : comment cela devrait être, les choses étaient beaucoup mieux dans le bon vieux temps, comme vous regrettez ce qui n'est pas là, ce que quelqu'un d'autre a, etc. Tous les « devrait, pourrait, serait » et tous les « si seulement ».

Chaque fois que quelque chose paraît mauvais, limité, difficile ou impossible, c'est que vous comparez la réalité de ce qui est à une norme imaginaire de ce que les choses devraient être selon vous. « Comparée uniquement à elle-même », toute chose est belle et bonne.

L'expression « contexte positif » désigne tout type de contexte dans lequel le contenu est considéré tel qu'il est au lieu d'être comparé à une norme imaginaire. Comprenez que « contexte positif » ne signifie pas que vous devez sourire et vous réjouir de la chose.

Pour mieux illustrer ces principes, supposons que vous ayez 4.000 F et que vous soyez contrarié de ne pas avoir 40.000 F. Vous avez la possibilité d'être heureux de ce que vous possédez. Il n'y a pas de limite à la gratitude que vous pouvez éprouver pour l'argent que vous avez et il n'y a pas de limite à la manière dont vous pouvez l'utiliser (très littéralement, vous pouvez le consacrer à une infinité d'utilisations). En portant votre attention sur l'argent que vous n'avez pas, vous comparez le réel avec du pur imaginaire. Vous ne pouvez absolument rien faire avec les 36.000 F que vous ne possédez pas; n'importe quelle somme réelle a infiniment plus de valeur que tout l'argent imaginaire rassemblé ! En dépréciant votre situation financière et en vous éloignant de la réalité, vous faites l'expérience de la souffrance et de la limitation. Si vous arrivez à trouver le moyen de revenir à un contexte de gratitude, non seulement vous vous sentirez tout de suite mieux, mais encore votre créativité sera libérée pour trouver des utilisations valables de votre argent et des façons d'en avoir plus.

Les choses ne sont pas comme les gens pensent qu'elles devraient être ; bien ou mal, les choses sont comme elles sont. La dépréciation constitue dans tous les cas une séparation douloureuse d'avec la réalité. Chaque fois que vous dépréciez une chose, vous n'êtes pas totalement en contact avec la réalité car une partie importante de vous-même est occupée à penser à quelque chose de purement imaginaire, c'est-à-dire à comment vous pensez que la chose « devrait » être. Le défi qui nous est lancé à nous, êtres humains, est d'accepter la réalité telle qu'elle est et à porter notre attention sur le meilleur usage que nous pouvons faire du réel dans notre intérêt. La percée créatrice se produit lorsqu'on porte son attention sur des ressources qui existent réellement.

Votre bonheur, votre créativité et votre capacité de servir sont tous fonctions du contexte et non du contenu. Passer à la gratitude que les choses soient aussi bonnes qu'elles sont donne dans tous les cas du pouvoir car vous pouvez agir avec ce qui existe réellement. La dépréciation ne fait que séparer votre esprit de la réalité et vous cache vos capacités d'utiliser ce qui est.

Dans tous les cas, les contextes négatifs créent l'illusion que quelque chose ne va pas avec le contexte. Aussi longtemps qu'une personne s'entête à déprécier les mêmes choses, aucune solution n'apparaîtra. L'esprit a besoin d'être libéré par un déplacement de la situation d'un contexte négatif à un contexte positif. Ce n'est qu'ainsi que l'on peut accéder à sa créativité.

Le fait de savoir que ce sont nos attitudes mentales qui créent les résultats que nous obtenons dans la vie donne un pouvoir considérable, car nous pouvons changer nos attitudes mentales et, par conséquent, changer les résultats. Vous avez toujours le choix du contexte : rien ne vous oblige à garder un contexte qui ne vous réussit pas. Des moyens avancés de changer de contexte sont présentés dans les chapitres 12 à 14.

COMMENT VOS CONTEXTES CREENT LES EVENEMENTS DE VOTRE VIE

Le mécanisme par lequel vos contextes créent vos résultats découle de trois principes : le Pouvoir d'Interprétation de l'Esprit, le Pouvoir d'Attraction de l'Esprit et le Pouvoir de Création de l'Esprit.

Le Pouvoir d'Interprétation de l'Esprit se définit ainsi : si vous croyez que les choses sont d'une certaine manière, vous interpréterez en conséquence tout ce qui arrive, même si d'autres interprétations sont possibles. Par exemple, si vous pensez que quelqu'un vous critique toujours, même si cette personne vous fait un compliment, vous l'interpréterez encore comme une critique. Ou si vous vous estimez drôle, vous interprétez même des grognements comme une appréciation de vos plaisanteries.

Le Pouvoir d'Attraction de l'Esprit se définit ainsi : si vous pensez que les choses sont d'une certaine manière, vous en attirerez des illustrations. L'exemple classique est le malheur d'une personne qui attire une relation où elle est malmenée après l'autre, en principe parce qu'elle a conclu, à partir de son expérience d'enfant, que les relations sont ainsi. Ou si vous vous croyez sexy, vous attirerez des gens qui vous trouvent sexy.

Le Pouvoir de Création de l'Esprit se définit ainsi : si vous pensez que les choses sont d'une certaine manière, vous aurez tendance à les créer en conséquence. Un exemple : si vous vous croyez sujet aux accidents, vous créerez des accidents. Ou si vous croyez que vous finissez toujours par réussir, vous créerez le fait de transformer même des obstacles majeurs en succès final.

Ces trois principes ensemble s'appellent la Loi de l'Augmentation. La Loi de l'Augmentation se formule ainsi : « Tout ce sur quoi vous concentrez votre esprit tend à augmenter dans votre expérience. »

La vie de chacun d'entre nous comporte d'innombrables exemples de la Loi d'Augmentation. Si vous concentrez votre esprit sur votre pauvreté, vous aurez tendance à vous appauvrir de plus en plus. Si vous concentrez votre esprit sur votre manque de popularité, vous aurez tendance à devenir de plus en plus impopulaire. Si vous concentrez votre esprit sur votre talent à faire une chose, vous aurez tendance à la faire de mieux en mieux. Si vous concentrez votre esprit sur le plaisir que vous prenez à faire votre travail, vous l'apprécierez toujours plus avec le temps.

PASSER DU NEGATIF AU POSITIF

Le passage d'un contexte négatif à un contexte positif s'appelle « intégration » car vous intégrez dans votre sentiment de bien-être une chose que vous aviez gardée opposée à lui. Si vous vous concentrez sur le fait qu'il est affreux de n'avoir que 4.000 F, vous dépréciez votre argent. Si vous passez à la gratitude pour le fait d'avoir de l'argent, vous réintégrez l'argent dans votre sentiment de bien-être.

Toutes les émotions désagréables proviennent du fait de garder quelque chose dans un contexte négatif. Il y a deux façons d'arriver à une résolution émotionnelle. L'une consiste à intégrer la situation qui vous a causé des émotions négatives dans votre sentiment de bien-être. L'autre consiste à intégrer l'émotion elle-même dans votre sentiment de bien-être — si vous faites la paix avec les émotions qu'une chose vous inspire, vous ferez l'expérience d'une résolution émotionnelle. Le terme « intégration » se rapporte à l'une ou l'autre de ces approches.

Toute expérience de vie peut être intégrée. Vous pouvez trouver des façons de tirer profit de tout ce qui existe, tout ce qui arrive. Une telle attitude est universellement à votre avantage.

L'intégration exige toujours que l'on cesse de blâmer le contenu. Tant que vous vous dites que votre inconfort émotionnel est causé par le verre à moitié vide, vous n'arriverez pas à vous rendre compte que la cause de votre inconfort est le contexte dans lequel vous avez mis le verre.

Chaque intégration est un pas dans le développement personnel. Le développement personnel est le processus consistant à devenir plus heureux et plus puissant. C'est le passage des expériences de vie d'un contexte négatif à un contexte positif qui permet de devenir plus heureux et plus puissant. Il n'y a pas de connaissance plus précieuse que la compréhension de l'intégration.

L'intégration consiste à vous mettre en harmonie dès cet instant avec la réalité de votre expérience. Cela ne signifie pas renoncer à rendre les choses meilleures dans le futur. Afin d'établir ce point important, je dois vous expliquer quelque chose à propos de la nature du temps.

Chacun se relie au temps de deux façons. L'une est le sentiment que l'instant présent est tout ce qui existe — vous ne pouvez toucher que l'instant présent, le « maintenant éternel ». Cette manière de se relier au temps s'appelle « Temps momentané ». L'autre façon de se relier au temps est le sentiment que le futur et le passé sont réels, ainsi que l'écoulement du temps. Ce contexte s'appelle « Temps linéaire » et est tout aussi important et valable que le Temps momentané. Chacun utilise les deux en permanence et pourtant ils sont très différents l'un de l'autre.

Le bonheur, l'amour et ce genre de choses sont de pures fonctions du Temps momentané. Vous n'êtes heureux que dans la mesure où vous l'êtes maintenant. Ni le souvenir du bon temps passé ni de l'espoir pour le futur ne peuvent vous rendre heureux. De même, vous n'aimez quelqu'un que si vous l'aimez tel qu'il est maintenant. L'aimer tel qu'il était ou tel que vous espérez qu'il sera quand vous aurez réussi à le contrôler et le manipuler est tout autre chose.

La liberté, le pouvoir et la créativité sont tous des fonctions du Temps linéaire car ils impliquent de faire quelque chose. Pour atteindre l'un ou l'autre, vous devez avoir une notion de la manière dont vous voulez que les choses soient dans un futur proche ou lointain. Ainsi vous avez la liberté de décider quelle chose créative vous devez faire pour manifester votre pouvoir.

La dépréciation et l'intégration sont toutes deux des produits du Temps momentané. La dépréciation signifie que vous vous dites qu'une chose dans le moment présent devrait être différente de ce qu'elle est. L'intégration signifie que vous en revenez à « permettre » au moment présent d'être tel qu'il est. Si vous aimez le moment présent et que vous désirez avoir encore plus de ce que vous aimez dans ce moment présent dans le futur, il n'y a ni dépréciation, ni négativité.

Par exemple, supposons que vous ayez 4.000 F et que vous preniez conscience de valoriser l'argent. Si vous décidez que vous voulez 4.000.000.000 F dans le futur et que vous êtes reconnaissant de votre bon départ vers cet objectif, il n'y a pas de dépréciation et vous pouvez avancer dans vos plans avec enthousiasme. Mais si vous vous dites que vous devriez déjà posséder en cet instant les 4.000.000.000 F, vous entrez dans une séparation douloureuse d'avec la réalité que nous appelons « dépréciation ».

L'intégration accroît la motivation. Toute motivation provient de valeurs, comme je l'ai expliqué dans le chapitre 6. Vous avez toujours une notion plus claire de vos valeurs lorsque vous placez une chose dans un contexte positif au lieu d'un contexte négatif. A titre d'exemple, supposons que vous viviez à San Francisco et que vous deveniez un connaisseur en cuisine chinoise. Vous voyagez beaucoup et vous avez des problèmes en comparant la cuisine chinoise d'autres villes à celle de San Francisco. Cette comparaison dépréciante diminuera de toute évidence votre plaisir à manger de la cuisine chinoise dans d'autres villes.

Lorsque vous mangez des plats chinois que vous aimez, vous aurez naturellement tendance à concentrer votre attention sur ce que vous aimez en eux, développant de ce fait une notion plus détaillée de ce que vous valorisez dans la cuisine chinoise. Lorsque vous mangez un plat chinois que vous dépréciez, vous avez tendance à remarquer uniquement qu'il est différent de celui auquel vous pensez — vous êtes aveugle aux détails de ce plat-là et vous ne développez donc pas votre éducation par rapport à vos valeurs.

Un autre exemple : quand vous aimez une personne, vous voulez tout savoir sur elle, mais quand vous haïssez une personne, vous ne voulez rien en savoir — vous en savez déjà trop.

Une connaissance plus claire de vos valeurs vous donne dans tous les cas une motivation plus claire. Plus vous mettez les choses dans un contexte positif, plus vous êtes motivé. Lorsque les gens sont enfermés dans leur négativité, ils espèrent que l'opposé soit vrai. Ils ont des pensées du genre : « Si je me tourmente suffisamment à propos de mon excès de poids, peut-être vais-je perdre du poids ». L'idée que cette méthode courante va accroître la motivation est totalement fausse et cela est illustré par le fait qu'il existe des gens obèses. Lorsque les gens s'aiment et s'acceptent davantage, ils ont plus de chance de perdre du poids ou de résoudre n'importe quel autre problème personnel. Chaque expérience d'intégration donne plus d'enthousiasme, de détermination et de motivation.

Il est plus important d'être capable de se réjouir de ce que l'on a que d'obtenir ce que l'on désire. Se réjouir de ce que l'on a est aussi la clé rendant capable d'obtenir ce que l'on désire. Mon conseil est donc de cultiver votre capacité à savourer chaque instant au maximum. C'est le savoir-faire de Vivation qui est décrit dans le chapitre 12.

Dans l'expérience, l'intégration consiste en choses différentes à différents moments. Parfois, il s'agit d'une mini-illumination — une grande expérience « Aha ! » D'autres fois, c'est une réjouissance — une grande expérience « Ha ha ! » Parfois vous ressentirez l'énergie émotionnelle que vous aviez vécue comme désagréable devenant soudain une grande source de plaisir. D'autres fois, une chose cessera si totalement d'être un problème que vous oublierez qu'elle en a été un.

Le pardon constitue un excellent exemple d'intégration. Lorsque vous pardonnez, vous élargissez votre contexte de compassion pour inclure la personne que vous pardonnez. Vous cessez d'insister sur le fait que la personne « devrait » être différente et vous lui permettez d'être un être humain et votre pair. Tous les bénéfices de l'intégration s'ensuivent. Votre esprit, vos émotions et votre créativité seront libérés. Ce n'est jamais votre intérêt de persister à accuser quelqu'un; toutefois, tant que vous le faites, il vous paraîtra en général être dans votre intérêt de continuer.

L'intégration est l'expérience qui consiste à découvrir une nouvelle source de bénéfices et de plaisir, une nouvelle ressource en vous. Elle se produit lorsque vous devenez conscient de vos émotions, de vos sensations physiques et d'autres éléments de votre expérience que vous avez refoulés et lorsque vous ouvrez votre capacité de plaisir, de bénéfice et d'acceptation pour les inclure tous. Cela vous rend plus heureux d'être humain. Cela vous rend en outre nettement plus efficace pour obtenir ce que vous désirez vraiment par l'élimination des conflits intérieurs.

L'intégration émotionnelle est le processus par lequel les émotions atteignent un point de résolution. L'intégration signifie que vous pouvez considérer les choses à l'égard desquelles vous aviez auparavant des émotions négatives et éprouver à présent un sentiment de gratitude. Tout le monde a fait l'expérience de l'intégration — toute personne ayant eu une expérience désagréable au moment où elle s'est produite, mais qui peut maintenant y repenser et voir que tout était pour le mieux, connaît ce changement de contexte qui constitue l'intégration.

L'intégration change profondément l'expérience de l'émotion — en fait, elle change profondément la façon dont on perçoit toute chose.

Vous pouvez influer sur le contenu du futur, mais tout le passé et en fait ce moment présent sont déjà ce qu'ils sont et vous n'avez aucun contrôle sur leur contenu. Toutefois, votre contrôle s'exerce sur l'effet que votre passé et votre présent ont sur vous. Vous avez le contrôle du contexte dans lequel vous mettez toute chose, passée, présente et future. Le contexte est ce qui détermine l'effet que produit sur vous le contenu d'une expérience.

L'intégration signifie que vous faites la paix avec la réalité. Elle signifie que vous permettez à la réalité de vous apporter quelque chose.

Je ne plaide pas pour la « pensée positive » comme cela se fait souvent. Nous ne parlons pas ici d'espoir, ni de foi, bien que ces choses aient évidemment leur rôle à jouer. Je ne dis rien du genre : lancez-vous dans une nouvelle affaire en vous persuadant qu'il est impossible d'y perdre de l'argent. Je parle de regarder en face dans le moment présent votre situation et de trouver une manière positive de vous relier à cette expérience.

Bien que l'intégration se produise souvent spontanément et que chacun en ait fait l'expérience à de nombreuses reprises, la plupart des gens qui ne possèdent pas de technique pour amener l'intégration déprécient et refoulent plus souvent qu'ils n'intègrent, accumulant de ce fait avec le temps des fonds secrets d'émotions négatives refoulées. Il est très sage d'en apprendre le plus possible sur l'intégration et de prendre pleinement la responsabilité de l'amener.

A partir du moment où une personne a décidé qu'une chose est « mauvaise » ou « a un défaut », il est souvent difficile pour elle de changer de contexte pour voir ce qu'elle a de bon.

On peut amener une expérience à l'intégration de nombreuses façons. La méthode la plus efficace est de loin Vivation. Elle est décrite dans le chapitre suivant.

COMMENT LE CONTEXTE AFFECTE LA CREATIVITE

C'est en général la dépréciation qui inhibe la créativité. Je vais vous montrer plusieurs façons dont cela arrive. Dans tous ces cas, l'intégration restaure la capacité de fonctionner de manière créative.

Les premiers stades de la créativité impliquent toujours d'associer des pensées de manière nouvelle. Cela est facile à faire à moins que vous ne vous entêtiez à penser aux choses selon de vieilles manières de penser.

On a naturellement tendance à rester prisonnier de contextes négatifs à cause du refoulement. Il est plus confortable, d'une certaine façon, de se focaliser sur l'expérience élevée de comment les choses seraient dans un monde idéal au lieu de porter son attention sur la manière d'être des choses dans le monde réel. La négativité et le refoulement emprisonnent toujours l'esprit et limitent la créativité.

Ne vous est-il par exemple jamais arrivé de vous observer quand vous êtes pressé de sortir, mais ne trouvez pas vos clés de voiture ? Si vous ne faites pas exception à la règle, durant la phase aiguë en « mode de recherche frustrée », vous suivez un schéma répétitif, continuant à les chercher là où elles « devraient » être, même si vous avez déjà regardé en vain à cet endroit. Lorsque votre esprit est prisonnier de l'idée de comment une chose devrait être, il n'est pas en contact avec la réalité telle qu'elle est, du moins temporairement. Tout ce qui peut vous aider à accepter la situation telle qu'elle est diminuera non seulement votre frustration, mais augmentera instantanément votre créativité. A partir du moment où vous admettez que vos clés de voiture ne se trouvent pas là où vous voudriez qu'elles soient, il vous sera beaucoup plus facile de recourir à votre créativité pour envisager d'autres endroits possibles.

La première phase pour résoudre efficacement un problème consiste à admettre que le problème est là pour être résolu. S'il vous cause un sentiment de frustration, il est nécessaire que vous changiez votre manière de le considérer. Apprendre à intégrer à volonté est très intéressant pour ceux à qui un esprit libre serait utile.

Si vous maintenez un problème dans le contexte qui le présente comme terrible et insoluble, même s'il existe une solution, vous aurez beaucoup de mal à la trouver. Lorsque vous placez la situation dans un contexte positif, vous avez naturellement conscience des ressources dont vous disposez pour résoudre le problème au lieu de vous borner à regretter que les choses ne soient pas différentes.

Comme je l'ai déjà souligné, vous ne pouvez pas être en contact avec la réalité tout en plaçant une chose dans un contexte négatif. Si vous n'êtes pas en contact avec la réalité, vous ne pouvez pas résoudre facilement un problème. Votre esprit ressassera plutôt sans cesse que vous iriez tellement mieux si ce problème n'existait pas, ce qui est totalement improductif.

Déprécier l'expérience parce que vous avez un pneu crevé ne fera pas qu'il sera aussi rapidement changé que si vous vous félicitez d'en avoir un de secours et de savoir opérer l'échange. La dépréciation est ce qui nous amène à être motivés par une discipline compulsive ou répressive. La compulsion a pour cause des émotions refoulées qui créent des désirs de soulagement à contre-courant. L'intégration permet la motivation par l'enthousiasme.

Lorsque vous travaillez sur un projet créatif, des pensées et des émotions qui ne vous sont pas agréables se manifestent parfois. Le fait de savoir les intégrer, en particulier en utilisant Vivation, vous permet d'arriver sur-le-champ à une résolution de ces émotions par l'élimination des contextes négatifs qui en sont la cause.

Quand on ne sait pas comment intégrer les émotions, on se trouve arrêté par des émotions au milieu d'un projet créatif. Lorsque cela se produit, on a tendance à mettre la faute sur l'émotion. Par exemple, on dit : « Ma peur m'empêche de devenir un travailleur indépendant. » Il ne s'agit que d'un autre cas de « dépréciation du contenu ». La peur ne peut vous empêcher de faire quoi que ce soit. En pensant que la peur doit disparaître en premier lieu, vous vous figez. Si vous attendez qu'elle disparaisse pour vous mettre à votre compte ou sauter du plongeoir le plus haut, vous ne ferez que demeurer à votre poste de salarié ou rester bloqué là-haut sur le plongeoir. Mais si vous pouvez intégrer votre peur en vigilance et exaltation, vous irez de l'avant magnifiquement.

Une remarque sur la structure et la souplesse. J'entends par « structure » tout ce que vous créez pour contrôler vos activités présentes et futures afin de vous assurer un résultat particulier désiré. Un budget en constitue un exemple. Un régime est une structure, ainsi qu'un mariage. Définir le meilleur itinéraire pour se rendre quelque part en voiture représente encore un autre exemple de structure. Lorsque vous élaborez un plan ou n'importe quel type de structure, il est important de reconnaître que la réalité ne correspondra pas absolument à votre plan. Peut-être tournerez-vous au mauvais endroit, peut-être manquerez-vous d'argent pour tenir votre budget, peut-être vous laisserez-vous aller, compromettant votre régime, votre conjoint aura peut-être une liaison, etc. Que cela ne vous décourage pas au sujet des structures. Apprenez à élaborer un bon plan et à intégrer les différences entre ce que vous avez planifié et ce qui arrive dans la réalité. Restez déterminé quant à l'objectif et souple quant à la méthode. C'est là la recette pour une vie heureuse et productive.

En résumé, votre créativité ou manque de créativité dans toute situation, résulte du contexte dans lequel vous placez cette situation. En adoptant le contexte adéquat, votre créativité devient illimitée quelle que soit son application.

Pour intégrer ce chapitre à votre expérience, utilisez les fiches 60 à 63.

CHAPITRE 12

LA CREATIVITE ET LE RESSENTI

Dans le chapitre précédent, j'ai expliqué que le passage à un contexte positif donne accès au pouvoir de la créativité en orientant l'esprit sur les ressources disponibles. Dans ce chapitre, je vais expliquer la manière la plus efficace d'opérer ce passage — en le réalisant au niveau du ressenti.

Tout vous inspire des sensations et des émotions. Elles sont différentes selon que vous placez une chose dans un contexte négatif ou positif. Vous pouvez utiliser cette différence de ressenti tout à votre avantage.

Si vous passez mentalement d'un contexte négatif à un contexte positif, vos ressentis passent simultanément du désagréable à l'agréable. Chose plus importante encore à comprendre : si vous changez le contexte dans lequel vous placez le ressenti, le contexte mental en sera changé aussi. Ce principe est rien moins que révolutionnaire.

Chaque contexte négatif vous fait faire l'expérience de la limitation; placer une chose dans un contexte négatif signifie que vous portez votre attention sur un aspect d'une chose dont vous ne pouvez pas tirer profit. Chaque contexte négatif est également cause d'une sensation corporelle désagréable. Le ressenti étant désagréable, il se signale à votre attention. Si vous développez l'aptitude à donner votre attention à ce ressenti pour passer à une manière positive d'entrer en relation avec lui, vous développez aussi l'aptitude à provoquer une percée créatrice.

Se « brancher » sur un ressenti et utiliser ce fait pour passer à un contexte positif constitue une aptitude avancée que j'ai enseignée à plusieurs milliers de personnes de par le monde. Cette aptitude se nomme Vivation™.*

Lorsque j'ai élaboré le processus Vivation en 1979, je ne savais pas que j'étais en train de mettre au point la plus efficace des méthodes pour amener une percée créatrice. J'y voyais une autométhode par laquelle les gens pouvaient amener la résolution de leurs émotions. En premier lieu, je me suis attaché à perfectionner le processus. Ensuite, j'ai perfectionné la manière de l'enseigner (je suis capable d'enseigner à toute personne qui y est disposée le moyen de maîtriser le processus Vivation en un seul week-end de séminaire). Puis, après quelques années, j'ai constaté de façon tout à fait régulière que la créativité des gens augmentaient lorsqu'ils mettaient en pratique le processus Vivation. Cela m'amena à explorer la créativité et à écrire ce livre.

Il apparaît que la résolution émotionnelle et la percée créatrice sont une seule et même chose décrite de deux manières différentes. Le terme général que j'emploie pour désigner ce résultat est « intégration » car une chose que vous avez pensée étrangère à votre bien-être vient s'y intégrer. Toute guérison émotionnelle se produit lorsqu'on fait la paix avec la réalité. Toute percée créatrice se produit lorsqu'on accorde son esprit aux ressources disponibles. Il n'y a pas de différence entre les deux. A chaque intégration, vous vous sentez immédiatement mieux et vous voyez quelle est la meilleure manière de procéder.

VIVATION FONCTIONNE AU NIVEAU DU RESSENTI

Améliorer votre manière de vous relier aux choses en travaillant au niveau du ressenti s'appelle « traitement kinesthésique ». « Kinesthésique » est au fond un mot pompeux pour dire « niveau du ressenti ».

Vivation est l'art de porter l'attention sur le ressenti corporel très spécifique qui résulte d'une dépréciation et de faire la paix avec lui. Cet art élargit l'expérience de la paix et de l'acceptation

** « Vivation » est une marque déposée par l'Associated Vivation Professionals. Tout usage publicitaire de ce terme est interdit à quiconque n'est pas membre de l'Association (en France A.V.P. France).*

de soi de la manière la plus directe qui soit. Il élimine le dénigrement, le désagrément et la fixation mentale avec une efficacité surprenante. Rien d'aussi honnête n'a jamais été aussi doux ni agréable !

J'ai dénombré sept avantages majeurs de Vivation, dus au fait que ce processus est kinesthésique. Le plus fin des processus mentaux ne présente pas ces avantages.

1. Instantanéité. Etant kinesthésique, Vivation donne immédiatement accès à la négativité refoulée et à l'intégration instantanée, à la résolution émotionnelle et à la percée créatrice. Le ressenti est immédiat, ce qui n'est pas le cas de la pensée. Pour traiter n'importe quelle chose mentalement, il faut du temps, même dans le meilleur des cas, car les mots (ou les pensées) se suivent un par un — penser est un processus linéaire, non le ressenti. Le traitement mental risque en outre de prendre beaucoup de temps comme le savent tous ceux qui ont consacré des années à une thérapie verbale. Le traitement kinesthésique ne dépend quant à lui aucunement du temps. Vous pouvez éprouver votre ressenti à propos d'une chose en l'espace d'un instant. L'intégration elle-même est toujours aussi rapide que le passage de la vision d'un verre comme moitié vide à celle de ce verre comme moitié plein.

2. Précision. Vivation donne toujours accès précisément au contexte négatif qui fait le plus obstacle à l'avancée créatrice. La tendance étant à partir dans la dépréciation et le refoulement des choses désagréables, on évite en général de parler de ce qui nous gêne. On évite même d'y penser ! Il est très difficile, même pour des thérapeutes habiles, de mettre le doigt précisément sur le contexte erroné qui cause un problème spécifique. Avec Vivation, vous avez accès précisément au contexte qui nécessite un déplacement car il crée un ressenti corporel qui se signale à l'attention. La pensée se dissimule à l'exploration tandis que le ressenti se signale à elle — c'est aussi simple que cela.

3. Honnêteté. Le traitement kinesthésique est fondamentalement honnête. Vous vous êtes peut-être aperçu que vous pouvez vous mentir mentalement pendant des années d'affilée. Mais dans le traitement kinesthésique, vous avez toujours votre vrai ressenti. Même si vous vous mentez mentalement, ou si vous vous dites que vous ne ressentez rien, le ressenti a sa manière de surgir — parfois quand vous vous y attendez le moins. Vivation enseigne l'art subtil de se mettre à l'écoute des sensations et des émotions pour en faire l'expérience avec le maximum de richesse et d'honnêteté.

4. Certitude. Avec Vivation, vous pouvez sentir le résultat qui se produit avec une grande certitude car l'intégration constitue une expérience sans pareille. Vous pouvez sentir l'intégration qui se produit. Le traitement mental vous laisse souvent avec des doutes : avez-vous réellement traité la chose adéquate et l'avez-vous traitée comme il fallait pour obtenir le résultat recherché ? Lorsque vous portez précisément votre attention sur votre ressenti corporel dominant, vous pouvez sentir l'instant précis où il s'intègre.

5. Autonomie. Vous contrôlez toujours votre propre processus Vivation. A partir du moment où vous avez appris à pratiquer Vivation, vous pouvez « *Viver** » par vous-même à tout moment, même en étant simultanément occupé à d'autres activités !

En essayant d'utiliser les traitement mentaux de manière autonome, vous rencontrerez toujours le même problème : c'est l'esprit que vous tentez de changer qui dirige le processus. Cela peut vous faire faire fausse route et vous conduire dans des impasses pendant des années, du fait de la tendance naturelle de l'esprit à se défendre lui-même. Bien qu'un thérapeute habile puisse vous éviter considérablement de vous illusionner vous-même, n'êtes-vous pas heureux d'apprendre que vous n'avez pas besoin de dépendre d'un tiers ? D'ailleurs la thérapie n'est pas non plus très portable.

Etant kinesthésique, Vivation évite les problèmes des méthodes mentales. Le ressenti qui survient lorsque vous vous trouvez face à un problème est exactement celui sur lequel doit se porter votre attention et celui qui doit être intégré pour amener une percée créatrice — nulle autodéfense mentale ne s'interpose. L'intégration du ressenti ne pose plus problème dès lors que vous avez acquis l'aptitude : c'est la même aptitude qui permet d'intégrer n'importe quel ressenti négatif. En outre, le ressenti reste négatif jusqu'à ce qu'il soit réellement intégré — avec les méthodes mentales, votre esprit vous dira qu'il a changé alors que ce n'est pas réellement le cas.

6. Contrôle de qualité inhérent. De par sa nature, Vivation vous amène toujours au positivisme, à l'amour, à l'honnêteté avec vous-même, au sens pratique, à la réactivité et à la joie. Une personne peut manquer au départ cruellement de ces qualités et, sur un certain temps, elle les développera de manière constante,

---

** Voir page 229.*

simplement en « *Vivant* ». Une autométhode mentale nécessite au contraire qu'une personne possède déjà de manière substantielle ces qualités dès le début sous peine de courir le risque de renforcer les états préexistants de négativité et d'illusion.

Comme je l'ai déjà dit, Vivation est fondamentalement honnête car lorsque vous Vivez, vous portez en fait votre attention sur le ressenti honnête que vous éprouvez déjà. Vivation est d'un positivisme inhérent car vous ne cessez de vous ouvrir à expérimenter positivement chaque ressenti jusqu'à ce que vous l'ayez transformé dans la paix. Il y a un prix à payer pour chaque contexte négatif — le désagrément. Plus que n'importe quel autre processus, Vivation vous fait expérimenter honnêtement (mais en douceur) le prix que vous payez pour votre négativité.

Permettez-moi d'illustrer ce point par un exemple. Prenons le cas d'un drogué du travail. Il est très possible que cette personne ait la plupart du temps à l'esprit l'idée : « Je n'arrive pas à en faire assez. Si seulement je pouvais faire plus tous les jours. » Un exemple d'une autométhode mentale ne comportant pas de contrôle inhérent de la qualité est constitué par les Affirmations (qui peuvent être excellentes; j'explique comment les utiliser dans le chapitre 14). Ce drogué du travail utilise peut-être des affirmations telles que : « Chaque jour je fais plus de choses que la veille », « Mon travail me donne de l'énergie et réduit mes besoins de sommeil », « Je suis toujours alerte et déterminé », etc. Ces affirmations peuvent être à certains égards excellentes, mais elles renforcent le problème de la personne. Au cours d'une séance de Vivation, le sentiment de frustration que cette personne éprouve parce qu'elle ne fait pas assez de choses se manifesterait et serait intégré. En faisant la paix avec les sentiments de frustration (qui peuvent avoir leur origine dans l'enfance, voire la naissance), on élimine l'obligation de travailler pour les supprimer. Essayer de convaincre un drogué du travail de se relaxer peut s'avérer très difficile. Avec Vivation, l'intégration des sentiments qui entretiennent l'obligation est facile et directe.

7. Un processus kinesthésique se prête très bien à un élargissement de l'accès au subconscient au niveau énergétique. Le corps physique est avant tout un système énergétique. Ce fait est bien établi et compris, non seulement dans les systèmes physiologiques orientaux tels que l'acupuncture, mais aussi dans la médecine occidentale (citons *Energy Medicine* — La médecine énergétique, par le docteur Laurence Badgley). Le ressenti corporel (les émotions et les autres sentiments) sont des configurations

d'énergie. Vivation enseigne une méthode pour moduler la respiration afin de créer des mouvements ondulatoires d'énergie dans le corps qui aident considérablement à percevoir les détails subtils des ressentis. La Respiration circulaire, selon le nom donné à cet aspect de la technique, permet même aux personnes très refoulées, qui ne font en général état d'aucun contact avec leurs émotions, d'avoir une expérience riche, honnête et agréable de leurs sensations. Nous enseignons la manière d'ajuster la respiration afin de développer et de maintenir un lien avec les ressentis au fur et à mesure qu'ils se produisent. La Respiration circulaire n'est pas une hyperventilation et Vivation n'est ni un processus cathartique, ni un processus de confrontation. C'est un processus qui consiste à se relaxer, à ressentir avec honnêteté et à faire la paix avec soi-même.

Le traitement kinesthésique permet au matériel d'être intégré très efficacement même quand il n'a pas été du tout inventorié mentalement, ni décrit en mots. Bien qu'une profonde compréhension résulte naturellement de l'intégration, cette dernière n'est pas de prime abord un processus de compréhension par le mental. La négativité consciente et inconsciente peut être résolue définitivement et totalement sans même une compréhension cognitive du matériel.

Apprendre à saisir les dépréciations et les émotions refoulées est probablement l'outil le plus précieux à acquérir pour la purification physique, mentale, émotionnelle et spirituelle. C'est une manière très directe d'élargir votre contexte à l'amour inconditionnel de toutes les parties de vous-même, des autres et en fait de tous les éléments de votre expérience. Cet élargissement des contextes positifs vous permet non seulement de vous sentir immédiatement mieux, mais encore il éclaircit votre esprit et libère votre créativité et votre efficacité.

L'ACTION DE VIVATION

Toute dépréciation produit un ressenti corporel désagréable. Il vous est facile de le vérifier pour vous-même : il vous suffit d'observer votre ressenti la prochaine fois que vous déprécierez quelque chose.

Ces sensations désagréables ont tendance à être refoulées dans le corps (en correspondance avec les pensées négatives refoulées dans la partie inconsciente de l'esprit), où elles ne sont pas expérimentées consciemment jusqu'à ce qu'une chose nous rappelle le contexte négatif que nous avons essayé de maintenir refoulé. Le ressenti désagréable se manifeste alors de nouveau à notre attention.

Lorsque le ressenti est expérimenté en conscience, on a la possibilité de l'intégrer ou de repenser le contexte concernant la situation et passer mentalement à un contexte positif. L'un ou l'autre élimine le contexte négatif à la racine.

Toutefois, dans la plupart des cas, on met la faute du désagrément éprouvé sur la chose (ou la personne) qui vient de réactiver des émotions négatives refoulées — ce que j'aime appeler « rejeter la faute sur le contenu ». On s'efforce de contrôler la situation et les gens qui y sont impliqués (s'engageant en d'autres termes dans une réaction compulsive motivée inconsciemment) afin de refouler de nouveau au plus vite les émotions déplaisantes. Lorsqu'on a réussi à les refouler, on revient à l'état de bombe à retardement d'émotions, espérant contre tout espoir que le monde nous aidera à nous illusionner nous-même. Et ce manège émotionnel tourne sans fin.

Vivation arrête le cercle vicieux. En accueillant volontairement les sensations ou émotions refoulées, on élimine la motivation compulsive à les éviter. Vivation étant un procédé doux que l'on dirige soi-même, il est facile de permettre aux ressentis de se manifester et de s'intégrer, quel que soit le temps depuis lequel ils sont redoutés et évités.

En général, tout ce qui s'intègre au terme d'une session Vivation le reste (bien que le dénigrement soit une option éternelle allant de pair avec le fait de posséder un esprit). Cependant, toutes vos dépréciations ne s'intégreront pas en une seule session, ni même en plusieurs. Mauvaise nouvelle, si vous faites partie du commun des mortels, votre inconscient recèle des milliers de dépréciations refoulées.

La bonne nouvelle comporte deux facettes : chaque intégration est merveilleusement agréable et chaque intégration facilite la suivante.

Quand vous *Vivez*, tout ce qui a interféré avec votre aptitude à jouir de la vie se signale à votre attention, sentiment après sentiment, et est transformé et intégré. Après quelques minutes ou au plus quelques heures d'intégration des sentiments arrive un moment d'« achèvement » — le moment magique où plus rien ne s'oppose à votre réjouissance et où vous éprouvez la joie profondément extatique et précise de la vie elle-même.

L'effet de Vivation est le suivant : au bout d'un certain temps, des couches successives d'émotions négatives refoulées sont résolues pour ne plus jamais venir vous perturber. Vous êtes beaucoup plus à l'aise avec votre statut d'être humain. Votre estime de vous-même, vos relations, votre prospérité et votre créativité s'améliorent toutes de manière spectaculaire. Beaucoup de gens expérimentent Vivation comme une profonde ouverture à leur spiritualité innée.

En somme, Vivation comporte l'utilisation de moyens appropriés pour atteindre l'harmonie intérieure, en particulier avec ce qui a produit des sentiments mélangés dans le passé.

LE FONCTIONNEMENT DE VIVATION

Par-dessus tout, Vivation est un *savoir-faire* Lorsque vous allez apprendre le processus auprès d'un professionnel de Vivation, il ne vous aidera pas simplement à faire une expérience de guérison. Vous aurez effectivement une expérience profonde de guérison — une session de Vivation complète. Votre processus Vivation vous aidera à intégrer un matériel négatif refoulé très important et, en conséquence, votre vie changera. Mais ce qui compte davantage, c'est que *votre professionnel de Vivation vous apprendra comment* Viver *de manière autonome*. Une session de Vivation est tout autant une expérience d'apprentissage que de guérison.

C'est vous, le *Viver*, qui êtes à l'origine du résultat de votre session. Personne ne peut se substituer à vous. Vous seul pouvez permettre à votre matériel refoulé de se manifester et vous seul pouvez porter sur lui votre conscience. Vous seul pouvez prendre la décision de cesser de le déprécier et l'accepter. C'est votre développement des savoir-faire de Vivation qui détermine comment et à quelle vitesse vous bénéficiez de sa pratique.

Alors quels sont ces savoir-faire ?

1. La respiration circulaire.
2. La relaxation complète.
3. La conscience du détail.
4. L'intégration dans l'extase.
5. Faire ce que vous faites — la bonne volonté suffit.

Chacun de ces points correspond à sa manière à un savoir-faire et représente une connaissance relative au corps. Vous connaissez déjà chacun d'eux dans une certaine mesure et vous êtes capable de les maîtriser tous. Avec de la pratique et une ouverture pour apprendre, vous progresserez régulièrement dans leur apprentissage et leur application. Je vais vous les présenter tous en détail.

Mais d'abord, je veux clarifier un point : Vivation n'est pas constitué de cinq éléments séparés — il s'agit d'un seul processus. Je suis conscient du fait qu'en l'enseignant sous forme de cinq éléments séparés, il semble se composer de cinq processus, mais ce n'est pas le cas; je choisis ce mode de description simplement parce qu'il constitue la meilleure manière de vous enseigner la maîtrise du processus. Voici une description totalement exacte de Vivation en tant que processus unique : *Vivation est l'art de maximiser votre jouissance du moment présent.* Là, tout est dit. Mais une personne avisée demanderait devant une telle définition : « Très bien, mais comment puis-je atteindre ce résultat ? » C'est pour répondre à cette question que j'adopte la description des Cinq Eléments.

Ces Cinq Eléments ne sont pas des « phases » successives — vous les pratiquez simultanément car, en réalité, ils constituent un processus unique.

A présent, passons à la description détaillée de chacun de ces Eléments.

La Respiration circulaire est l'art de réguler le flux de l'énergie vitale dans le corps afin de développer et maintenir un lien avec les ressentis. C'est une manière de respirer très spécifique qui produit dans le corps un mouvement ondulatoire facile à éprouver.

Ce que j'écris à propos de Vivation est presque toujours logique, direct et facile à comprendre, même si vous ne l'avez pas expérimenté auparavant. (C'est du moins mon intention !) Toutefois, si vous n'essayez pas cette respiration, vous n'en connaîtrez jamais les effets, quelle que soit mon éloquence pour la décrire. Cela dit, permettez-moi de poursuivre.

La respiration circulaire n'est pas de l'hyperventilation. C'est une manière de respirer détendue, naturelle. Ce n'est toutefois pas la manière habituelle de respirer et voici pourquoi.

La respiration est le régulateur physique majeur du flux de l'énergie vitale dans le corps. Afin de maintenir les émotions refoulées, il est nécessaire d'inhiber la respiration et de réduire le flux d'énergie. Cela est similaire au fait d'utiliser un variateur d'intensité sur une lampe. On ne veut pas voir flamboyer trop brillamment les sentiments de dénigrement, aussi diminue-t-on le courant dans le corps. La respiration circulaire ne braque toutefois pas d'un seul coup un projecteur sur les émotions refoulées ! Elle vous permet d'aller vers la lumière très progressivement et en douceur jusqu'à ce que vous puissiez « voir » un sentiment que vous aviez renié, ce qui vous donne l'occasion de l'intégrer.

La respiration n'est pas le plus important des Cinq Eléments. Pour intégrer une émotion, il est seulement nécessaire de la ressentir et de trouver une manière positive de se relier à elle. Vous pouvez intégrer des sensations et émotions tout en retenant votre respiration. Néanmoins, la Respiration circulaire favorise considérablement l'accès aux ressentis et leur intégration.

Du moment que vous appliquez relativement bien l'ensemble des Cinq Eléments, il est facile de garder une respiration circulaire pendant des heures d'affilée, car il s'agit d'une manière de respirer très naturelle. A partir du moment où vous êtes suffisamment à l'aise avec Vivation pour intégrer vos ressentis la plupart du temps, vous vous apercevrez que votre respiration reste aussi naturellement circulaire la plupart du temps, sans attention consciente de votre part.

Presque tout le monde connaît une amélioration permanente de sa respiration comme résultat de la pratique de Vivation.

La respiration circulaire correspond à tout type de respiration qui répond aux critères suivants :

1. L'inspir et l'expir sont connectés, sans aucune pause, de telle sorte qu'il n'y ait aucun arrêt de la respiration.

2. L'expir est totalement détendu et libre de tout contrôle.

3. Soit on inspire et expire par le nez, soit par la bouche. Inspirer par l'un et expirer par l'autre amoindrit dans une grande mesure l'effet.

Votre Professionnel de Vivation vous apprendra à ajuster certaines variables de votre respiration afin de développer et maintenir un lien avec vos ressentis. La plus importante de ces variables est la quantité d'air de chaque respiration (qui régule l'intensité ou la subtilité des sensations) et la vitesse à laquelle vous inspirez (qui régule les valeurs comparatives du plaisir général que vous éprouvez et de l'émotion spécifique qui se manifeste). En apprenant à ajuster ces variables, vous pouvez développer un lien au niveau énergétique avec n'importe quel ressenti expérimenté, qu'il s'agisse de plaisir, d'envie de dormir, de douleur physique ou de n'importe quelle émotion.

Le flux d'énergie stimulé dans votre corps par la pratique de la respiration circulaire est merveilleusement agréable ! Il est merveilleux de sentir davantage la vie en soi. L'un des avantages que Vivation retire de la respiration circulaire est qu'elle vous permet de sentir palpiter la vie au cœur même des sentiments auxquels vous vous êtes opposé parce que vous vous imaginiez qu'ils seraient désagréables. Cela vous aide considérablement à intégrer ces ressentis.

Voilà. En mots, je ne peux pas vous expliquer plus clairement ni d'une manière plus concrète la respiration. Vous devez essayer si vous voulez en savoir davantage.

La relaxation complète signifie exactement ce que disent ces termes — en présence de vos ressentis, vous êtes détendu. Vous n'exagérez pas vos sensations ou vos émotions, vous ne vous contractez pas non plus pour leur résister, vous n'essayez pas de les chasser, vous n'en parlez même pas. Vous vous relaxez simplement et vous les laissez être. Se détendre en présence des ressentis aide à la fois à les éprouver et à les intégrer.

La Conscience du Détail est l'art de se focaliser sur les sensations quand elles se manifestent. Votre Professionnel de Vivation vous enseignera l'art de la Conscience des Détails essentiellement grâce à des processus basés sur l'expérience.

Chaque instant correspond à un ressenti. La Conscience des Détails est l'art d'habiter totalement dans l'instant présent et de se permettre de le ressentir tel qu'il est.

Dès que vous vous engagez dans le processus de maximiser votre jouissance de l'instant présent, toute sensation qui se met le plus entre vous et cette jouissance infinie de l'instant présent attire votre attention. Vous vous accordez si bien à ce ressenti que vous remarquez les changements subtils qui s'y produisent d'instant en instant.

Cet « accord » vous permet de faire l'expérience totale du ressenti (qui est nécessaire pour réaliser l'intégration) sans que la sensation doive être intense. Avec Vivation, une plus grande intensité n'apporte pas plus de résultats. Il faut plutôt une attention plus totale au ressenti.

Peu importe combien vous avez été sensible ou insensible par le passé, votre Professionnel de Vivation peut vous apprendre à avoir dès à présent un accès sûr à vos ressentis. Cela est possible grâce à la délicatesse du processus.

L'Intégration dans l'Extase est le nom que j'ai choisi pour l'art de trouver une manière positive de se relier à un ressenti auquel on s'est toujours relié de manière négative dans le passé.

Cela est beaucoup plus facile à faire que vous ne le pensez. En fait, c'est plus facile à faire qu'à ne pas faire. Il est plus facile d'être en paix qu'en guerre avec soi-même. L'Intégration dans l'Extase signifie en réalité que vous êtes vous-même et que vous vous autorisez à expérimenter le fait que même le pire de vos ressentis ne restera pas indéfiniment désagréable.

On parle de ses émotions « négatives » comme si elles étaient horribles mais en fait, on les recherche en général par plaisir. Par exemple, la plupart des gens diront qu'ils n'aiment pas avoir peur et pourtant les films d'horreur et les parcs d'attractions rapportent chaque année des milliards. De même, si nous n'étions pas capables de savourer la tristesse, nous n'écouterions pas des chansons tristes. Si nous n'aimions pas éprouver de la colère, nous ne regarderions pas les informations, etc.

Le fait d'être en vie est en lui-même agréable, même si ce sentiment prend la forme d'une émotion corporelle « négative ».

Chacun peut savourer le fait d'avoir des émotions. L'Intégration dans l'Extase consiste simplement à développer cette aptitude en un savoir-faire raffiné.

Cesser de renier une émotion en retire tout le côté déplaisant. Cela permet au ressenti de s'intégrer dans votre sensation de bien-être. L'intégration dans l'Extase vous permet d'intégrer une chose qui paraissait mauvaise dans votre sentiment de bien-être. cela vous donne toujours une vision nouvelle et positive de l'objet de votre ressenti.

J'ai personnellement enseigné cet art à plus de six mille personnes, consacrant à chacune en moyenne dix heures. (De plus, j'ai formé plusieurs centaines de Professionnels de Vivation pour enseigner ce processus à leurs propres clients.) Croyez-moi, j'ai vu émerger une vaste gamme de sentiments ! J'ai vu des centaines de personnes appliquer avec succès l'Intégration dans l'Extase à chacun des ressentis suivants : douleur physique chronique, souvenirs de violences sexuelles pendant l'enfance, dépression, rage, terreur et chagrin. Inutile de préciser que le processus donne de tout aussi bons résultats avec un matériel émotionnel moins intense.

Vous pouvez apprendre ce savoir-faire. Quel que soit votre enfer personnel et vos souffrances actuelles, vous pouvez les intégrer.

Avec l'Intégration dans l'Extase, vous apprenez à voir comment vous avez fait passer vos expériences du négatif au positif dans le passé, puis à élargir la portée de ces manières de faire pour inclure de plus en plus d'expériences.

Chacun le fait à sa façon. J'ai recensé ce que les gens m'ont dit au fil des années, soit à présent plus de quatre-vingt-dix manières différentes de procéder. Cette liste se trouve dans le chapitre 13.

Rappelez-vous, chaque fois que vous faites passer une chose d'un contexte négatif à un contexte positif, vous obtenez une percée créatrice. Votre Professionnel de Vivation peut vous apprendre à le faire avec tout ce que vous avez refoulé jusqu'ici.

Faites ce que vous faites — la bonne volonté suffit, c'est-à-dire que vous n'avez rien à faire « comme il faut » pour réaliser l'intégration. Etre persuadé à la fois de ce point et du fait qu'il s'agit d'un savoir-faire constitue un paradoxe. Mais il s'agit du savoir-faire de croire que tout évolue comme il faut même si vous ne contrôlez pas la situation. La plupart des activités doivent être faites comme il faut pour produire le résultat attendu. Avec Vivation, votre bonne volonté à laisser se produire l'intégration compte davantage que votre façon d'appliquer les Eléments. Rappelez-vous que ce que vous faites consiste à vous amener à l'harmonie avec la réalité en cessant de vouloir que la réalité soit différente de ce qu'elle est. Laisser une chose être comme elle est est parfaitement naturel et n'implique pas de faire réellement quelque chose. Bien que Vivation soit un savoir-faire et une activité impliquant l'action, il est aussi très important de comprendre qu'il s'agit également de s'effacer pour permettre à une chose inhabituellement naturelle de se produire. Ce Cinquième Elément est essentiel car il vous rend capable de porter votre attention sur le ressenti qui se manifeste au lieu de vous focaliser sur le fait de bien accomplir le processus.

Voici donc ces Cinq Eléments. Je suis certain que vous vous rendez compte qu'ils sont beaucoup plus riches que ce que j'ai pu expliquer dans ce livre. Votre Professionnel de Vivation vous aidera à les maîtriser. La fin de ce chapitre vous montre comment débuter dans ce processus.

Mon premier livre, *Vivation : The science of Enjoying All of Your Life* (Le Rebirth, l'art de jouir pleinement de sa vie), est disponible en librairie et traite sur 300 pages de Vivation et de sujets qui s'y rapportent.

Tout ce que l'on peut entreprendre pour apprendre à *Viver* en vaut la peine. La maîtrise des Cinq Eléments fera de vous un maître de vos émotions, ainsi que de la créativité.

D'AUTRES MANIERES D'EXPLIQUER LE FONCTIONNEMENT DE VIVATION

J'aime aussi expliquer le fonctionnement de Vivation en disant que ce processus donne une pratique concentrée pour « être ici et maintenant ». On n'est « ici et maintenant » que dans la mesure où l'on est disposé à expérimenter honnêtement ses sensations et ses émotions. Dans le cas contraire, on réprime la conscience des sentiments désagréables. Ils continuent à être là, mais on n'en a pas le ressenti. Pour rester vraiment présent, vous devez posséder une méthode permettant d'englober toutes vos émotions. Toute émotion, lorsqu'elle est accueillie, se transforme en un rapport agréable et positif à la réalité.

J'aime aussi expliquer que Vivation est une sorte de méditation : vous méditez sur tout le côté agréable de vos ressentis les plus déplaisants. Quel changement bienvenu par rapport au fait de méditer sur leur côté désagréable !

Voici encore une explication de Vivation dans un contexte spirituel. Vivation est une méditation dans laquelle vous faites l'expérience du Divin avec le banal. La plupart des méditations recherchent Dieu de la même manière, dans le même lieu, jour après jour. Certes, cela semble logique et fonctionne, à l'évidence. Avec Vivation, il s'agit de trouver la présence là où on l'attend le moins — au cœur même des sentiments auxquels on s'est le plus opposé. Selon moi, c'est la manière la plus directe d'élargir notre contact avec Dieu dans la vie quotidienne.

QUELQUES REMARQUES SUPPLEMENTAIRES CONCERNANT VIVATION

Les Cinq Eléments s'appliquent à tous les cas de figure. Pour arriver à une résolution émotionnelle, il suffit de laisser vos sentiments se manifester d'une manière honnête et de trouver une façon positive de vous relier à eux. Le même savoir-faire intègre la culpabilité et la timidité. Le même savoir-faire intègre la solitude et la frustration. Vous pouvez l'appliquer indifféremment au chagrin de finir une relation et à l'appréhension de commencer dans un nouvel emploi. Ce savoir-faire est d'une universalité absolue.

Les Cinq Eléments sont les seuls composants de ce processus. Il ne vous faut rien de plus pour le renforcer. Par exemple, vous n'avez pas besoin de quelqu'un qui se prétende « clair » pour vous montrer vos schémas, ni de faire quelque chose pour activer vos ressentis. Vous n'avez pas besoin de retrouver le traumatisme de votre naissance, ni de vous isoler et de vous priver de sommeil, pour faire jaillir vos émotions dans toute leur brutalité. Vous n'avez pas besoin de bains chauds, ni d'affirmations, ni de quoi que ce soit d'autre. Ces choses sont toutes bonnes dans leur genre, mais je tiens à ce que vous sachiez que vous n'en avez pas besoin.

Tout problème susceptible d'être rencontré dans l'apprentissage de Vivation peut être résolu en améliorant la pratique d'un ou plusieurs des Cinq Eléments.

Vivation n'est pas toujours nécessairement intense. Peu importe l'intensité d'une chose lorsqu'elle est refoulée, elle peut toujours être intégrée à un niveau subtil de manifestation lors d'une session Vivation. D'un autre côté, certains aiment l'intensité. Vous pouvez ajuster la respiration durant votre session pour vous donner le niveau d'intensité et de subtilité qui vous convient personnellement.

Pour autant que je sache, Vivation ne présente aucun danger. Je n'ai jamais constaté de problème avec ce processus chez personne, ni physiquement, ni mentalement, ni émotionellement, ni spirituellement. Je ne peux pas garantir qu'il ne s'en produira jamais — cela ne dépend pas de moi. Je serais cependant surpris que cela arrive, car Vivation ne se compose que des Cinq Eléments et aucun d'entre eux n'est dangereux. Ce type de respiration ne présente aucun danger. Se détendre ne présente aucun danger, pas plus que d'être honnête avec vous-même par rapport à vos ressentis. Il n'y a rien de dangereux à vous relier à vos sensations et à vos émotions de manière positive. Et il n'y a rien de dangereux à croire que votre bonne volonté de faire la paix avec tout vous fera avancer.

COMMENT VIVATION AFFECTE LES EMOTIONS

Bien que Vivation ne concerne pas seulement les émotions, ce processus fonctionne au niveau de votre être auquel vous expérimentez les émotions — à l'interface entre le corps et l'esprit. Vivation travaille à intégrer les émotions de la façon la plus directe possible. Vous vous focalisez simplement sur l'émotion que vous ressentez et vous trouvez une façon positive de vous relier à elle.

Les émotions sont les sensations que vous éprouvez dans votre corps en réponse à votre manière de considérer les choses.

Vos émotions sont déterminées par les contextes dans lesquels vous vous reliez aux choses. Lorsque vous changez de contexte, l'émotion que vous éprouvez à propos d'une chose change aussitôt.

Il existe trois émotions « négatives » primaires. (Je ne les appelle pas « négatives » parce qu'il est mal de les éprouver. J'utlise ce terme car elles sont basées sur le fait de placer une chose dans un contexte négatif). Il s'agit de la peur, la tristesse et la colère. Voyons quel type de contexte amène chacune d'elles et ce qui se passe lorsqu'elles s'intègrent.

Au départ, j'ai retiré ces données des séminaires de développement personnel que j'ai animés à Hollywood où se trouvaient inévitablement beaucoup de personnes du spectacle. Lorsque nous avons parlé d'émotions, le trac est souvent venu au premier plan. Les acteurs expérimentés disaient tous que le trac ne les avait jamais quittés, qu'ils avaient appris à bien l'accueillir car il les aidait à mieux jouer. Je me suis alors mis à observer ce qui se passait dans ma propre expérience du trac et je m'aperçus que trac et exaltation produisaient exactement les même schémas d'énergie dans le corps. La seule différence était que je repoussais une expérience jugée de peur et accueillais bien l'autre comme de l'exaltation.

Vivation est le savoir-faire de se focaliser sur un sentiment que l'on a repoussé et de l'accueillir. Ce faisant, vous pouvez sentir l'émotion s'intégrer et vous éliminez la négativité en travaillant au niveau du ressenti. Vous pouvez par exemple vous focaliser sur un sentiment de peur, lui appliquer la technique et le transformer aussitôt en une exaltation purement agréable.

La peur provient de l'anticipation d'une possibilité de futur non accepté. Par exemple, si vous avez peur de la mort, c'est parce que vous croyez que vous allez mourir et que vous n'acceptez pas la mort. Si vous cessez, soit de croire que vous allez mourir, soit de repousser la mort, vous ne la redouterez plus.

Il existe deux types de peur que l'on peut appeler « peur rationnelle » et « peur irrationnelle ». La peur rationnelle signifie qu'il y a réellement quelque chose à redouter — quelque chose à faire pour éviter un événement. La peur irrationnelle est une peur en l'absence de danger réel, bien que le corps réagisse comme s'il y avait quelque chose à craindre. Voici un exemple de peur rationnelle : si vous vous trouvez dans une voiture conduite par un ivrogne qui zigzague à 140 kilomètres à l'heure, vous avez raison d'avoir peur et la peur vous invite à réagir — lui prendre le volant ou toute autre solution que vous suggère votre créativité. Comme exemple de peur irrationnelle, considérons la peur de parler en public. Des études montrent que c'est ce que les gens redoutent le plus. La deuxième peur est celle d'une guerre nucléaire et la troisième celle de la mort. Cela, en dépit du fait que le taux de mortalité soit très faible parmi les gens qui parlent en public !

La peur rationnelle s'intègre dans la vigilance et la peur irrationnelle dans l'exaltation. La peur a pour but de vous rendre plus vigilant. Elle abaisse réellement le seuil des sons que vous pouvez entendre et améliore l'acuité de votre vision et de vos autres sens. Elle prépare votre corps à passer à l'action. Si vous résistez à la peur, vous ne bénéficierez toutefois pas aussi facilement de ces avantages.

La peur irrationnelle s'intègre dans l'exaltation, qui produit dans le corps le même schéma d'énergie que la peur. L'adrénaline est à l'origine de l'essentiel du ressenti dans les deux cas. Si vous résistez à l'adrénaline, vous aurez peur, si vous l'acceptez, vous serez exalté.

La tristesse provient du fait de croire que votre aptitude à expérimenter une chose qui vous est chère est limitée. La tristesse est souvent liée au passé. Par exemple : vous êtes triste que votre chien bien-aimé soit mort parce que vous l'aimiez et que vous éprouvez la limite de votre capacité à faire l'expérience de votre chien. La tristesse peut aussi concerner le présent ou le futur. Par exemple : vous êtes triste de penser à l'un de vos amis qui va déménager dans quelques mois. Vous pouvez être triste de ne pas pouvoir manger plus de desserts sans prendre du poids ou boire davantage sans être malade.

La tristesse s'intègre dans la gratitude. Supposons que quelqu'un que vous aimez vienne de mourir. Il vous reste vos souvenirs du temps passé avec cette personne. Si vous dénigrez ces souvenirs par rapport à la personne en trois dimensions, vous serez triste. Si vous vous permettez de savourer vos souvenirs, vous aurez la gratitude d'avoir connu cette personne.

La colère provient de votre révolte d'avoir quelque chose à faire pour vous rendre les choses acceptables.

La colère s'intègre dans l'intention ou la détermination. Elle se manifeste quand vous avez le sentiment de devoir faire quelque chose et que vous voudriez que ce ne soit pas à vous de le faire.

Par exemple, supposons que vous viviez avec d'autres gens et qu'entrant dans la cuisine pour préparer le dîner, vous trouviez une pagaille : vaisselle sale, casseroles et récipients qui traînent. Cette situation peut se décrire de la façon suivante : votre intention de préparer le dîner inclut maintenant de commencer par laver la vaisselle. Si vous n'acceptez pas que la situation vous demande de faire la vaisselle, vous serez très en colère. Mais si vous vous laissez aller en harmonie avec cette tâche, au lieu d'être en colère, vous aurez simplement l'intention de vite faire la vaisselle pour passer à la préparation du dîner.

Autre exemple, supposons que quelqu'un vous insulte. Vous avez sans doute assez d'estime de vous-même pour ne pas encaisser sans réagir — vous allez faire quelque chose pour arrêter ce flot d'insultes. Si le processus de faire quelque chose vous est acceptable, vous aurez juste l'intention de vous éloigner ou de dire à la personne que vous voulez être mieux traité, etc. Si vous vous révoltez contre l'idée de faire quelque chose, simplement pour ne pas être insulté, vous serez très en colère.

Toutes les autres émotions sont des mélanges de ces trois ou des combinaisons d'une ou plusieurs d'entre elles avec un type particulier de pensée.

La frustration, par exemple, est un exemple de colère et de tristesse. Elle provient d'une combinaison de la pensée que vous devez faire une chose pour que les choses aillent bien et de la pensée que votre aptitude à la faire est limitée. Par exemple : vous voulez sortir et vous ne trouvez pas vos clés. La combinaison de votre révolte contre le fait de ne pas pouvoir partir quand vous le désirez et de votre révolte contre votre capacité limitée à trouver votre clés produit un profond sentiment de frustration. L'intégration de la frustration mène à l'intention reconnaissante — l'enthousiasme.

La jalousie, à titre d'autre exemple, est composée des trois émotions primaires et de la pensée qu'une autre personne est plus satisfaite que vous et que ce n'est pas acceptable.

Les gens parlent de leurs émotions comme s'ils ne les appréciaient pas et se conduisent comme s'ils les appréciaient. Si vous vous postiez au plus gros carrefour de votre ville à midi un jour de semaine et demandiez aux passants : « Aimez-vous la peur ? », la grande majorité vous dirait : « NON. » Cependant, les parcs d'attraction et les films d'épouvante rapportent des milliards de dollars chaque année aux Etats-Unis. La seule raison de monter sur le grand huit ou de regarder un film d'épouvante est de faire une expérience agréable de la peur. Même si vous ne vous adonnez pas à ces activités, vous devez admettre que le fait que tant de gens le fassent prouvent qu'il n'y a rien d'intrinsèquement désagréable dans la peur.

De même, si les gens n'appréciaient pas leurs sentiments de tristesse, ils n'écouteraient pas de chansons tristes et s'ils n'appréciaient leurs sentiments de colère, ils ne regarderaient pas les informations.

A l'évidence, les émotions sont plus agréables que leur réputation ne le donnerait à penser. Se révolter contre les émotions les bloque. Si vous faites le pas pour permettre à la sensation de l'émotion d'être agréable, l'émotion s'intègre et l'objet auquel elle se rapporte, quel qu'il soit, passe dans un contexte positif.

Le processus inverse marche tout aussi bien. Si vous focalisez votre esprit sur une chose qui vous a inspiré des sentiments désagréables et que vous passez mentalement à un contexte positif, les sentiments désagréables disparaissent immédiatement et vous avez des sentiments agréables quand vous pensez à cette chose.

Il est en réalité plus facile d'intégrer que de refuser. Il est plus facile de se focaliser sur ce qui est là que sur ce qui n'y est pas. La paix émotionnelle est un état énergétique plus stable que le tumulte émotionnel. La raison principale pour laquelle les gens n'intègrent pas plus souvent est le phénomème nommé « refoulement » au niveau du ressenti et « négation » au niveau mental.

Personne ne veut affronter une chose qui met mal à l'aise. A partir du moment où l'on déprécie une chose, on se sent mal par rapport à elle chaque fois qu'on l'affronte. Cela donne l'impulsion émotionnelle de ne pas y penser. Cela conduit au refoulement du sentiment et à la négation du problème. La vie a sa manière à elle de rappeler les problèmes et les émotions à notre attention. Nous avons alors une autre occasion de passer à un contexte positif, d'intégrer.

Les émotions se transforment, mais ne disparaissent pas. En d'autres termes, si vous commencez avec des sentiments négatifs sur une chose, vous n'allez pas vers l'absence de sentiments par rapport à elle, vous allez vers des sentiments positifs à son sujet.

VIVATION ET LA CREATIVITE

La créativité signifie que l'on utilise toutes les ressources disponibles de manière à atteindre un résultat durable et original. Vivation augmente considérablement notre conscience des ressources dont nous disposons. Vivation élimine le sentiment d'impuissance et d'apathie qui constitue en général le plus grand obstacle à la créativité. Vivation accroît le contact conscient avec l'inconscient, qui est un vaste réservoir de créativité comme le savent tous ceux qui rêvent. En éliminant la négativité et les conflits internes, Vivation libère notre créativité de bien des façons. Davantage de créativité constitue peut-être le résultat le plus universel de Vivation.

VIVATION ET L'ESTIME DE SOI

Vivaton améliore l'estime de soi d'une façon très directe. On pourrait l'appeler l'art d'apprendre à aimer les parties de nous-même que nous avions précédemment reniées. Développer de l'amour inconditionnel pour nous-même (et à l'égard de notre expérience de la vie) augmente de manière spectaculaire notre estime de nous-même.

VIVATION ET LA PROSPERITE

Les personnes qui apprennent à *Viver* font pour la plupart l'expérience d'une augmentation de leurs revenus et commencent un travail qu'elles aiment. En augmentant l'estime de soi, Vivation amène tout naturellement une personne à revendiquer davantage ce qu'elle attend de la vie. Dans la mesure où ce processus stimule aussi la créativité, il est normal que l'on réussisse mieux ce que l'on fait. Nous constatons depuis des années qu'un fort pourcentage de gens ayant appris à *Viver* décident de se mettre à leur compte.

VIVATION ET DES RELATIONS AIMANTES

Comme chacun le sait, il est beau d'aimer inconditionnellement. Mais peu savent comment y parvenir. Vivation rend possible l'amour inconditionnel en nous permettant de nous nourrir de tous nos sentiments, y compris ceux que notre entourage stimule en étant ce qu'il est ! L'ennemi d'une relation heureuse réside dans le fait de vouloir que notre partenaire soit différent de ce qu'il est. Lorsque vous savez comment accepter vos sentiments, vous savez comment accepter votre partenaire.

Vivation et la sexualité s'accordent très, très bien. Réfléchissez-y : qu'est-ce qu'une bonne activité sexuelle sinon respirer, se détendre, ressentir avec acuité chaque nuance des sensations, maximiser la jouissance que procure chaque instant et chaque acte, quel qu'il soit ? Nous pourrions parler des « Cinq Eléments de la Sexualité » et susciter probablememnt plus d'inscriptions à nos séminaires. Mais puisque les Cinq Eléments renforcent aussi tous les autres aspects de la vie, nous avons décidé de continuer à les appeler les Cinq Eléments de Vivation.

Si vous et votre partenaire apprenez tous les deux à *Viver*, votre relation se renforcera probalememt de manière considérable, elle deviendra plus heureuse et comportera plus de compassion et de soutien.

Il arrive aussi parfois que l'intégration des sentiments amène à se rendre compte qu'il est temps de sortir d'une relation. Lorsque cela se produit, Vivation permet d'intégrer les sentiments de chagrin, de solitude, de colère et de culpabilité qui, en général, font surface.

VIVATION ET LA PSYCHOTHERAPIE

Il existe de multiples genres de psychothérapies et on consulte un psychothérapeute pour toutes sortes de raisons. En général, la psychothérapie constitue à mon sens l'un des produits les plus positifs du vingtième siècle, qui vient chaque jour en aide à des millions de gens.

Selon mon expérience, rien n'est aussi efficace que Vivation en matière de résolution émotionnelle. D'un autre côté, la psychothérapie est indispensable pour clarifier les choses, prendre des décisions, régler des problèmes relationnels et encore mille autres applications. Vivation ne se substitue pas à la psychothérapie.

En enseignant Vivation à des milliers et des milliers de gens de par le monde ces dix dernières années, mes collègues et moi avons constaté que ce processus renforce l'effet de la psychothérapie. Nous n'avons jamais rencontré aucun cas où Vivation interférait avec un mode ou un autre de psychothérapie et nous n'avons pas cessé d'entendre, de la part de clients comme de psychothérapeutes, que Vivation contribuait aux progrès effectués par les gens en thérapie. Cela ne doit pas nous surprendre, sachant que Vivation augmente de manière très directe le contact d'une personne avec ses sentiments, tout en augmentant ses capacités de remettre les choses dans leur contexte. Ce sont là des composantes importantes de la plupart des modes de psychothérapie. La capacité accrue d'accéder à ses sentiments et la confiance en soi accrue également que l'on retire de Vivation pour traiter le matériel émotionnel accélère tout travail de ce type.

L'UTILISATION DE VIVATION DANS LA VIE QUOTIDIENNE

Après quelques séances guidées, vous êtes capable d'utiliser Vivation par vous-même sans assistance. Vous pouvez *Viver* tout en vaquant à vos occupations quotidiennes.

Vivation est un processus intérieur qui n'attire pas l'attention des autres, vous pouvez donc l'appliquer même en public. Chaque fois que vous vivez une chose déplaisante, vous pouvez utiliser Vivation pour intégrer vos émotions et accroître votre créativité pour gérer la situation. Lorsque vous vous trouvez déjà en situation agréable, vous pouvez utiliser Vivation pour être davantage dans l'instant présent et accroître votre appréciation de ce qui est déjà plaisant.

Vous pouvez utiliser Vivation au travail, en jouant au golf, en faisant l'amour, en téléphonant ou à peu près en toute autre occasion. Cela signifie que, dans votre vie quotidienne, vos émotions peuvent réellement être utilisées à votre avantage et en fait appréciées, quelle que soit la raison pour laquelle elles se manifestent. *Viver* tout en vaquant à une autre occupation se dit « Vivation en Action ». En général, tous les Professionnels de Vivation visent à développer chez chacun de leurs clients, et le plus vite possible, la capacité à *Viver* en Action. Une phase intermédiaire est la capacité du *Viver* à effectuer sans l'aide d'un professionnel de Vivation toute une séance de Vivation. Ce niveau s'atteint en principe en 5 à 15 sessions.

COMMENT DEBUTER

Vivation est le seul processus de ce livre que vous ne puissiez apprendre de lui et commencer ausitôt à appliquer. Il est nécessaire, de par la nature de ce processus, de l'apprendre d'une personne formée à la technique, c'est-à-dire un Professionnel de Vivation. Toutefois, si vous n'avez jamais rencontré de Professionnel de Vivation, la lecture à propos de cette technique vous donnera sans aucun doute de profondes compréhensions du fonctionnement de votre esprit et de vos émotions. La simple lecture de ce chapitre et du suivant vous aidera probablement à vous libérer de certaines émotions négatives bloquées.

Vivation est un art élaboré et il est vivement conseillé de l'aborder avec un Professionnel de Vivation dûment formé. Ce dernier vous enseignera les manières d'accéder efficacement et d'intégrer efficacement vos sentiments. C'est en développant ces aptitudes que vous rendrez Vivation efficace et agréable pour vous. Il y a des Professionnels de Vivation partout dans le monde et probablement au moins un à une distance de chez vous accessible en voiture.

Bien que les prix pratiqués par ces personnes varient assez largement, je suis persuadé qu'il ne vous paraîtra pas très cher d'apprendre grâce à l'une d'elles le processus de Vivation.

Vous pouvez apprendre soit en séminaires, soit en sessions individuelles.

Dans les deux cas, le Professionnel de Vivation commencera par vous enseigner les Cinq Eléments, probablement en les combinant avec des informations et de petits processus expérimentaux.

Une session avec un Professionnel de Vivation comporte presque toujours un apprentissage des Cinq Eléments avant la pratique du processus lui-même. Une fois la partie instructive terminée (qui prend en général environ une heure en session individuelle et jusqu'à cinq heures en séminaire, pour être très complète), votre session de Vivation à proprement parler commence. Vous êtes presque toujours allongé lors des premières sessions, n'ayant donc rien d'autre à faire que de *Viver*. Cela pourra se passer différemment dans les sessions ultérieures.

Les premières minutes de votre première session seront en principe consacrées à vous familiariser avec la respiration et le flux énergétique stimulé dans le corps. Au bout de quelques minutes, des schémas d'énergie commencent à se manifester et le

Professionnel de Vivation vous guide dans leur exploration et leur intégration. Depuis la fin de l'instruction jusqu'au moment où se termine la session, il faut en général deux heures. A la fin de chaque session, vous vous sentirez probablement mieux que vous ne l'avez jamais été.

Vous découvrirez que chaque session est différente car le matériel que vous avez déjà intégré n'est plus là pour ressortir. Tout l'éventail de sentiments qui se manifeste grâce à Vivation est absolument surprenant !

Il est très important de comprendre que le *Viver* produit tous les résultats de Vivation — le Professionnel de Vivation n'y est pour rien. Vivation est un processus interne entièrement autodirigé. Vous obtenez des résultats proportionnels aux développement des aptitudes requises. A partir du moment où vous avez acquis une certaine maîtrise de ces aptitudes, vous en disposez pour toujours. Vivation ne s'accompagne même pas dans les premiers stades d'une dépendance par rapport au Professionnel de Vivation. En fait, l'un des effets de Vivation est un sentiment accru d'indépendance émotionnelle.

Je vous conseille de lire les douze premiers chapitres de *Vivation — The science of Enjoying All of Your Life* avant de faire votre première session. Ces chapitres expliquent le processus beaucoup plus en détail qu'ici et leur lecture vous permettra d'apprendre le processus beaucoup plus vite.

Vivation est la marque de notre organisation professionnelle, Associated Vivation Professionnals (AVP). Seules les personnes qui connaissent les Cinq Eléments et ont signé un accord pour enseigner à leurs clients les arts de Vivation peuvent y adhérer. Seuls les membres actuels d'AVP sont autorisés à faire un usage publicitaire du terme « Vivation » pour leur travail. Peut-être aurez-vous à faire à quelqu'un qui effectue un autre type de travail, mais prétend qu'il est semblable à Vivation. Une telle personne n'est pas qualifiée pour vous apprendre à utiliser les Cinq Eléments par vous-même. Même si ce qu'elle fait est valable, prétendre qu'elle fait un travail similaire à Vivation montre son manque d'intégrité. Vous avez tout intérêt à vous adresser à un autenthique Professionnel de Vivation, membre d'AVP.

D'une manière générale, les Professionnels de Vivation enseignent à *Viver* de l'une ou plus des trois manières suivantes : 1. Sessions individuelles, 2. Séminaires courts, 3. Formations Professionnelles de Vivation.

Les sessions individuelles ont l'avantage de leur caractère totalement privé et de l'attention non divisée que vous porte le Professionnel de Vivation. C'est la meilleure méthode pour ceux qui ont besoin de l'une de ces deux caractéristiques spécifiques. Bien sûr, c'est aussi la méthode la pus coûteuse.

Les séminaires courts, en général vendredi soir, samedi et dimanche toute la journée, donnent une compréhension plus profonde de la manière d'appliquer les Cinq Eléments. Ils permettent aussi de bénéficier de l'interaction du groupe. Ils constituent en général le moyen le plus rentable d'apprendre Vivation.

La Formation Professionnelle de Vivation convient bien sûr à ceux qui souhaitent devenir des Professionnels de Vivation, mais aussi à ceux qui veulent faire une expérience très poussée pour eux-mêmes. Des sujets liés à Vivation y sont également traités.

En ce qui me concerne, j'enseigne Vivation selon ces trois options. Je donne des séminaires de week-end dans le monde entier — cela constitue la plus grande partie de mon travail. Je donne des sessions individuelles à la fois chez moi et pendant mes voyages. Mes collègues et moi animons des Formations professionnelles de Vivation deux ou trois fois par an aux Etats-Unis et de temps en temps dans d'autres pays.

Je vous invite à me contacter, personnellement, pour tout ce qui touche à ce travail. J'anime en permanence des séminaires Vivation et des séminaires sur la relativité. Si vous souhaitez participer à l'un d'eux ou en organiser un pour moi dans votre ville (une affaire lucrative à saisir), écrivez-moi ou téléphonez-moi. Je suis également très intéressé à participer à une recherche scientifique bien menée concernant Vivation. Pour me contacter, vous trouverez tous les renseignements utiles à la fin de ce livre.

Fiches 64 à 66.

CHAPITRE 13

TOUT PEUT RENFORCER VOTRE POUVOIR

Ce chapitre présente des techniques simples pour faire passer n'importe quelle expérience d'un contexte négatif à un contexte positif. L'explication fondamentale des contextes, négatif et positif, se trouve dans le chapitre 11. Veillez à l'avoir bien lu avant d'aborder celui-ci.

Ces techniques font partie des aptitudes que les Professionnels de Vivation enseignent à leurs clients avec le Quatrième Elément, l'Intégration dans l'Extase. C'est pourquoi on les appelle souvent « Techniques du Quatrième Elément ».

Tout le monde a fait ce type d'expérience de remise dans le contexte. Tout le monde a connu des expériences qui commencent apparemment mal et, du fait d'un changement de conscience, tournent du bon côté. Les techniques du Quatrième Elément proviennent de l'observation de personnes effectuant ce passage. J'y ai travaillé pendant des années. Jusqu'à maintenant, j'ai identifié cent manières de changer de contexte — ce qui constitue une chiffre rond agréable, mais je suis sûr que j'en trouverai encore d'autres.

Dans Vivation, nous utilisons ces changements de contexte au niveau du ressenti, ce qui réussit car le contexte dans lequel on place une chose détermine le ressenti qu'elle inspire. Chaque fois que vous dépréciez une chose, elle vous donne un ressenti désagréable. Si vous passez à un contexte positif, la même chose vous donne un ressenti agréable. Apprendre ce travail au niveau du ressenti apporte des bénéfices substantiels, qui sont exposés dans le chapitre précédent.

Vous pouvez aussi tout appliquer mentalement, sans apprendre à utiliser Vivation, et en retirer tout de même un bénéfice substantiel.

COMMENT TRANSPOSER TOUTE CHOSE DANS UN CONTEXTE POSITIF

Je vais vous présenter ces techniques en un processus. Voici comment l'effectuer :

1. Prenez ***la fiche 67*** et dressez la liste de dix choses que vous n'aimez pas. N'importe lesquelles. Observez le ressenti corporel désagréable que vous avez lorsque vous pensez à elles.

2. Ce processus consiste à confronter votre liste de choses que vous n'aimez pas à ma liste de manières de les faire passer dans un contexte positif. Commencez par la première chose de votre liste et la première transposition de contexte de la mienne. Essayez cette transposition de contexte pour voir si la chose de votre liste s'intègre. Elle le fera ou ne le fera pas — dans les deux cas, pas de problème.

3. Si elle s'intègre, passez à la deuxième chose de votre liste et à la deuxième transposition de la mienne et recommencez. Si une chose ne s'intègre pas, n'allez pas plus loin sur votre liste, mais essayez l'une après l'autre les techniques de la mienne.

Pour savoir si la chose s'intègre, observez votre ressenti à son propos. Tant qu'elle vous inspire un sentiment déplaisant, c'est que vous continuez à la refouler. Si le contexte change, vous vous sentirez mieux en pensant à elle.

Voici quelques indications à propos de ce processus avant que vous ne commenciez :

A. Il s'agit d'outils. Analogiquement, vous pourriez vous procurer n'importe quel outil dans une quincaillerie, disons un marteau. Ce que vous ne faites pas, c'est acheter un marteau, le poser sur la table devant vous et croiser les bras d'un air sceptique en disant : « Bien, je voudrais te voir planter des clous ! » De par leur nature, les outils ne font pas réellement quelque chose. C'est vous qui accomplissez le travail, en utilisant l'outil. Si vous n'avez pas l'intention de planter les clous, le marteau ne vous sera d'aucune utilité.

Il en va de même avec ces techniques. Si vous n'avez pas l'intention de passer à un contexte positif, je vous assure qu'elles ne se chargeront pas de le faire à votre place. Si vous avez l'intention de changer de contexte, vous pouvez vous en servir pour y parvenir.

B. Ce processus est très superficiel en comparaison de Vivation. Vos sentiments sont très complexes. Vivation vous permet d'intégrer toute cette complexité car chaque composante du ressenti se manifestera pour être intégré. Chaque intégration active le schéma d'énergie suivant. Aussi longtemps qu'une chose ne semble pas être harmonieuse, vous maintenez Vivation en elle. Vous savez qu'une session Vivation est terminée lorsque tout est harmonieux.

Dans l'intérêt de ce processus, estimez que vous avez opéré une intégration quand votre énergie fait un saut dans la direction d'un ressenti agréable, même si certains de vos sentiments vous donnent l'impression de ne pas être tout à fait résolus.

C. L'énumération qui va suivre est assez concise, comme je l'aime, mais libre à vous de reformuler les phrases d'une manière qui vous convienne.

D. La raison de la multiplicité des manières est que chacun pense différemment. Toutes ne réussissent pas à tout le monde. Il vous suffit d'en trouver trois ou quatre qui vous sont d'un usage particulièrement naturel, peut-être celles que vous avez utilisées dans le passé. Elles permettent simplement d'élargir l'application de cette transposition de contexte à de plus en plus de choses.

TECHNIQUES DU QUATRIEME ELEMENT ou « 100 FACONS DE FAIRE PASSER TOUTE CHOSE DANS UN CONTEXTE POSITF »

1. Trouver une manière de l'apprécier.

2. Prendre conscience du fait que ce que l'on expérimente n'est pas infiniment mauvais. Etre reconnaissant de ce qu'il y a de bon dans cette expérience.

3. Elargir sa gratitude d'exister pour y inclure la spécificité de ce que l'on expérimente en cet instant.

4. S'incliner devant le fait que la chose est comme elle est, qu'on l'aime ou non.

5. Ne la comparer qu'à elle-même.

6. Cultiver un sentiment de fascination à son égard — remarquer qu'elle est du moins intéressante.

7. Etendre sa compassion à tous les gens qui expérimentent une chose analogue.

8. Etre ouvert au fait que, d'une manière ou d'une autre, elle apporte quelque chose.

9. Donner à toutes les parties de soi-même de l'amour inconditionnel.

10. Etendre l'amour inconditionnel à toutes les parties de son expérience.

11. Confier l'ensemble de l'expérience à Dieu.

12. Reconnaître que le fait que ce soit bon ou mauvais, agréable ou désagréable, dépend purement du contexte que l'on choisit.

13. Apprécier le fait que c'est exactement tel que c'est pour un seul instant dans toute l'éternité. Se réjouir vite avant que cela ne s'intègre.

14. Noter que l'on est proche du but et être content d'être responsable du fait d'obtenir plus de ce que l'on veut dans cette affaire.

15. Reconnaître que c'est sans doute ce que certaines parties de soi désirent.

16. Apprécier le fait que cela amène à mieux se connaître.

17. Reconnaître que l'on pourrait faire meilleure mine devant cette chose.

18. Imaginez ce que se serait si cette chose était exactement telle qu'elle est, mais que l'on se sente intégré à son sujet.

19. Prendre conscience de la proportion dans laquelle on l'accepte déjà.

20. Puisque l'on sait que l'on finira par faire la paix avec elle, prendre simplement les devants et le faire tout de suite.

21. Exagérer ses sensations avec enthousiasme.

22. Savourer l'intensité pour elle-même.

23. Etre à l'aise grâce au sentiment de familiarité qu'elle donne.

24. Etre reconnaissant que soit activé ce qui devait l'être.

25. Voir son intérêt dans l'histoire.

26. Savourer la nouveauté de cette chose.

27. Etre reconnaissant d'être capable de ressentir.

28. Savoir qu'en la ressentant on la guérit.

29. Prendre conscience que ce que l'on expérimente est drôle.

30. L'honorer comme un maître.

31. Garder l'esprit ouvert à son propos.

32. Sachant que l'Expérimentateur, qui est celui que l'on est en réalité, est Extatique au sujet de cette chose, choisir que son conscient soit également Extatique.

33. Rire de l'absurdité de contester quoi que ce soit.

34. Prendre conscience que, étant donné ce que l'on a fait pour que les choses soient ainsi, elles n'ont pas tourné aussi mal qu'elles auraient pu.

35. Reconnaître les avantages que l'on en retire maintenant.

36. Observer que cela renforce la relation à Dieu.

37. Observer que cela renforce le caractère.

38. Observer que cela renforce la détermination.

39. Etre reconnaissant de la bonne histoire qui va en sortir.

40. Tirer le rideau sur son drame.

41. Permettre à l'Esprit Saint de pénétrer à l'intérieur de votre corps par vos chakras, pour le guérir entièrement.

42. Même si cela ne semble pas agréable, s'ouvrir à cette chose comme si elle l'était.

43. Sentir palpiter la vie dans ce schéma d'énergie.

44. Exprimenter toute sensation comme un instrument de l'amour de Dieu.

45. Prendre conscience que c'est un miracle que ce moment existe et bénir le miracle de l'existence.

46. Etre persuadé que Dieu nous aime.

47. Croire que l'on a assez de force pour faire face même à ce que cette situation a de pire.

48. Se rendre compte que ce n'est pas aussi terrible que les pires pensées que l'on a à ce sujet.

49. Donner l'ordre que cette chose soit comme elle est.

50. Se détendre mentalement.

51. Envisager avec enthousiasme d'intégrer cette chose.

52. Louer inconditionnellement cette chose.

53. Faire comme si c'était facile.

54. Etre très doux, patient et plein de sollicitude envers soi en présence de ces sensations.

55. Savoir que l'amour de Dieu est inconditionnel et que l'on est déjà pardonné.

56. Etre reconnaissant que cela arrive en un moment aussi opportun.

57. Etre reconnaissant que cela appartienne au passé.

58. Aimer la partie de soi qui est activée.

59. Prendre conscience que le ressenti corporel ne peut pas être plus bizarre qu'on ne l'est soi-même.

60. Laisser les sentiments agréables de force et de vigueur déjà présents dans notre corps nous aider à intégrer cette chose.

61. Faire l'expérience de chaque sensation en tant que lumière blanche ou énergie de guérison.

62. Laisser son amour pour Vivation s'élargir au point d'inclure tout ce qui se manifeste durant la session.

63. Apprécier l'honnêteté avec laquelle on ressent les sensations.

64. Etre reconnaissant d'avoir quelque chose sur quoi *Viver*.

65. Laisser le sentiment nous entraîner dans une aventure.

66. Reconnaître que l'on s'est assez battu avec cette chose et que tenter de la maîtriser n'est peut-être pas la meilleure stratégie.

67. Prendre conscience que le Créateur de l'Univers pense sans doute que cette chose est censée être exactement ainsi.

68. Il ne s'agit que d'un schéma d'énergie.

69. Prier à ce sujet.

70. Faire l'expérience de cette énergie comme de celle de Dieu.

71. Bien accueillir cette occasion d'abandonner l'ego.

72. Reconnaître que l'on apprécie un peu d'action et d'émotion dans sa vie.

73. Etre reconnaissant de savoir *Viver* !

74. Prendre conscience que le même Dieu qui nous a donné la vie et toutes les choses merveilleuses que nous avons vécues est aussi à l'origine de celle-ci.

75. Que cela soit une métaphore de toute notre vie.

76. Etre reconnaissant d'être du moins assez snob pour identifier une expérience de mauvaise qualité quand on en fait une !

77. Trouver la présence de Dieu dans le ressenti.

78. Apprécier la beauté unique de cette chose.

79. Etre reconnaissant que cette expérience nous fasse savoir qu'on est en vie.

80. Etre reconnaissant de posséder des excuses aussi merveilleuses pour sa négativité.

81. Faire confiance à son corps.

82. Reconnaître que tout n'est pas perdu.

83. Avoir confiance que tout évolue parfaitement.

84. Puisque d'autres personnes ont traversé la même chose, avoir confiance de pouvoir le faire aussi.

85. Reconnaître que ce qui nous tracasse n'est pas ce qu'il y a de plus important dans la vie.

86. Etre reconnaissant pour la manière dont cette expérience nous éduque à propos de nos valeurs.

87. Relever le défi.

88. Prendre conscience que si on fait de son mieux, on agit au mieux.

89. Avoir confiance que l'intégration est inévitable.

90. Sentir que l'on s'aime assez pour traverser cette situation.

91. Ne choisir que l'amour.

92. Reconnaître que d'entretenir sa négativité au sujet de cette chose ne vaudrait pas ce que cela nous coûterait.

93. Admettre que l'on ne peut pas gagner une guerre contre ses propres sentiments.

94. Aimer l'énergie de son corps inconditionnellement.

95. Rire des suggestions répressives brillantes de son esprit.

96. Etre reconnaissant que cette partie du corps que l'on sent activée existe.

97. Si on ne peut améliorer les choses, essayons de les rendre pires.

98. Soyons reconnaissant que ce qui se produit en cet instant nous conduise à notre prochaine expérience merveilleuse.

99. Faire la paix avec tout.

100. Apprécier ce qui se passe car on n'a pas d'autre vie à sa disposition.

COMMENT UTILISER CES TECHNIQUES DANS VOTRE VIE QUOTIDIENNE

Cultivez le savoir-faire de choisir par avance et de développer un contexte positif. Chaque matin, vous pouvez prendre parmi ces transpositions de contextes celle que vous préférez et l'utiliser au cours de la journée. — J'appelle cela votre « Technique du Jour du Quatrième Elément ». Vous pouvez l'inscrire sur un papier ou sur le dos de votre main où vous la verrez souvent. Il est indiqué de retenir en outre deux ou trois autres techniques à utiliser comme renforts au cas où une chose ne s'intégrerait pas grâce à la technique élue ce jour-là.

Muni d'une technique de base, renforcée par deux ou trois autres, ainsi que de la volonté d'intégrer tous les événements du jour dans l'extase, vous êtes sûr de vivre une journée extatique.

CHAPITRE 14

LES BATISSEURS D'ATTITUDES

Lorsque vous voulez changer votre attitude à propos d'une chose, mais que de nombreuses habitudes de pensée vous barrent la route, vous pouvez progresser nettement dans la construction d'une nouvelle attitude en recourant à une technique appelée « Affirmations ».

Les affirmations sont des outils pour transformer votre manière de penser habituelle. Elles sont l'équivalent des « pratiques » décrites dans le chapitre 8, à cette différence que les pratiques sont utilisées pour construire de bonnes habitudes de comportement et les affirmations pour de bonnes habitudes de pensée. Tout ce qui est influencé par vos pensées peut être influencé par l'usage d'affirmations.

Une affirmation consiste en une simple déclaration de fait exprimée de manière à vous servir. Ce mode d'expression vous sera utile essentiellement parce qu'il ne correspond pas à votre façon de penser habituelle — vous utilisez l'affirmation pour changer cette façon de penser.

Voici quelques exemples d'affirmations :

« J'aime tout le monde et tout le monde m'aime. »

« Il est évident qu'en tout je mérite le meilleur. »

« Mes recettes dépassent toujours mes dépenses. »

« Je suis sans aucun doute l'un des êtres les plus créatifs de cette terre. »

Certains enseignent les affirmations comme si elles étaient magiques. Ils prétendent que les pensées créent littéralement la réalité comme si elles modifiaient la structure des molécules et des atomes. Ces gens-là disent que pour obtenir une nouvelle Mercedes, par exemple, le meilleur moyen consiste à écrire des milliers de fois une phrase du genre : « Je possède maintenant une nouvelle Mercedes, elle est sous mes fenêtres. » Et de temps à autre vous levez la tête pour jeter un coup d'œil par la vitre afin de voir si elle est arrivée.

Les affirmations fonctionnent, mais pas de cette façon. Elle fonctionnent parce que vous pouvez les utiliser pour changer les contextes. Le plus important pour atteindre un objectif consiste à placer cet objectif et le processus pour l'atteindre dans les contextes appropriés.

Si, en considérant votre objectif, vous vous sentez mal à l'aise, c'est un signe : une partie de vous place l'objectif et/ou le processus dans un contexte inadéquat. Lorsque votre objectif se trouve dans un contexte tout à fait approprié, vous êtes enthousiaste et non pas mal à l'aise.

Si vous parvenez à découvrir vos contextes inadéquats, vous pouvez les changer et passer de l'inconfort à l'enthousiasme. C'est le meilleur usage que vous puissiez faire des affirmations.

Par exemple, supposons que vous ayez pour objectif d'avoir une Mercedes et que votre seul revenu soit un emploi qui vous rapporte 3.000 F par mois. Si vous vous concentrez sur l'idée d'avoir une Mercedes, vous éprouverez probablement un certain découragement. C'est là le signe que vous placez le processus dans un contexte inadéquat. Vous pourriez essayer l'affirmation : « Toutes les parties de moi s'organisent avec enthousiasme pour l'achat d'une nouvelle Mercedes. »

Il existe beaucoup d'excellentes façons d'utiliser les affirmations. Je veux décrire dans ce livre deux méthodes en détail et en mentionner quelques autres.

AFFIRMATIONS INTERACTIVES

Pour cette technique, munissez-vous ***des fiches 68 à 71*** et veuillez suivre les instructions suivantes.

1. Ecrivez l'affirmation en haut de la page.

2. Sur la ligne suivante, inscrivez toute objection vous venant à l'esprit. Pour ma part, j'écris l'objection (baptisée plus formellement « la réaction ») entre parenthèses.

3. Sur la ligne suivante, écrivez la nouvelle affirmation que vous faites en réponse à la pensée négative (réaction).

4. Sur la ligne suivante, répétez l'affirmation initiale.
5. Puis une nouvelle réaction.
6. Puis, en fonction d'elle, une nouvelle affirmation.
7. Puis de nouveau l'affirmation initiale.
Etc.

Faites certaines répétitions en utilisant le « je » (première personne), d'autres avec le « tu » (deuxième personne) et d'autres encore avec « il » ou « elle » (troisième personne).

Voici un exemple :

*Je (Carole) suis à l'évidence l'une des plus belles femmes du monde.

(Je suis trop petite.)

* J'ai la taille idéale.

Je (Carole) suis à l'évidence l'une des plus belles femmes du monde.

(Je suis trop vieille.)

* Je suis à l'âge où les femmes sont les plus attirantes.

Je (Carole) suis à l'évidence l'une des plus belles femmes du monde.

(Je suis trop grosse.)

* Mon corps est déjà svelte et parfait et il s'améliore encore très rapidement à ce point de vue.

Carole, tu es à l'évidence l'une des plus belles femmes du monde.

(Les hommes ne s'intéressent plus à moi.)

* Tous les hommes qui m'attirent sont très attirés par moi.

Carole, tu es l'une des plus belles femmes du monde.

(Je ne fais pas assez d'exercice.)

* Je fais déjà beaucoup d'exercice et j'en fais de plus en plus avec enthousiasme.

Carole, tu es à l'évidence l'une des plus belles femmes du monde.

(Les femmes sont jalouses de moi et ne me veulent pas pour amie.)

* Ma beauté est un encouragement pour toutes les femmes et elles ont très envie de devenir mes amies.

Carole est l'une des plus belles femmes du monde.

(Mais qu'elle est prétentieuse !)

* Je suis humble.

Carole est l'une des plus belles femmes du monde.

(Elle s'estime tellement que je ressens en sa présence peu d'estime pour moi-même.)

* En contact avec moi et ma haute estime de moi-même, les gens éprouvent une haute estime pour eux-mêmes.

Carole est à l'évidence l'une des plus belles femmes du monde. (Il en a de la chance ce monde qu'elle vive dedans !)

* J'ai de l'humour à propos de mon aspect et c'est bien.

Je (Carole) suis à l'évidence l'une des plus belles femmes du monde.

Cette méthode d'utilisation des affirmations est la plus connue dans la communauté Vivation. Son plus grand avantage vient du fait qu'en écrivant vos réactions négatives, vous pouvez les identifier et les changer efficacement.

Quant à la technique suivante, je l'ai élaborée et je l'enseigne, presque exclusivement, depuis environ deux ans. Je la préfère car elle est plus rapide, plus efficace et plus agréable et qu'elle implique la créativité. Parmi les gens que je connais, la plupart de ceux qui ont longtemps utilisé les Affirmations interactives donnent la préférence à ce système. Toutefois, si vous êtes totalement novice dans le domaine des affirmations, je vous conseille d'utiliser d'abord les Affirmations interactives, le temps de vous habituer à laisser vos réactions se manifester.

DECOUVERTE D'AFFIRMATIONS

Dans Découverte d'Affirmations, vous ne faites aucune répétition, vous élaborez une nouvelle affirmation à chaque ligne. Vos réactions négatives sont automatiquement gérées dans ce processus car, en passant à une nouvelle affirmation, ce qui vous a traversé l'esprit pendant que vous écriviez la précédente influencera naturellement la manière dont vous écrirez celle-ci. Apprenez à être très direct en élaborant vos affirmations afin de gérer ce qui survient. N'hésitez pas à activer les émotions que suscitent en vous le sujet.

A présent, lorsque j'enseigne Découverte d'Affirmations à mes clients, je leur explique que les affirmations que je leur donne sont des points de départ. En d'autres termes, ils commencent par l'affirmation que je leur donne, puis font leurs variations sur ce thème.

L'un des avantages de cette méthode est que, très vite, vous devenez un expert dans l'art de faire de nouvelles affirmations. Voici quelques indications pour qu'elles soient bonnes.

1. Vous pouvez très facilement faire des affirmations grâce au processus de l'« inversion simple ». Cela signifie que, prenant la phrase négative qui est en jeu, formulée simplement, vous changez le moins de mots possible pour la rendre totalement positive. Voici quelques exemples :

Pensée négative	*Affirmation positive*
Je me sens coupable.	Je suis bien avec moi-même.
Les gens ne m'aiment pas.	Tout le monde m'aime.
Je n'ai pas assez d'argent.	J'ai beaucoup d'argent.
Tout le monde profite de moi.	Tout le monde m'aide.

2. Votre affirmation doit être simple et directe.

3. Veillez à ce que tous ses éléments soient positifs. Par exemple, au lieu de dire : « Je n'ai plus le sentiment d'être pauvre », mieux vaut affirmer : « Maintenant, je me sens tout le temps riche. »

4. Faites une affirmation ayant un impact. Pour savoir si c'est le cas, notez ce que vous ressentez en pensant l'affirmation. Si elle vous paraît tiède, c'est qu'elle n'a pas beaucoup d'impact sur vous. Si vous y réagissez bien, ou mal, c'est qu'elle a de l'impact.

5. Veillez à ce que l'affirmation diffère de votre manière habituelle de penser. Par exemple, si vous pensez que vous travaillez très bien, mais n'êtes pas assez payé, il ne sert à rien d'écrire : « Je fais du bon travail. » Vous avez intérêt à écrire : « Je veille à être très bien payé pour mon travail. » Si vous pensez que votre travail est négligé, alors l'affirmation : « Je fais du bon travail » vous convient.

6. Il est souvent opportun d'introduire des termes « amplificateurs » dans vos affirmations. Par exemple : toujours, à l'évidence, absolument, meilleur, le plus, extrêmement, etc.

Voici quelques indications complémentaires pour l'emploi des Découvertes d'Affirmations :

1. Ecrivez ou dactylographiez les affirmations le plus vite possible, procédez comme pour les autres types d'Ecriture de Découverte.

2. Modifiez au moins un mot dans chaque affirmation par rapport à la précédente.

3. Formulez vos affirmations tant à la deuxième et troisième personne qu'à la première. Par exemple :

Je suis bien.
Jim, tu es très bien.

Jim est toujours très bien.

4. Ne changez pas de sujet avant d'avoir obtenu un résultat sensible.

5. A la différence des autres formes d'Ecriture de Découverte, vous n'avez pas besoin ici de numéroter vos pages.

Voici quelques-uns des avantages que j'ai trouvés à cette méthode par rapport à celle des répétitions.

1. On est plus proche du fonctionnement du mental qui ne répète pas ses pensées négatives. Il forme plutôt des réseaux de pensées négatives associées. La Découverte d'Affirmations crée un réseau de pensées positives associées qui fonctionne beaucoup mieux que la répétition d'une seule pensée positive.

2. Les répétitions sont ennuyeuses, alors que cette méthode, étant créative et dynamique, ne le devient jamais.

3. Cette méthode donnant des résultats de manière beaucoup plus efficace que les répétitions, elle se prête infiniment mieux à un usage « immédiat » dans une situation problématique.

4. Cette méthode donnant des résultats de manière beaucoup plus efficace, il n'est pas nécessaire de se discipliner pour faire ses affirmations quotidiennement.

5. La pratique de la Découverte d'Affirmations vous donne une créativité accrue dans tous les domaines de la vie à l'instar de l'Ecriture de Découverte. Ecrire interminablement des affirmations qui vous ont été données par quelqu'un d'autre ne vous procurera jamais ce bénéfice.

6. Vous n'avez pas à commencer par la « bonne » affirmation. En suivant vos réactions émotionnelles, vous pouvez partir pratiquement de n'importe où et arriver aux « bonnes » affirmations au bout de trois ou quatre affirmations selon le processus.

Voici quelques-unes de mes affirmations « de départ » préférées pour divers sujets.

ESTIME DE SOI

« J'aime tout en moi. »

« Je suis bien. »

« Je suis à l'évidence l'un des êtres humains les plus évolués de cette terre. »

« Tout le monde aime tout ce que je suis même si tout le monde ne cherche pas à me connaître. »

« Chacun est meilleur que tous les autres. »

« Je suis ordinaire et unique, comme tout le monde. »

ARGENT

« Je suis passé maître dans l'art d'accroître mes revenus. »

« Tout le monde aime me donner de l'argent. »

« Je suis à l'évidence l'un des meilleurs vendeurs de la terre. »

« Tout le monde désire ce que j'ai à offrir. »

« Mes recettes sont toujours supérieures à mes dépenses. »

« Toutes les parties de moi-même travaillent avec enthousiasme à l'accroissement de mes revenus. »

RELATIONS

« J'aime tout le monde et tout le monde m'aime. »

« Il est naturel que j'aie une relation aimante et intime. »

« Je communique très bien avec toutes sortes de gens. »

« Mon désir est un aimant attirant à moi ce que je désire. »

« Les femmes sont attirées par moi du fait de mon attirance pour elles. »

« Je suis à l'évidence l'un des hommes les plus attirants de la terre. »

SANTE

« Toutes les parties de moi-même œuvrent de concert pour améliorer ma santé par tous les moyens. »

« Arrêter de fumer est à l'évidence beaucoup plus facile que je ne le croyais. »

« Je suis à présent en parfaite santé et ma santé s'améliore encore rapidement. »

« J'aime faire de l'exercice physique de manière agréable. »

« Je mange sainement et mon corps profite de tout ce que mange pour consolider sa santé. »

« Je suis d'accord pour mettre à partir de maintenant ma santé au-dessus de tout le reste. »

Voici un exemple de Découvertes d'Affirmations :

Je préfère faire de l'exercice plutôt que dormir tard.

Je dors toujours assez pour être disposé à faire de l'exercice.

Je désire faire de l'exercice tous les matins, que j'en ai envie ou non.

Faire de l'exercice le matin est toujours l'un de mes plaisirs favoris.

Plus je fais de l'exercice, plus j'aime cela.

J'aime toujours me remettre à faire de l'exercice quand je n'en ai pas fait pendant un certain temps.

Je suis en forme et en bonne santé maintenant et je le deviens chaque jour plus encore.
L'exercice contribue à ma sécurité.
J'aime la fatigue que procure l'exercice.
Faire de l'exercice me revigore plus que cela ne me fatigue.
Chaque fois que je fais de l'exercice, je me sens immédiatement mieux.
Spontanément je fais de l'exercice quand j'ai envie de me sentir mieux.
Je me sens bien maintenant et avec de l'exercice je suis sûr de me sentir encore mieux.
Je fais toujours exactement autant d'exercice qu'il me faut.
Je suis content de ne plus être un fou fanatique de l'exercice physique.
Je fais de l'exercice uniquement de manière saine pour moi.
Faire de l'exercice est à présent devenu mon hobby numéro un.

Voici quelques méthodes d'emploi des affirmations. Elles sont pour la plupart décrites en détail dans *Vivation — the Science of Enjoying All of Your Life*. Ici, je vais me contenter de les décrire et, dans certains cas, d'ajouter des informatiions remises à jour. Les Affirmations Interactives sont également présentées de manière plus détaillée dans ce livre.

1. Les Modes d'Affirmation constituent un chapitre de *Vivation — the Science of Enjoying All of Your Life* qui comporte 101 affirmations soigneusement sélectionnées avec un espace libre pour vous permettre de noter le but sur lequel vous travaillez. Vous pouvez faire travailler votre mental très vite et très facilement en lisant simplement les affirmations tout haut et en notant votre objectif concernant chacune. Les Modes d'Affirmation sont destinés à gérer toutes vos réactions.

2. Preuves d'Affirmation. Il s'agit d'une technique ne comportant aucune répétition. Vous identifiez simplement les contextes dans lesquels l'affirmation est à l'évidence vraie. Dans la mesure où une affirmation devient efficace à partir du moment où votre esprit l'accepte pour vraie, cette méthode est très efficace et directe.

3. Enregistrement d'Affirmations. Si vous connaissez certaines astuces (et la manière d'éviter certains pièges), vous pouvez accomplir de remarquables progrès en enregistrant sur cassette vos affirmations et en les écoutant de nombreuses fois. Je vous conseille d'expérimenter le maximum de méthodes, puis de garder celle qui vous convient le mieux.

Les projets d'affirmations peuvent être très efficaces pour changer vos habitudes mentales. Voici quelques indications pour l'emploi efficace de projets :

1. Soyez toujours très clair par rapport à ce que vous désirez réaliser et demeurez concentré sur votre objectif jusqu'à ce qu'il soit atteint.

2. Au cours d'un projet, veillez à faire certaines affirmations tous les jours.

3. Créez toujours un contexte permettant aux réactions négatives de se manifester et d'être traitées.

4. Il est rare qu'il soit justifié de travailler avec la même affirmation pendant plus d'une semaine. Changez au minimum une fois par semaine votre affirmation principale.

5. Le projet d'affirmation le plus complet s'appelle un « Régime d'Affirmations », ce qui signifie que vous faites 70 affirmations par jour pendant 7 jours d'affilée. Ce type de projet fut inventé par Sondra Ray.

6. Vous pouvez prendre un carnet avec vous partout afin d'écrire des affirmations pendant que vous attendez ici ou là.

7. Si vous apprenez à *Viver*, vous obtiendrez de meilleurs résultats avec vos affirmations car vous permettrez mieux aux réactions de se manifester. En utilisant Vivation, vous pouvez d'abord sentir la réaction, puis lui permettre d'arriver au niveau de la conscience. Si vous savez *Viver*, je vous conseille de toujours pratiquer la Respiration Circulaire quand vous écrivez des affirmations.

8. Faites ce qu'il faut pour être tout à fait à l'aise avec la technique des affirmations. Les affirmations sont si universelles et efficaces que chacun devrait savoir s'en servir.

CHAPITRE 15

VOTRE PROGRAMME PERSONNEL DE CREATIVITE

La créativité se prête très bien, dans son évolution et son application, au développement personnel programmé. J'aide des gens à élaborer leur propre programme de développement personnel depuis dix ans, aussi vais-je vous donner quelques indications. Bien sûr, vous prenez ce qui vous convient et vous laissez le reste.

L'un des ingrédients les plus importants d'une vie heureuse est d'avoir un programme de développement personnel. Tout le monde aime se sentir aller de mieux en mieux. Si vous ne faites aucun travail de développement personnel, vous vous sentirez probablement aller de plus en plus mal de toutes sortes de façons — il est peu probable que vous restiez simplement tel que vous êtes. Aussi je vous invite à décider de ce qui vous attire le plus dans le développement personnel et à élaborer un programme régulier.

La meilleure attitude consiste de loin à faire du développement personnel pour le plaisir. Ce doit être agréable. C'est l'opposé de l'attitude selon laquelle vous faites du développement personnel parce que quelque chose ne va pas chez vous et que vous devez simplement devenir aussi bien que les gens normaux. Cultivez en permanence de l'enthousiasme et vous atteindrez beaucoup plus vite vos objectifs.

La discipline a pour but de créer la certitude. Au début particulièrement (mais cela reste aussi important ensuite), vous aurez probablement besoin de discipline pour tenir votre programme. Engagez-vous à faire un travail de développement personnel efficace chaque jour afin d'atteindre vos objectifs. Plus vous cultiverez votre enthousiasme, moins sans doute vous aurez besoin de discipline. Dans tous les cas, mieux vaut cultiver de l'enthousiasme pour la discipline que de vous discipliner à cultiver votre enthousiasme.

Tous les exercices de ce livre sont conçus pour être utilisés non une fois mais plusieurs, comme faisant partie d'un programme de développement personnel. Ma première suggestion sera évidemment que vous fassiez tous les exercices de ce livre. Si vous en faites certains et en sautez d'autres, il est possible que vous sautiez ceux qui vous seraient le plus bénéfique — si votre inconscient vous éloigne d'eux, c'est peut-être que certains aspects de votre négativité ne veulent pas être traités.

Si vous avez fait tous les exercices de ce livre, vous êtes déjà bien en voie de connaître une vie de satisfaction permanente et totale. Reconnaissez les progrès que vous avez accomplis depuis que vous avez commencé à lire ce livre. Ce chapitre peut vous aider à élaborer un programme pour atteindre vos objectifs aussi vite et agréablement que possible. ***(Fiche 72)***

A INCLURE DANS VOTRE PROGRAMME DE CREATIVITE

Pour accroître votre créativité, vous ne pouvez pas mieux faire que d'apprendre à utiliser Vivation (chapitre 12). Vivation vous permettra d'obtenir de bien meilleurs résultats que toutes les autres méthodes décrites dans ce livre. Des milliers de personnes, de tous les horizons imaginables, ont appris à *Viver*. Vous aussi, vous le pouvez.

Veillez à avoir une Déclaration de But qui vous plaise, vous inspire et sonne tout à fait juste pour vous. Cela vous demandera peut-être plusieurs essais avec le Processus du But (chapitre 7), mais le jeu en vaut la chandelle. Tout ce que vous ferez d'autre réussira mieux si vous êtes clair sur le But de votre Vie.

Connaissant votre but, vous pouvez déterminer des objectifs sensés. Vous devez toujours connaître vos objectifs. Choisissez-les avec soin. En ayant des objectifs qui soutiennent votre but, vous donnez une orientation à votre vie et à toutes vos activités. Il est bon de répéter le Processus des Objectifs (chapitre 8) chaque fois que vous commencez une nouvelle phase de votre vie — lorsque vous avez atteint les objectifs fixés la dernière fois où vous avez fait ce processus, par exemple.

Je vous suggère de faire le Processus des Valeurs (chapitre 6) tous les six mois environ. Je me suis aperçu qu'il me montre plus clairement que toute autre chose en quoi j'ai changé.

Je vous suggère aussi de refaire tous les six mois environ l'Auto-examen de Créativité (chapitre 2). Cultiver les qualités de la créativité (chapitre 3) augmentera considérablement votre débit créateur et apportera davantage de joie dans votre vie.

Pratiquez un peu l'Ecriture de Découverte chaque jour sans faute (chapitre 4). Vous serez peut-être tenté de ne le faire qu'un jour sur deux mais, dans la mesure où il ne faut qu'au maximum trois minutes pour dresser une Liste de Découverte de vingt points, vous ne pouvez jamais vous dire sérieusement que vous n'avez pas le temps. Rappelez-vous que vous pouvez vous en servir pour résoudre n'importe quel problème ou atteindre n'importe quel objectif (chapitre 5).

Veillez à gérer votre temps et votre argent de manière créative (chapitres 9 et 10). Ne retombez pas dans vos vieilles habitudes. En appliquant la créativité à la gestion de votre temps et de votre argent, vous accroîtrez non seulement votre efficacité par rapport à ces deux aspects importants de votre vie, mais aussi votre joie et votre plaisir. Veuillez noter que le chapitre 10 vous propose des instructions détaillées sur la mise sur pied d'un projet de développement personnel concernant spécifiquement l'argent.

Si vous vous bornez à lire chaque jour dans ce livre la liste des moyens de passer à un contexte positif (chapitre 13), cela seul augmentera considérablement votre joie et votre créativité.

Vous pouvez utiliser les Affirmations (chapitre 14) pour vous aider à traiter tout ce qui implique votre mental. Développer votre habileté à utiliser ce processus vaut la peine vu son extraordinaire champ d'application.

Je vous recommanderai aussi d'essayer la Visualisation créatrice. La technique de base est très simple : détendez-vous profondément et visualisez-vous en train d'atteindre votre objectif. Impliquez tous vos « sens » intérieurs. Voyez-le, entendez-le, touchez-le, sentez l'émotion associée, goûtez même et sentez même quelque chose. Cela est plus efficace que vous ne le croyez. D'abord, l'objectif devient ainsi réel pour votre esprit. Si vous ne pouvez pas vous imaginer en train de l'atteindre, il vous reste beaucoup de chemin à faire. Lorsque les gens me disent ne « même pas oser imaginer » obtenir une chose qu'ils désirent, je les invite sur-le-champ à l'imaginer. Du fait de la Loi d'Augmentation (chapitre 11), la visualisation créatrice augmente considérable vos chances de succès. Pour de plus amples explications et des techniques plus avancées, je vous conseille *Techniques de Visualisation créatrice** de Shakti Gawain.

Lorsque vous avez opté pour un programme afin de développer votre créativité, je vous conseille de créer une Déclaration. C'est une technique destinée à vous programmer, jour et nuit, pour le succès. Vous pouvez l'utiliser, soit dès que vous vous réveillez et juste avant de vous endormir, soit au début de chaque session de développement personnel.

Créez votre Déclaration selon les instructions de la fiche 73.

INDICATIONS COMPLEMENTAIRES POUR ELABORER VOTRE PROGRAMME DE CREATIVITE

Ménagez l'espace pour traverser votre processus : si vous êtes comme les gens que j'ai rencontrés, par moments votre mental et votre vie vous paraîtront chaotiques, à vous et à votre entourage. Ces moments apparemment chaotiques sont d'une importance cruciale pour votre développement personnel car ils sont des temps de changement rapide. Soyez alors plein de compassion et d'amour pour vous-même — et accentuez encore votre développement personnel. Votre entourage, au travail comme à la maison, trouvera peut-être bizarre que vous fassiez beaucoup de processus de respiration et d'écriture. C'est ainsi — vous suivez votre programme de développement personnel pour vous-même et non pour impressionner les autres. Il n'est pas nécessaire de vous montrer agressif ou exagérement exigeant avec ces personnes, mais vous n'avez pas non plus à supporter trop de railleries venant d'elles. Vous demandez avec discrimination l'espace vous permettant de traverser votre processus, alors veuillez être compréhensif pour les autres pendant qu'ils traversent le leur.

---

* *Livre disponible au Souffle d'Or.*

Je vous suggère aussi vivement d'étudier vos comportements pour voir ce que vous faites afin de garder vos émotions réprimées. Fumez-vous ? Consommez-vous des médicaments ou de l'alcool ? Peut-être est-ce par la nourriture ? Et le café ? Et la télévision ? Reconnaissez vos habitudes suppressives. Réprimer crée l'illusion que l'on se sent mieux; mais en réalité cela empêche vos émotions d'être traitées, vous prive d'énergie, vous fait perdre votre temps et votre vie et entrave votre progression. Mettez un terme au comportement habituel qui vous permet de réprimer vos émotions.

Si cela vous est difficile, voici quelques propositions. 1. Vivation est d'une grande aide pour rompre toutes sortes de mauvaises habitudes car cette technique vous permet de faire la paix avec les sentiments qui se manifestent lorsque vous arrêtez. 2. Peut-être envisagerez-vous d'aller consulter un bon psychothérapeute, celui-ci doit pouvoir vous aider à trouver pourquoi vous avez un tel besoin d'employer un mécanisme suppressif. 3. Songez à participer à l'un des nombreux et excellents programmes en « Douze Etapes » fondés sur la formule des Alcooliques Anonymes. Il existe actuellement des programmes de ce genre pour presque toutes les mauvaises habitudes imaginables. Ils donnent des résultats remarquables et vous introduisent dans une communauté de soutien que vous ne connaîtrez peut-être jamais en aucune autre occasion. Vous n'avez certainement rien à perdre en vous rendant à une ou deux réunions.

De toute façon, une communauté de soutien s'avère très utile. Si vous ne vous en rendez pas compte et ne voyez pas à quelle communauté vous joindre, créez-en une. Contactez tout simplement toutes les personnes que vous aimeriez voir dans cette communauté de soutien et programmez des activités communes. Plus votre groupe partagera d'expériences, plus votre communauté aura de cohésion. Et c'est encore mieux si votre groupe a un objectif commun précis.

A diverses étapes de votre Programme de Créativité, vous aurez peut-être à affronter des blocages à la créativité. Voici les plus courants, ainsi que quelques solutions simples.

Si vous avez un problèmne de peur — peur du succès, de l'échec ou toute autre peur — essayez ces deux idées. 1. Apprenez à apprécier le sentiment de peur. Vivation peut beaucoup vous y aider. Essayez de pratiquer Vivation en faisant du surf ou de la planche à voile. Placez-vous dans des situations où vous devez parler en public et Vivez les sentiments que vous éprouvez. Si vous en arrivez au point de ne plus vous souvenir de la peur, cela ne vous causera aucun problème. 2. Faites simplement ce qui est prévu pour atteindre votre but, que vous ayez peur ou non. Faites-le. Au bout de plusieurs fois, la peur perdra son emprise sur vous.

Le conditionnement parental peut vous barrer la route. Peut-être craignez-vous que vos parents désapprouvent que vous fassiez ce que vous désirez vraiment. Si vous avez ce problème et que vous dépendiez de vos parents pour quoi que ce soit, l'argent ou autre chose, je vous suggère de tout mettre en œuvre pour devenir indépendant, de trouver une autre façon de vivre sans dépendre d'eux.

Autre suggestion pour gérer les problèmes par rapport au conditionnement parental. Si vous pratiquez un art, essayez de représenter dans cet art votre relation avec vos parents. Par exemple, si vous êtes musicien, chanteur, compositeur, etc., écrivez et même jouez la composition qui a saisi le ton de votre relation avec vos parents. Si vous peignez, peignez-la. Si vous écrivez, écrivez à ce sujet. Cette méthode marche merveilleusement bien. Vous pouvez aussi écrire des lettres à vos parents exprimant excatement vos pensées et sentiments. Libre à vous ensuite de les envoyer ou non.

Le perfectionnisme est un véritable ennemi de la créativité pour beaucoup de gens. Il peut s'interposer de mille et une façons. Les perfectionnistes ne font parfois pas grand-chose par peur de ne pas faire assez bien. D'autres fois, il leur faut beaucoup trop longtemps pour mener un projet à terme. Apprenez à apprécier l'imperfection. Apprenez à l'aimer pour son caractère unique. Recherchez réellement la beauté dans toutes sortes d'imperfections. Donnez à chaque chose une chance d'être parfaite à sa manière à elle au lieu de devoir l'être selon vos critères. Travaillez avec l'affirmation : « J'aime tout ce qui n'arrive pas aux normes que j'ai fixées » jusqu'à ce que cette afirmation soit intégrée.

Voici encore une autre entrave à la créativité que j'appelle « Attendre la Muse ». Beaucoup de gens croient devoir être inspirés avant de faire quelque chose. Selon moi, c'est la voie difficile. Si vous êtes écrivain, je vous conseille d'écrire le plus possible, que vous vous sentiez inspiré ou non. Ecrivez n'importe quoi, des lettres, un texte érotique, n'importe quoi plutôt que rien. Pratiquez beaucoup l'Ecriture de Découverte. De même, si vous êtes sculpteur, sculptez beaucoup. Si vous êtes compositeur, composez beaucoup. N'attendez rien. La plupart du temps, vous vous apercevrez que l'inspiration vient de vos projets et non le contraire.

Si vous avez appliqué les processus proposés dans ce livre, vous avez maintenant une idée beaucoup plus claire de vous-même qu'à la première page. Vous savez ce que vous voulez, vous savez ce qui vous rend heureux. Vous savez comment accéder à votre créativité de manière sûre et comment l'utiliser pour accomplir ce qui est le plus important pour vous. Alors maintenant, allez de l'avant, faites-le, lancez-vous !

Il n'y a pas de limites à ce que vous pouvez faire maintenant que votre créativité est mise en jeu. Pensez grand ! Osez réaliser le rêve de votre vie !

A PROPOS DE L'AUTEUR

Je suis né à San Bernardino, Californie, en 1955. J'y ai vécu jusqu'à mon installation dans la ville voisine de Riverside où j'ai fait mes études à l'Université de Californie. Je suis diplômé d'Etudes Religieuses et d'Informatique. Dans les années 70 et 80, j'ai principalement vécu en Californie du Nord, d'abord à Santa Cruz, puis à San Francisco. Je demeure à présent à Palm Beach, Floride, mais je voyage tellement pour animer des séminaires qu'il serait vraiment plus juste de dire: « Je vis directement audessus du centre de la Terre ».

J'ai mis au point Vivation en 1979 et j'ai enseigné cette technique à plus de 10.000 personnes. Depuis 1985, j'anime presque chaque week-end un séminaire du 1er février au 1er décembre. Je travaille aujourd'hui essentiellement en Europe, où je voyage sans cesse pour être chaque semaine dans une ville différente. Enseigner Vivation et d'autres techniques de créativité est pour moi une passion. Je m'étonne chaque jour qu'après tout ce temps, je trouve encore moyen d'améliorer Vivation et toutes les autres techniques.

Permettez-moi de vous présenter mes séminaires, en espérant avoir l'occasion de vous rencontrer en personne lors de l'un d'eux. Au moment où j'écris ces lignes, je propose trois types de séminaires de week-end au grand public:

— L'ART DU BONHEUR se fonde totalement sur Vivation. L'accent est mis sur l'apprentissage de la technique sur soi-même. J'ai donné ce cours plus de 150 fois. En un seul week-end, je peux vous apprendre à utiliser Vivation pour transformer votre vie, à intégrer le processus dans vos activités quotidiennes de sorte qu'il produise des résultats pour vous personnellement.

— LE POUVOIR DE LA CREATIVITE vise à vous faire trouver dans votre créativité des ressources fiables pour que votre vie ait un sens et que vous obteniez ce que vous désirez. J'enseigne Vivation comme moyen de provoquer une percée créatrice, puis j'amène les participants à expérimenter eux-mêmes par des exercices leur donnant des percées créatrices dans les domaines de leur vie où elles leur sont le plus nécessaires.

— L'ART DE RECEVOIR concerne tout ce que l'on peut recevoir: recevoir plus d'amour, plus d'argent, une sexualité plus épanouie, des compliments, des idées, etc. J'enseigne Vivation comme moyen de recevoir le cadeau de l'instant présent et le cadeau que recèle pour vous chaque ressenti. Lors de ce séminaire, je fais deux choses avec les participants : je leur apprends à développer la capacité à se donner la vie qu'ils désirent et je les guide dans des exercices pour lever leurs blocages émotionnels afin qu'ils puissent recevoir toutes les bonnes choses de la vie.

Outre ces séminaires destinés au grand public, je propose aussi :

— FORMATIONS VIVATION INTENSIVES: elles conviennent à la fois aux gens qui veulent réussir une carrière de Professionnels de Vivation et à ceux qui désirent seulement une expérience de développement personnel très complète.

— SEMINAIRES DE CREATIVITE POUR LES ENTREPRISES: leur durée et leur conception peuvent être déterminées en fonction des besoins spécifiques des directeurs, commerciaux ou personnels de création de toute entreprise. J'ai donné ces séminaires pour de très grandes comme de très petites sociétés.

Si vous voulez participer à l'un de mes séminaires, veuillez me téléphoner, écrire ou faxer pour demander mon programme. N'hésitez pas à me contacter aussi pour tout autre motif, mais je vous prie de faire preuve de patience pour recevoir la réponse.

PROFESSIONNELS ASSOCIES DE VIVATION EN FRANCE

Pour toute demande de renseignements et obtention de la liste des professionnels de France, veuillez vous adresser à :

A.V.P. FRANCE
Les Professionnels de la VIVATION Associés
Michel COURMONT
Les Jardins de Wattignies
78 rue de Wattignies - 75012 PARIS
Tél 44 73 90 10 — Fax 44 73 90 20

Voici la liste au 30/09/92 des professionnels adhérents à l'association, également disponible sur minitel 36 15 CLEDOR, Carrefour de la mutation, rubrique Adresses.

• Professionnels certifiés par Jim Leonard :

André BONNEFOIS
Lotissement Les Bruyères
12330 SAINT CHRISTOPHE
65 72 62 56

René-Philippe PETON
Ferrage de Combi
Route de Vauvenargues
13490 JOUQUES
42.63.78.71. Fax : 42.63.78.72

Thérèse HOPPE
6C rue Albert Camus
42100 SAINT ETIENNE
77 41 42 49

Pam GRANT
45 rue Volta
75003 PARIS
42 78 17 79

Marisa MASCARELLI
69 bd Saint Michel
75005 PARIS
43 26 76 59

Pandora MORCAS
23 r. de la Grange aux Belles
75010 PARIS
40 03 03 48

Polly PREWITT
17 av Corentin Cariou
75019 PARIS
40 35 17 81

Patrizia TERRENO
Via Aurélio Saffi 14bis
10138 TORINO
11 - 43 47 411

Alexandra ROSE
15 ruc Etienne Dolet
75020 PARIS
46 36 50 89

Caroline GUIDETTI
3 rue Charles Liot
92190 MEUDON
45 07 91 27

• Autres professionnels de la Vivation :

Shanti GRESSARD
6 square de la Salamandre
75020 PARIS
43 56 26 80

Marc de BEAUMONT
23 rue de la Glacière
75013 PARIS
43 36 25 36

Françoise GRANIER
L'Atelier Autrement
177 rue d'Alésia
75014 PARIS
40 44 88 75

Une liste plus complète peut être obtenue sur demande.

En ce qui concerne la bibliographie, voici les titres publiés par VIVATION PUBLISHING Co :

* *VIVATION : THE SCIENCE OF ENJOYING ALL OF YOUR LIFE* / LE REBIRTH : L'ART DE JOUIR PLEINEMENT DE VOTRE VIE — Jim Leonard and Phil Laut.

* *LOVE, SEX & COMMUNICATIONS : SKILLS FOR RECOVERY* — Jeanne Miller and Phil Laut.

* *MONEY IS MY FRIEND* / L'ARGENT APPRIVOISE — Phil Laut.

* *YOUR FONDEST DREAM : HOW TO MASTER THE POWER OF CREATIVITY* / LE REVE DE MA VIE: DEVELOPPEZ LA PUISSANCE DE VOTRE CREATIVITE — Jim Leonard.

Le mot VIVATION

Le nom « ***Vivation*** » a été créé en 1987 par Jim Léonard. Il est dérivé de la racine « Viv » pour vie, en latin.

Puisque ce mot a été créé et n'existe dans aucun dictionnaire, en voici l'utilisation correcte, et celle des termes dérivés.

« ***Viver*** » définit la personne qui applique les cinq éléments de Vivation. Par exemple : « Il n'est pas nécessaire pour le ***Viver*** de connaître l'origine, la cause ou la raison des sensations qui sont activées pendant la séance. »

« ***Vive*** » est le verbe. C'est un verbe intransitif. Par exemple nous dirons : « J'ai ***Vivé*** dans mon bain ce matin et je me sens plus confiant en moi maintenant » mais pas : « J'ai ***Vivé*** mon ami Georges la semaine dernière. » Nous dirons : « J'ai accompagné mon ami Georges dans sa séance de Vivation ». Cela parce que tous les résultats sont accomplis par le ***Viver***, pas par le « coach » (l'Accompagnateur ou Professionnel de Vivation).

L'Accompagnateur, ou Professionnel de Vivation désigne la personne qui guide la séance pour le ***Viver***. Le verbe accompagner est bien représentatif de l'action du Professionnel de Vivation ou Accompagnateur.

Autres usages : ***Vivé***, participe passé.
Vivant, participe présent.

« J'ai ***Vivé*** à mon bureau ce matin et j'ai eu une percée de créativité au sujet de ce projet qui m'ennuyait ».

« J'écoute mon interlocuteur tout en ***Vivant***. Je suis ainsi attentif au ressenti que provoque en moi ses paroles ».

Le terme ***Vivation*** est une marque commerciale déposée et de ce fait, il n'est jamais traduit ni épelé différemment.

Pour plus de 40 000 lecteurs francophones, « Vivez dans la lumière » a été un livre important; Shakti Gawain, une femme, y partage son expérience et le regard, la sagesse, qu'elle en a acquis sur les points les plus fondamentaux de la vie de tout un chacun : l'intuition, les croyances, les relations, les enfants, la vie professionnelle, l'argent, la santé, etc.

C'est simple, d'une grande profondeur et clarté, et très puissant pour nous mettre en contact avec notre propre pouvoir; c'est solidement ancré dans la vie de tous les jours.

Shakti Gawain a donné de nombreux ateliers, et c'est ainsi qu'est né ce guide pour celles et ceux qui ne pourraient pas y participer directement.

Pour vous permettre de mettre en pratique, d'explorer concrètement, de vivre chez vous un séminaire avec Shakti Gawain, au sommet où vous le souhaitez, à votre rythme personnel, voici :

- un livre donnant l'information de base
- un carnet vous invitant à écrire en réponse à des questions, ainsi que vos rêves et notes personnelles : votre intimité
- l'ensemble vous accompagnera volontiers en voyage... intérieur ou sur la plage !

Pas de recettes prêtes à l'emploi : une invitation à un cheminement réel vers plus d'autonomie et une vie plus créative !

L'emballage est conçu pour être recyclé par le fabricant.

LE SOUFFLE D'OR A DÉJÀ PUBLIÉ:

Collection FINDHORN :

- Révélation *(épuisé)*
- La voix des anges
- Jeux nouveaux
- Semence d'étoile
- Emergence
- Les bâtisseurs de l'aube
- L'envol vers la liberté
- Le retour du peuple des oiseaux
- La petite voix
- Le livre d'Emmanuel
- Célébrer la vie
- Findhorn, 30 ans d'expérience
- Souvenance d'étoile

Collection CHRYSALIDE :

- La métamorphose
- Un instant, une pensée
- Vivez dans la lumière
- Retour au jardin
- Elixirs floraux et médecine vibratoire *(épuisé)*
- Cristal de vie
- Cristaux et développement personnel
- Guide des musiques nouvelles
- L'enfant et la relaxation
- Yoga et maternité
- Toute la kinésiologie
- Kinésiologie, le plaisir d'apprendre
- Kinésiologie pour enfants
- Brain Gym
- Le corps ne ment pas

- Equilibrer l'énergie vitale par la polarité
- Les endorphines
- Le papillon noir
- Unifier
- Le dialogue intérieur
- Les relations, source de croissance
- Communier avec votre enfant avant la naissance
- Avalanche

Collection ECRIS-TOI :

- Vivez dans la lumière - Guide pratique

Collection PASSAGES :

- La vie ouverte
- Neuf clés pour vivre sa mort
- Qui meurt
- Sur le fil...

Collection PAROLE :

- Naissance du 4ème type
- L'homme perfectible
- Le silence qui parle

Collection de la ROSÉE :

- Le joueur de flûte
- Les enfants aux yeux de soleil

Hors collection :

- Le guide de l'éducateur nature
- L'homme autrement
- Médecine de l'essence *(épuisé)*
- La Guérison : de la tradition à aujourd'hui
- La Terre s'éveille
- Fleurs et santé
- Les élixirs floraux du Dr Bach
- Pour l'amour de Terre
- Elixirs floraux, harmonisants de l'âme

*

Conscients de la mutation que traverse actuellement notre monde, plusieurs éditeurs œuvrant pour un idéal convergent, ont décidé de remplacer la compétition par la coopération tout en préservant l'identité de chacun.

LE SOUFFLE D'OR vous présente ses partenaires
des MESSAGERS DE L'EVEIL :

- Editions ARISTA
- Editions VIVEZ SOLEIL
- Editions L'OR DU TEMPS
- Centre AJNA / DIEM (cassettes de musique et relaxation)
- LE CHANT DES TOILES (posters et cartes postales)

*

LE RÊVE DE MA VIE

Jim Leonard

Fiches d'exercices individuelles

Le Souffle d'Or
BP 3
05300 BARRET-LE-BAS

Chapitre 1. Le pouvoir créateur vous appartient dès maintenant

Je veux développer ma créativité parce que :

1.

2.

3.

4.

5.

6.

7.

8.

9.

10.

Je veux résoudre les problèmes suivants en utilisant ma créativité :

1.

2.

3.

4.

5.

6.

7.

8.

9.

10.

Je sais que je suis une personne douée de créativité parce que :

1.

2.

3.

4.

5.

6.

7.

8.

9.

10.

Voici quelques domaines de ma vie où je pourrais utiliser ma créativité :

1.

2.

3.

4.

5.

6.

7.

8.

9.

10.

Chapitre 2. Comment tout le monde peut devenir plus créatif : un test d'auto-évaluation

Vos notes

A. CURIOSITE

1. Savoir pourquoi les gens agissent comme ils le font m'intéresse beaucoup.
2. Je suis de très près les nouvelles et les événements.
3. Je trouve naturel de poser beaucoup de questions.
4. Je considère la vie comme une expérience d'apprentissage.
5. Je suis très intéressé par le fonctionnement interne des choses courantes qui m'entourent.

B. INITIATIVE

1. Quand je veux une chose, je prends la responsabilité de me la donner.
2. Je suis naturellement un meneur d'hommes.
3. Essayer de nouvelles choses m'exalte.
4. Je crois qu'il vaut mieux essayer et échouer que de ne pas essayer du tout.
5. Je préfère de loin travailler à mon compte.

C. SOUPLESSE D'ESPRIT

1. Je trouve normal de connaître le point de vue de tout le monde sur chaque problème.
2. Il m'est facile de visualiser des objets ou des scènes complexes.
3. Quand je me suis trompé, j'aime m'en apercevoir car cela signifie que j'apprend quelque chose de nouveau.
4. Je supporte bien les sentiments de confusion et d'indécision.
5. Je découvre souvent des similitudes entre dos choses en apparence dissemblables.

D. HAUTE ESTIME DE SOI

1. Je suis à l'aise dans n'importe quelle situation sociale.
2. Je dis ce que pense même devant une assemblée de personnes qui sont en désaccord avec moi.
3. Que les gens me voient tel que je suis est plus important que le fait qu'ils m'aiment.
4. Je suis convaincu de mériter le meilleur en tout.
5. Lorsque je me sens coupable, que j'ai des remords, je cherche quelle leçon en tirer et je me pardonne vite.

E. PRENDRE LES CHOSES DU BON COTE

1. Je trouve souvent que toute chose est amusante d'une manière ou d'une autre.
2. Il est normal pour moi de prendre ce qu'il y a de bon dans des choses qui peuvent paraître mauvaises.
3. Je n'ai pas de mal à rester gai en présence de personnes négatives.
4. A mon sens, nous sommes ici pour jouir le plus possible de la vie.
5. Je ne souhaite de mal à personne, mais le meilleur à absolument tout le monde.

Vos notes

F. UNE CONNAISSANCE PRECISE DE VOTRE BUT DANS LA VIE

1. J'ai fortement conscience d'apporter une contribution unique et nécessaire au Monde.
2. Même si j'avais des milliards, je continuerais sur le fond à faire ce que je fais maintenant.
3. Je sais exactement ce que je veux réaliser dans ma vie.
4. Dans ma vie, les grandes décisions se prennent en général facilement.
5. J'ai tout organisé dans ma vie en fonction de ma raison d'être.

G. UN SENS AIGU DE VOS PROPRES VALEURS

1. Je sais ce que j'aime et ce que je veux dans tous les domaines de ma vie.
2. Je sais toujours ce qui me motive à faire telle ou telle chose.
3. Je fais l'expérience d'un progrès régulier dans tous les domaines de ma vie.
4. En général, je n'ai aucun mal à prendre les petites décisions dans ma vie quotidienne.
5. En général, j'ai le sentiment que toutes les parties de moi-même coopèrent ensemble.

H. LOGIQUE

1. Je suis bon en mathématiques.
2. J'aime les jeux basés sur la logique tels que les échecs, le backgammon, etc.
3. Je repère facilement les failles dans les exposés logiques.
4. J'ai des facilités à apprendre de nouvelles utilisations de l'ordinateur.
5. J'ai spontanément recours à la logique pour chercher des solutions à nombre de problèmes quotidiens.

I. ENTHOUSIASME

1. Je travaille sur un projet qui me donne beaucoup de joie.
2. Travailler en vue d'un objectif me procure au moins autant de satisfaction que de l'atteindre.
3. Je me laisse souvent tellement captiver par ce que je fais que je perds toute notion du temps.
4. Mon travail est très important pour moi.
5. Mon travail me donne plus d'énergie qu'il ne m'en prend.

J. PERSEVERANCE

1. Je sais que je suis capable de mener à terme même un projet très long.
2. Je prête une attention parfaite aux détails chaque fois que cela m'est nécessaire.
3. Il est très difficile de me distraire lorsque je travaille sur quelque chose d'important pour moi.
4. Je suis un processus précis pour réussir dans les projets que j'entreprends.
5. Tous ceux qui travaillent avec moi savent qu'ils peuvent compter sur ce que je dis.

Vos notes

K. COURAGE

1. Parfois, l'importance de ce que je fais m'effraie, mais je continue tout de même.
2. Je fais ce que je pense être le mieux quel que soit l'avis des autres.
3. Je vais de l'avant, que cela soit facile ou non.
4. Les obstacles et les échecs ne servent qu'à renforcer mon désir d'atteindre mon but.
5. Je sais que je peux compter sur moi-même pour faire ce qui est le plus indiqué en cas de crise.

L. RESSORT MORAL

1. Les « mauvaises nouvelles » ne m'abattent jamais longtemps.
2. Je suis en général d'humeur tonique, enthousiaste.
3. Je suis très doué pour faire remonter mon moral quand il est bas.
4. Je ne suis dépendant d'aucune mauvaise habitude de refoulement.
5. Je ne prends jamais aucune critique à cœur.

M. MENTALITE DE SERVICE

1. La qualité de ce que je fais m'importe plus que la qualité de ce que font les autres.
2. Il est très important pour moi d'avoir un impact positif sur les autres.
3. Je suis très fortement motivé par un désir de rendre le monde plus beau.
4. Dans toute négociation, je pense autant aux intérêts de l'autre qu'aux miens.
5. Méditer sur des points d'éthique et de morale me fascine.

N. BONNE SANTE

1. Je me sens toujours très bien et plein d'énergie.
2. Je sais ce que mon corps aime et je veille à le lui donner.
3. Je dors toujours bien et je me réveille régénéré.
4. Mon corps ne s'éloigne jamais beaucoup de son poids idéal.
5. Je pratique souvent des activités physiques intenses que j'aime.

O. TEMPS LIBRE

1. Je me donne chaque semaine un temps de liberté suffisant.
2. J'ai souvent des activités agréables avec mes amis et les gens que j'aime.
3. Mon énergie se renouvelle de semaine en semaine.
4. Je sais ce qui me détend et j'inclus toujours suffisamment d'activités relaxantes dans mon programme.
5. Je réussis très bien à prendre des vacances amusantes qui me régénèrent.

P. EFFICACITE DANS L'ORGANISATION

1. Chez moi et au bureau, je vis toujours selon le principe : « Une place pour chaque chose et chaque chose à sa place. »

Vos notes

2. Il ne me faut pratiquement jamais plus de cinq minutes pour retrouver une chose qui m'appartient.
3. Je donne suffisamment priorité à l'organisation pour que tout soit très bien organisé en permanence.
4. Chez moi, le travail ne s'accumule presque jamais.
5. Il m'est toujours assez facile de déléguer du travail car mon organisation est simple et facile à expliquer.

Q. GESTION DU TEMPS EFFICACE

1. Je sais toujours que toutes les choses importantes seront faites en temps voulu.
2. Je programme toujours les objectifs d'une manière réaliste.
3. Je suis toujours à l'heure à mes rendez-vous.
4. Je planifie toujours mes projets avec beaucoup de soin et en détail.
5. J'ai le sentiment d'avoir un contrôle total sur mon temps.

R. GESTION FINANCIERE EFFICACE

1. Mes économies fructifient de façon sûre chaque mois.
2. Je paie toujours mes factures en temps voulu.
3. J'ai toujours un sentiment de confiance et de sécurité par rapport à l'argent.
4. Je gagne de l'argent en faisant ce que j'aime.
5. Je fais consciemment usage de mon argent pour rendre le Monde meilleur.

S. UN RESEAU D'AMIS FIABLES

1. Je connais beaucoup de gens que j'appelle souvent quand j'ai besoin d'un soutien émotionnel.
2. Mes amis m'encouragent beaucoup quand je leur parle de nouvelles idées que j'étudie.
3. Je suis sur un pied d'égalité avec beaucoup de gens.
4. Mes amis m'aident à perdre mes mauvaises habitudes et à cultiver les bonnes.
5. Je vis dans un cadre où mes amis se sentent libres de venir en étant eux-mêmes.

T. PROGRAMME EFFICACE DE DEVELOPPEMENT PERSONNEL

1. J'utilise des méthodes personnelles efficaces afin de progresser mentalement, physiquement, spirituellement et émotionnellement.
2. Je sais exactement vers quoi je vais maintenant grâce à mon programme de développement personnel.
3. Je fais chaque jour des exercices de développement personnel.
4. Je lis souvent avec plaisir des livres de développement personnel, j'écoute des cassettes et je participe à des séminaires.
5. Je veille à ce que mon programme de développement personnel soit varié et intéressant.

Chapitre 3. Cultiver les qualités de la créativité

A. Pour cultiver **ma curiosité**, je vais :

1.

2.

3.

4.

5.

B. Pour cultiver **mon esprit d'initiative**, je vais :

1.

2.

3.

4.

5.

C. Pour cultiver **ma souplesse d'esprit**, je vais :
1.

2.

3.

4.

5.

D. Pour cultiver **ma haute estime de moi**, je vais :
1.

2.

3.

4.

5.

E. Pour cultiver **ma propension à prendre les choses du bon côté**, je vais :

1.

2.

3.

4.

5.

F. Pour cultiver **ma connaissance du but de ma vie**, je vais :

1.

2.

3.

4.

5.

G. Pour cultiver **mon sens aigu de mes propres valeurs**, je vais :

1.

2.

3.

4.

5.

H. Pour cultiver **ma logique**, je vais :

1.

2.

3.

4.

5.

I. Pour cultiver **mon enthousiasme**, je vais :

1.

2.

3.

4.

5.

J. Pour cultiver **ma persévérance**, je vais :

1.

2.

3.

4.

5.

K. Pour cultiver **mon courage**, je vais :

1.

2.

3.

4.

5.

L. Pour cultiver **mon ressort moral**, je vais :

1.

2.

3.

4.

5.

M. Pour cultiver **ma mentalité de service**, je vais :
1.

2.

3.

4.

5.

N. Pour cultiver **ma bonne santé**, je vais :
1.

2.

3.

4.

5.

O. Pour cultiver **mon temps libre**, je vais :

1.

2.

3.

4.

5.

P. Pour cultiver **mon efficacité dans l'organisation**, je vais :

1.

2.

3.

4.

5.

Q. Pour cultiver **mon efficacité dans la gestion du temps**, je vais :

1.

2.

3.

4.

5.

R. Pour cultiver **mon efficacité dans la gestion financière**, je vais :

1.

2.

3.

4.

5.

S. Pour cultiver **mon réseau d'amis fiables**, je vais :

1.

2.

3.

4.

5.

T. Pour cultiver **mon programme de développement personnel très efficace**, je vais :

1.

2.

3.

4.

5.

Chapitre 4. Un accès assuré au flux créateur

Inscrivez vos pensées, exactement comme elles vous viennent à l'esprit...

Inscrivez 20 choses qui volent :

1.

2.

3.

4.

5.

6.

7.

8.

9.

10.

11.

12.

13.

14.

15.

16.

17.

18.

19.

20.

20 choses que je pourrais faire pour augmenter mes revenus :

1.

2.

3.

4.

5.

6.

7.

8.

9.

10.

11.

12.

13.

14.

15.

16.

17.

18.

19.

20.

20 caractéristiques de mon partenaire idéal :

1.

2.

3.

4.

5.

6.

7.

8.

9.

10.

11.

12.

13.

14.

15.

16.

17.

18.

19.

20.

20 choses que je pourrais faire pour améliorer ma vie amoureuse :

1.

2.

3.

4.

5.

6.

7.

8.

9.

10.

11.

12.

13.

14.

15.

16.

17.

18.

19.

20.

20 choses que je pourrais faire pour .... :

1.

2.

3.

4.

5.

6.

7.

8.

9.

10.

11.

12.

13.

14.

15.

16.

17.

18.

19.

20.

(fiche à dupliquer autant de fois que nécessaire)

20 choses que je pourrais faire pour .... :

1.

2.

3.

4.

5.

6.

7.

8.

9.

10.

11.

12.

13.

14.

15.

16.

17.

18.

19.

20.

(fiche à dupliquer autant de fois que nécessaire)

Chapitre 5. Comment utiliser votre créativité pour atteindre un objectif

I. Ecrivez une Liste de Découverte de 10 manières possibles de procéder pour atteindre votre objectif. *(C'est de toute évidence un bon point de départ).*

1.

2.

3.

4.

5.

6.

7.

8.

9.

10.

II. Ecrivez une Liste de Découverte de 10 difficultés que vous risquez de rencontrer pour atteindre cet objectif. *(Préciser ce point et le mettre sur papier peut vous être d'une aide considérable. Parfois, vous pouvez résoudre un problème simplement en découvrant que ce qui vous obsédait est ridicule).*

1.

2.

3.

4.

5.

6.

7.

8.

9.

10.

III. Ecrivez une Liste de Découverte de 10 choses que vous connaissez pour atteindre cet objectif. *(Ceci inclut ce que vous pensez savoir. Incluez ce qui vous paraît évident. Laissez votre esprit vous surprendre).*

1.

2.

3.

4.

5.

6.

7.

8.

9.

10.

IV. Ecrivez une Liste de Découverte de 10 inconnues liées à l'atteinte de cet objectif. *(Mettez les mystères sur papier. Ils ne vous paraîtront plus aussi écrasants lorsque vous verrez qu'ils ne sont pas très nombreux. Exprimez-les dans n'importe quel langage, ne vous souciez pas d'être positif dans cette liste).*

1.

2.

3.

4.

5.

6.

7.

8.

9.

10.

V. Ecrivez une Liste de Découverte de 10 manières d'obtenir plus d'informations pour atteindre cet objectif. *(Ceci inclut à la fois les ressources internes et externes — imaginer, faire des expériences, poser des questions, lire des livres sur le sujet, etc.)*

1.

2.

3.

4.

5.

6.

7.

8.

9.

10.

VI. Ecrivez une Liste de Découverte de 10 ressources qui vous aideront à atteindre cet objectif. *(Incluez tous les types de ressources : personnelles, mentales, financières, sociales, etc. Tout ce qui est susceptible de vous aider dans ce projet).*

1.

2.

3.

4.

5.

6.

7.

8.

9.

10.

VII. Ecrivez une Liste de Découverte de 10 choses en rapport avec cet objectif que vous avez faites auparavant. *(Même si le rapport n'est que lointain. Elles peuvent être très spécifiques ou aussi générales que : «J'ai déjà passé des contrats », ou « j'ai déjà réglé des problèmes financiers »...*

1.

2.

3.

4.

5.

6.

7.

8.

9.

10.

VIII. Ecrivez une Liste de Découverte de 10 points qui limitent vos possibilités d'action. *(Ils doivent tous commencer par « Je dois ». Incluez les évidences).*

1.

2.

3.

4.

5.

6.

7.

8.

9.

10.

IX. Ecrivez une Liste de Découverte de 10 possibilités que le processus pour atteindre cet objectif tourne autrement que prévu dans le moment présent. *(Les solutions se révèlent presque toujours différentes des suppositions initiales. Vous serez stupéfait de la vision des choses que possède déjà votre esprit. Il suffit pour cela que vous lui donniez le contexte lui permettant de s'exprimer pour vous).*

1.

2.

3.

4.

5.

6.

7.

8.

9.

10.

X. Ecrivez une Liste de Découverte de 10 choses que vous espérez réaliser en atteignant cet objectif. *(Ecrivez simplement les choses qui vous poussent à entreprendre cette démarche. Laissez les choses stupides, égoïstes ou même embarrassantes venir sur le papier. En clarifiant autant que possible ce point, vous découvrirez peut-être un moyen de contourner les difficultés que vous prévoyez).*

1.

2.

3.

4.

5.

6.

7.

8.

9.

10.

XI. Ecrivez une Liste de Découverte de 10 nouvelles façons de définir votre objectif. *(Souvent, des limitations apparentes ne sont que le résultat de votre manière de penser. En essayant de décrire autrement le même objectif, vous susciterez en principe des percées créatrices importantes. Que voulez-vous vraiment ?)*

1.

2.

3.

4.

5.

6.

7.

8.

9.

10.

XII. Ecrivez une Liste de Découverte de 10 raccourcis possibles pour atteindre cet objectif. *(Parfois, vous vous facilitez les choses en vous regardant dans les yeux. Rappelez-vous, restez déterminé quant au but, mais souple quant à la méthode).*

1.

2.

3.

4.

5.

6.

7.

8.

9.

10.

XIII. Dessinez 10 images différentes et simples de votre objectif. *(La partie visuelle de votre esprit vous montrera quelque chose de nouveau. Il n'est pas nécessaire d'être un artiste. Griffonnez simplement de petites choses et voyez ce qui vient. Si rien n'apparaît, griffonnez tout de même. Soyez ouvert à recevoir de cette façon un point de vue différent).*

XIV. Ecrivez une Liste de Découverte de 10 étapes différentes en lesquelles décomposer le projet. *(Il n'est pas nécessaire que les étapes soient notées dans l'ordre, ni qu'elles soient d'importance égale. Listez toute étape intermédiaire comme elle se présente).*

1.

2.

3.

4.

5.

6.

7.

8.

9.

10.

XV. Ecrivez une Liste de Découverte de 10 façons dont les autres pourraient vous aider à atteindre cet objectif. *(Listez l'évident comme ce qui vous paraît impossible).*

1.

2.

3.

4.

5.

6.

7.

8.

9.

10.

XVI. Ecrivez une Liste de Découverte de 10 personnes susceptibles de vous être utiles pour atteindre cet objectif. *(Vous pouvez porter sur cette liste tant des noms précis que des descriptions générales : « un psychologue », « un libraire spécialisé », « mes clients »...)*

1.

2.

3.

4.

5.

6.

7.

8.

9.

10.

XVII. Ecrivez une Liste de Découverte de 10 choses qui vous paraissent indésirables dans cet objectif. *(Cette liste compte parmi les plus importantes, même si elle vous met dans l'embarras. En l'écrivant, ne vous souciez pas d'être positif, mais seulement honnête. Si votre esprit vous dit que votre objectif ne s'accompagne de rien d'indésirable, écrivez ce que vous estimeriez indésirable si vous le faisiez. Inviter votre inconscient à partager cette information avec vous peut vous aider de plusieurs façons).*

1.

2.

3.

4.

5.

6.

7.

8.

9.

10.

XVIII. Ecrivez une Liste de Découverte de 10 manières dont l'atteinte de cet objectif correspond à vos valeurs personnelles. *(Les connaître vous motivera et vous donnera des informations supplémentaires pour donner vie à votre projet).*

1.

2.

3.

4.

5.

6.

7.

8.

9.

10.

XIX Ecrivez une Liste de Découverte de 10 pensées positives ou affirmations susceptibles de vous aider à atteindre votre objectif. *(Un inventaire des affirmations peut constituer un atout considérable pour résoudre toutes sortes de problèmes. L'affirmation commence souvent à agir dès que vous la pensez. Reportez-vous au chapitre 14 pour plus de détails concernant les affirmations).*

1.

2.

3.

4.

5.

6.

7.

8.

9.

10.

XX. Ecrivez une Liste de Découverte de 10 choses productives que vous pourriez faire tout de suite pour vous rapprocher de cet objectif. *(« Un voyage de mille kilomètres commence par un seul pas. » Même si ces choses sont simples, elles vous donneront des percées tant conceptuelles qu'émotionnelles. Il est parfois plus facile d'avoir une percée créatrice lorsqu'on travaille sur le projet, même si on estime que ce que l'on peut faire est inadéquat).*

1.

2.

3.

4.

5.

6.

7.

8.

9.

10.

Chapitre 6. Votre motivation et vos valeurs

Après avoir sélectionné vos cartes, classez dans l'ordre décroissant vos valeurs prioritaires.

1.

2.

3.

4.

5.

6.

7.

8.

9.

10.

11.

12.

13.

14.

15.

16.

17.

18.

19.

20.

Auto-méthode de modification du comportement

Déterminez vos 5 problèmes les plus urgents.

1.

2.

3.

4.

5.

Problème I

• J'ai créé ce problème parce que je donne plus de valeur à .... plutôt qu'à ....

• J'ai créé ce problème parce que je donne beaucoup de valeur à ....
....

• J'ai créé ce problème parce que je donne peu de valeur à ....
....

Problème II

• J'ai créé ce problème parce que je donne plus de valeur à .... plutôt qu'à ....

• J'ai créé ce problème parce que je donne beaucoup de valeur à ....
....

• J'ai créé ce problème parce que je donne peu de valeur à ....
....

Problème III
- J'ai créé ce problème parce que je donne plus de valeur à .... plutôt qu'à ....

- J'ai créé ce problème parce que je donne beaucoup de valeur à ....

- J'ai créé ce problème parce que je donne peu de valeur à ....

Problème IV
- J'ai créé ce problème parce que je donne plus de valeur à .... plutôt qu'à ....

- J'ai créé ce problème parce que je donne beaucoup de valeur à ....

- J'ai créé ce problème parce que je donne peu de valeur à ....

Problème V
- J'ai créé ce problème parce que je donne plus de valeur à .... plutôt qu'à ....

- J'ai créé ce problème parce que je donne beaucoup de valeur à ....

- J'ai créé ce problème parce que je donne peu de valeur à ....

Chapitre 7. Votre but dans la vie

I. Faites la liste A des « 20 manières dont je Veux Etre ». *(Ce sont des adjectifs, comme « heureux », « riche », « beau »...)*

1.

2.

3.

4.

5.

6.

7.

8.

9.

10.

11.

12.

13.

14.

15.

16.

17.

18.

19.

20.

II. Faites la liste B des « 20 choses que je Veux faire de ma Vie ».

1.

2.

3.

4.

5.

6.

7.

8.

9.

10.

11.

12.

13.

14.

15.

16.

17.

18.

19.

20.

III. Faites la liste C des « 20 choses que je Veux pour le Monde ».

1.

2.

3.

4.

5.

6.

7.

8.

9.

10.

11.

12.

13.

14.

15.

16.

17.

18.

19.

20.

IV. Choisissez dans la liste C les 3 choses que vous voulez le plus pour le monde.

1.

2.

3.

V. Cherchez dans la liste B les 3 choses qui feront le plus pour aider à atteindre les objectifs choisis dans la liste C.

1.

2.

3.

VI. Cherchez dans la liste A les 3 qualités qui seront les plus efficaces pour réaliser les projets choisis dans la liste B.

1.

2.

3.

VII. Ecrivez alors **votre Affirmation de But** selon la formule suivante :

« Mon but dans la vie est d'être .... (A), ... (A)
et .... (A), pour pouvoir .... (B),
.... (B) et .... (B),
et ainsi contribuer à .... (C),
.... (C)
et .... (C)
pour le monde. »

Chapitre 8. Quelles réalisations vous satisferaient le plus ?

I. Faites la liste de 20 désirs que vous nourrissez pour le monde. *(Ex. La paix, un budget national équilibré, une charte des droits de l'animal...)*

1.

2.

3.

4.

5.

6.

7.

8.

9.

10.

11.

12.

13.

14.

15.

16.

17.

18.

19.

20.

II. Faites la liste de 20 traits mentaux, émotionnels ou spirituels que vous désirez développer en vous. *(Ex. La patience, la créativité, la joie...)*

1.

2.

3.

4.

5.

6.

7.

8.

9.

10.

11.

12.

13.

14.

15.

16.

17.

18.

19.

20.

III. Faites la liste de 20 choses que vous désirez dans vos relations et votre vie sociale. *(Ex. Une manière de communiquer plus douce avec mon partenaire, plus de respect de la part de mon patron, plus d'amis pour jouer au backgammon...)*

1.

2.

3.

4.

5.

6.

7.

8.

9.

10.

11.

12.

13.

14.

15.

16.

17.

18.

19.

20.

IV. Faites la liste de 20 désirs pour votre corps physique et votre santé. *(Ex. Davantage d'endurance, plus de brûlures d'estomac, disparition de ma douleur au genou...)*

1.

2.

3.

4.

5.

6.

7.

8.

9.

10.

11.

12.

13.

14.

15.

16.

17.

18.

19.

20.

Quelles réalisations vous satisferaient le plus ?

V. Faites la liste de 20 choses que vous aimeriez apprendre ou aptitudes que vous souhaiteriez développer. *(Ex. Piloter un avion, parler japonais, me former en marketing...)*

1.

2.

3.

4.

5.

6.

7.

8.

9.

10.

11.

12.

13.

14.

15.

16.

17.

18.

19.

20.

Quelles réalisations vous satisferaient le plus ?

VI. Faites la liste de 20 désirs pour vos affaires, votre profession ou carrière. *(Ex. Une secrétaire personnelle, faire de la micro-édition, trouver quelqu'un pour commercialiser mes enregistrements musicaux...)*

1.

2.

3.

4.

5.

6.

7.

8.

9.

10.

11.

12.

13.

14.

15.

16.

17.

18.

19.

20.

Quelles réalisations vous satisferaient le plus ?

VII. Faites la liste de 20 réalisations que vous désirez. *(Ex. Devenir un fournisseur sans intermédiaires, recevoir le Prix Nobel, écrire un livre qui se vendrait à plus de 100.000 exemplaires...)*

1.

2.

3.

4.

5.

6.

7.

8.

9.

10.

11.

12.

13.

14.

15.

16.

17.

18.

19.

20.

Quelles réalisations vous satisferaient le plus ?

VIII. Faites une liste de 20 problèmes pour lesquels vous désirez une solution. *(Ex. Toujours manquer d'argent à la fin du mois, prendre trop facilement du poids, l'effet de serre...)*

1.

2.

3.

4.

5.

6.

7.

8.

9.

10.

11.

12.

13.

14.

15.

16.

17.

18.

19.

20.

Quelles réalisations vous satisferaient le plus ?

IX. Faites une liste de 20 expériences que vous voulez tenter. *(Ex. Faire de la plongée, visiter les ruines mayas du Yucatan, vivre à Bangkok avec une petite amie thaïlandaise...)*

1.

2.

3.

4.

5.

6.

7.

8.

9.

10.

11.

12.

13.

14.

15.

16.

17.

18.

19.

20.

Quelles réalisations vous satisferaient le plus ?

X. Faites une liste de 20 choses que vous aimeriez avoir. *(Ex. 200.000 F d'économies, un chien de race, une maison dans le Midi...)*

1.

2.

3.

4.

5.

6.

7.

8.

9.

10.

11.

12.

13.

14.

15.

16.

17.

18.

19.

20.

Quelles réalisations vous satisferaient le plus ?

Chapitre 9. Gestion créative du temps

A. Faites la liste des mauvaises habitudes dans la gestion de votre temps que vous voulez perdre.

B. Faites la liste des coutumes que vous allez adoptez pour mieux gérer votre temps.

PROGRAMME DETAILLE DU ______________________

HEURE			A FAIRE

(fiche à dupliquer selon vos besoins)

Chapitre 10. Gestion créative de l'argent

Votre budget en pourcentages

Revenu mensuel :	100 %
Postes dépenses :	

TABLEAU JOURNALIER DE ____________________

(fiche à dupliquer selon vos besoins)

GRAPHIQUE ______________________________

(fiche à dupliquer selon vos besoins)

Chapitre 11. Vos contextes créent vos résultats.

Quelques exemples de contextes dans ma vie :

I. Liste des choses que je maintiens dans un contexte négatif :

II. Liste des choses que je maintiens dans un contexte positif :

III. Les limites qui me sont imposées par un choix de contextes inadéquats.

IV. Mon interprétation du temps momentané :

IV. Mon interprétation du temps linéaire :

VI. Les choses que j'accepte en ce moment mais que je voudrais changer dans le futur.

VII. Les choses pour lesquelles je suis reconnaissant(e) dans le présent et dont je voudrais avoir plus dans l'avenir.

Chapitre 12. La créativité et le ressenti

I. Comment je peux trouver des percées créatrices au niveau des sentiments :

II. Les bénéfices que je peux retirer de l'utilisation de Vivation pour moi-même :

Les choses que je maintiens dans le contexte négatif	Ce que je ressens à leur sujet

Mon propre résumé du fonctionnement de la méthode Vivation :

Mon propre résumé des effets de la méthode Vivation :

Ce que je vais faire pour apprendre Vivation :

Chapitre 13. Tout peut renforcer votre pouvoir.

10 choses que je n'aime pas :	Numéro de la méthode qui va m'aider à remettre chacune dans un contexte positif :
1.	
2.	
3.	
4.	
5.	
6.	
7.	
8.	
9.	
10.	

Chapitre 14. Affirmations interactives

(Démarche à répéter pour chaque sujet choisi.)

Affirmation n°1

• Affirmation principale :

• L'objection qui vous vient à l'esprit :
(
)

• Je fais une nouvelle affirmation en réponse à l'objection :

• Je répète l'affirmation principale :

• Je fais une nouvelle objection :
(
)

• Je fais une nouvelle affirmation en fonction de cette nouvelle objection :

• Je répète l'affirmation principale :

• Je fais une nouvelle objection :
(
)

• Je fais une nouvelle affirmation en fonction de cette nouvelle objection :

• Je répète l'affirmation principale :

• Je fais une nouvelle objection :
(
)

• Je fais une nouvelle affirmation en fonction de cette nouvelle objection :

• Je répète l'affirmation principale en modifiant le sujet (tu, il, elle...) :

• Je fais une nouvelle objection :
(
)

• Je fais une nouvelle affirmation en fonction de cette nouvelle objection :

• Je répète l'affirmation principale :

• Je fais une nouvelle objection :
(
)

• Je fais une nouvelle affirmation en fonction de cette nouvelle objection :

• Je répète l'affirmation principale en modifiant à nouveau le sujet :

• Je fais une nouvelle objection :
(
)

• Je fais une nouvelle affirmation en fonction de cette nouvelle objection :

• Je répète l'affirmation principale :

• Je fais une nouvelle objection :
(
)

• Je fais une nouvelle affirmation en fonction de cette nouvelle objection :

Affirmation n°2

• Affirmation principale :

• L'objection qui vous vient à l'esprit :
(
)

• Je fais une nouvelle affirmation en réponse à l'objection :

• Je répète l'affirmation principale :

• Je fais une nouvelle objection :
(
)

• Je fais une nouvelle affirmation en fonction de cette nouvelle objection :

• Je répète l'affirmation principale :

• Je fais une nouvelle objection :
(
)

• Je fais une nouvelle affirmation en fonction de cette nouvelle objection :

• Je répète l'affirmation principale :

• Je fais une nouvelle objection :
(
)

• Je fais une nouvelle affirmation en fonction de cette nouvelle objection :

• Je répète l'affirmation principale en modifiant le sujet (tu, il, elle...) :

• Je fais une nouvelle objection :
( )

• Je fais une nouvelle affirmation en fonction de cette nouvelle objection :

• Je répète l'affirmation principale :

• Je fais une nouvelle objection :
( )

• Je fais une nouvelle affirmation en fonction de cette nouvelle objection :

• Je répète l'affirmation principale en modifiant à nouveau le sujet :

• Je fais une nouvelle objection :
( )

• Je fais une nouvelle affirmation en fonction de cette nouvelle objection :

• Je répète l'affirmation principale :

• Je fais une nouvelle objection :
( )

• Je fais une nouvelle affirmation en fonction de cette nouvelle objection :

(fiches à dupliquer selon vos besoins)

Chapitre 15. Votre programme personnel de créativité

Récapitulatif de ce dont j'ai besoin pour créer mon programme personnel :

	OUI	NON
• Je sais utiliser Vivation (ch. 12).		
• Je connais le But de ma Vie (ch. 7).		
• Je connais mes Objectifs (ch. 8).		
• Je connais mes Valeurs (ch. 6).		
• Je fais régulièrement mon auto-examen de Créativité (ch. 2).		
• Je cultive les qualités de ma Créativité (ch. 3).		
• Je pratique l'Ecriture de Découverte chaque jour (ch. 4).		
• Je gère mon temps de manière créative (ch. 9).		
• Je gère mon argent de manière créative (ch. 10).		
• Je connais les moyens de passer au contexte positif (ch. 13).		
• J'utilise les Affirmations (ch. 14).		
• J'utilise la Visualisation Créatrice (ch. 15).		

Je crée ma Déclaration...

PROCESSUS A SUIVRE :

1er § : Ecrivez votre Déclaration d'Objectif — (voir chapitre 5).

2ème § : Ecrivez votre but prioritaire absolu — (voir fiche 44), *« d'ici le ..... »* (notez la date précise à laquelle vous comptez avoir atteint l'objectif en question), *« je me vois déjà et me sens déjà ..... »* (être, faire ou avoir l'objectif en question).

3ème § : *« Pour atteindre cet objectif, je ....., je ..... et je ..... . »* (Ecrivez clairement et succintement ce que vous êtes prêt à faire pour atteindre cet objectif — Notez toutes les étapes au présent, y compris celles que vous prévoyez dans le futur.)

4ème § : Recopiez la phrase suivante : *« Je me consacre absolument à atteindre cet objectif de la manière la meilleure et la plus efficace. J'augmente continuellement mon engagement et je sais que je réussirai. »*

Créez votre Déclaration au verso.

MA DECLARATION

en date du ____________

(fiche à dupliquer selon vos besoins)